教育硕士考研系列图书

# 333教育综合

# 真题汇编

————▸  试题册  ◂————

主编 徐影

编委会 凯程教研室

北京理工大学出版社
BEIJING INSTITUTE OF TECHNOLOGY PRESS

**图书在版编目（CIP）数据**

333 教育综合真题汇编 . 试题册 / 徐影主编 . — 北

京：北京理工大学出版社，2022.4

ISBN 978-7-5763-1191-4

Ⅰ. ① 3… Ⅱ. ①徐… Ⅲ. ①教育学 – 研究生 – 入学

考试 – 习题集 Ⅳ. ① G40-44

中国版本图书馆 CIP 数据核字（2022）第 050907 号

出版发行 / 北京理工大学出版社有限责任公司

社 址 / 北京市海淀区中关村南大街 5 号

邮 编 / 100081

电 话 /（010）68914775（总编室）

（010）82562903（教材售后服务热线）

（010）68944723（其他图书服务热线）

网 址 / http://www.bitpress.com.cn

经 销 / 全国各地新华书店

印 刷 / 天津市蓟县宏图印务有限公司

开 本 / 889 毫米 ×1194 毫米　1/16

印 张 / 69.5

字 数 / 2446 千字

版 次 / 2022 年 4 月第 1 版　2022 年 4 月第 1 次印刷

定 价 / 199.80 元（全 3 册）

责任编辑 / 多海鹏

文案编辑 / 胡　莹

责任校对 / 刘亚男

责任印制 / 李志强

图书出现印装质量问题，请拨打售后服务热线，本社负责调换

亲爱的考研学子:

大家好!

对于 333 教育综合考试来说,各院校的历年真题对备考有着十分重要的作用。本书旨在通过各院校的真题练习及专门的真题课程讲解来帮助大家总结出题规律,深化知识体系,巩固重要考点,掌握答题方法和技巧。希望大家能够认真备考,为专业课拿高分做保障。

本书分为试题册和解析册:

试题册的主要内容为 45 所院校 2010—2022 年及 38 所院校 2021—2022 年的 333 教育综合真题,部分院校真题为考生回忆版,可能存在部分题目的缺失。

解析册的主要内容为 45 所院校 2010—2022 年及 38 所院校 2021—2022 年的 333 教育综合真题详细解析。由于非统考院校的真题没有标准答案,所以我们提供的是一些易于得高分的答题思路,在实际的答题过程中,还需要大家结合自己的理解,灵活作答。希望大家通过这些真题总结出自己的答题思路,真正学会答题。

今年的《333 教育综合真题汇编》与往年的《333 教育综合真题汇编》相比,主要有以下几方面的变化:

**1. 院校更齐全**。今年收录了更多院校的真题,新增 11 所院校 2010—2022 年及 38 所院校 2021—2022 年的真题,几乎是市面上对 333 院校总结最全的真题汇编。

**2. 题目更完善**。凯程根据各院校公布的历年真题以及历年众多考生考后回忆的题目,整理出了这本内容齐全、题目完整的真题集。

**3. 答案更精炼**。凯程对原有的答案重新进行了组织和完善,每一道题目都提供了答案解析或解题思路,力求语言表述更精炼、更具有条理性,以帮助考生厘清答题思路,抓住答题要点和重点。

**4. 重难点清晰**。凯程今年对部分题目进行了标★处理,星级越高,该知识点越重要,考查频次越高。

本书使用的一些建议:

**1. 建议配合凯程真题课程使用**。凯程会在真题课堂上讲解不同院校真题的出题风格,开放性地分析真题的答题方法,提供名词解释、简答题、论述题等各种题型的答题模板、技巧和思路。

**2. 形成自己的答题思路**。凯程的真题课不是每道题都讲,但是听了课程,更能清楚 333 教育综合科目的答题思路，了解阅卷老师喜欢什么样的答卷。课堂上的讲解比文本资料解析更直观、深刻，建议大家着重学习老师的解题思路，学会用自己的语言阐述答案，灵活运用所学知识。

3. **可供无真题院校考生参考。** 因条件限制，本书不能收录所有院校的真题，但因为 333 教育综合考点相对统一和固定，所以本书对报考没有收录到真题院校的考生，同样也极具学习和参考价值，若时间允许，大家务必多做一些其他院校的真题。

4. **特别提醒：** 学习各校的历年真题不代表不用再背《333 教育综合应试解析》，二者应同步进行。考生切记不可忽略对知识的系统性复习。建议大家以专题的形式记忆知识要点，在头脑中搭建知识框架，牢固地掌握知识，在总结中思考、在记忆中体会，学懂、学透、学好 333 教育综合。

如果有考生能搜集到其他院校的真题，非常欢迎大家帮助我们一起扩充和完善本书。欢迎关注微信公众号"徐影老师"，或关注新浪微博 @ 教育学徐影，我们将通过以上方式与大家互动交流，考研的路上我们共同进步！如需购课，或者咨询考研相关问题，可联系凯程官方企业 QQ：800016820，这里会有客服老师为大家耐心解答问题。

由于涉及 333 教育综合考试的院校众多，一本真题汇编很难编入所有学校的真题。如果本书没有编入您所报考院校的真题，可以通过上述渠道咨询凯程客服老师，或许可以单独提供更多院校的真题。此外，本书若存在不足之处，凯程欢迎广大考生提出宝贵的意见和建议，以便我们不断修改和完善，为大家提供更优质的资料。

坚持到真题阶段，说明大家已经非常厉害了，要继续努力，坚持到考研结束的那一天。希望我们都会上岸，阳光万里！

凯程教育 徐影

扫码查看
部分院校真题解析课程

# 目录
Contents

**北京师范大学**

2010 年北京师范大学 333 教育综合真题 ......................1

2011 年北京师范大学 333 教育综合真题 ......................1

2012 年北京师范大学 333 教育综合真题 ......................2

2013 年北京师范大学 333 教育综合真题 ......................2

2014 年北京师范人学 333 教育综合真题 ......................3

2015 年北京师范大学 333 教育综合真题 ......................3

2016 年北京师范大学 333 教育综合真题 ......................4

2017 年北京师范大学 333 教育综合真题 ......................4

2018 年北京师范大学 333 教育综合真题 ......................4

2019 年北京师范大学 333 教育综合真题 ......................5

2020 年北京师范大学 333 教育综合真题 ......................5

2021 年北京师范大学 333 教育综合真题 ......................6

2022 年北京师范大学 333 教育综合真题 ......................6

**华东师范大学**

2010 年华东师范大学 333 教育综合真题 ......................7

2011 年华东师范大学 333 教育综合真题 ......................7

2012 年华东师范大学 333 教育综合真题 ......................8

2013 年华东师范大学 333 教育综合真题 ......................8

2014 年华东师范大学 333 教育综合真题 ......................8

2015 年华东师范大学 333 教育综合真题 ......................9

2016 年华东师范大学 333 教育综合真题 ......................9

2017 年华东师范大学 333 教育综合真题 .................... 10

2018 年华东师范大学 333 教育综合真题 .................... 10

2019 年华东师范大学 333 教育综合真题 .................... 10

2020 年华东师范大学 333 教育综合真题 .................... 11

2021 年华东师范大学 333 教育综合真题 .................... 11

2022 年华东师范大学 333 教育综合真题 ....................12

**东北师范大学**

2010 年东北师范大学 333 教育综合真题 ....................12

2011 年东北师范大学 333 教育综合真题 ....................12

2012 年东北师范大学 333 教育综合真题 ....................13

2013 年东北师范大学 333 教育综合真题 ....................13

2014 年东北师范大学 333 教育综合真题 .................... 14

2015 年东北师范大学 333 教育综合真题 .................... 14

2016 年东北师范大学 333 教育综合真题 .................... 14

2017 年东北师范大学 333 教育综合真题 .................... 15

2018 年东北师范大学 333 教育综合真题 .................... 15

2019 年东北师范大学 333 教育综合真题 .................... 16

2020 年东北师范大学 333 教育综合真题 .................... 16

2021 年东北师范大学 333 教育综合真题 .................... 17

2022 年东北师范大学 333 教育综合真题 .................... 17

**华中师范大学**

2010 年华中师范大学 333 教育综合真题 .................... 18

2011 年华中师范大学 333 教育综合真题 .................... 18

2012 年华中师范大学 333 教育综合真题 .................... 18

2013 年华中师范大学 333 教育综合真题 .................... 19

2014 年华中师范大学 333 教育综合真题 ....................20

2015 年华中师范大学 333 教育综合真题 ....................21

2016 年华中师范大学 333 教育综合真题 ....................21

2017 年华中师范大学 333 教育综合真题 ....................22

2018 年华中师范大学 333 教育综合真题 ....................22

2019 年华中师范大学 333 教育综合真题 ....................23

2020 年华中师范大学 333 教育综合真题 ....................23

2021 年华中师范大学 333 教育综合真题 ....................24

2022 年华中师范大学 333 教育综合真题 ....................24

**陕西师范大学**

2010 年陕西师范大学 333 教育综合真题 ....................25

2011 年陕西师范大学 333 教育综合真题 ....................25

2012 年陕西师范大学 333 教育综合真题 ....................26

2013 年陕西师范大学 333 教育综合真题 ....................26

2014 年陕西师范大学 333 教育综合真题 ....................28

2015 年陕西师范大学 333 教育综合真题 ....................28

2016 年陕西师范大学 333 教育综合真题 ....................29

2017 年陕西师范大学 333 教育综合真题 ....................30

2018 年陕西师范大学 333 教育综合真题 ....................30

2019 年陕西师范大学 333 教育综合真题 ....................31

2020 年陕西师范大学 333 教育综合真题 ....................32

2021 年陕西师范大学 333 教育综合真题 ..................32

2022 年陕西师范大学 333 教育综合真题 ..................33

**西南大学**

2010 年西南大学 333 教育综合真题 ........................ 34

2011 年西南大学 333 教育综合真题 ........................ 34

2012 年西南大学 333 教育综合真题 ........................35

2013 年西南大学 333 教育综合真题 ........................35

2014 年西南大学 333 教育综合真题 ........................ 36

2015 年西南大学 333 教育综合真题 ........................ 36

2016 年西南大学 333 教育综合真题 ........................37

2017 年西南大学 333 教育综合真题 ........................37

2018 年西南大学 333 教育综合真题 ........................ 38

2019 年西南大学 333 教育综合真题 ........................ 38

2020 年西南大学 333 教育综合真题 ........................ 38

2021 年西南大学 333 教育综合真题 ........................ 39

2022 年西南大学 333 教育综合真题 ........................ 40

**南京师范大学**

2010 年南京师范大学 333 教育综合真题 .................. 40

2011 年南京师范大学 333 教育综合真题 .................. 41

2012 年南京师范大学 333 教育综合真题 .................. 41

2013 年南京师范大学 333 教育综合真题 ..................42

2014 年南京师范大学 333 教育综合真题 ..................42

2015 年南京师范大学 333 教育综合真题 .................. 43

2016 年南京师范大学 333 教育综合真题 .................. 44

2017 年南京师范大学 333 教育综合真题 .................. 45

2018 年南京师范大学 333 教育综合真题 .................. 45

2019 年南京师范大学 333 教育综合真题 .................. 46

2020 年南京师范大学 333 教育综合真题 .................. 47

2021 年南京师范大学 333 教育综合真题 .................. 47

2022 年南京师范大学 333 教育综合真题 .................. 48

**湖南师范大学**

2010 年湖南师范大学 333 教育综合真题 .................. 49

2011 年湖南师范大学 333 教育综合真题 .................. 49

2012 年湖南师范大学 333 教育综合真题 .................. 50

2013 年湖南师范大学 333 教育综合真题 .................. 50

2014 年湖南师范大学 333 教育综合真题 .................. 50

2015 年湖南师范大学 333 教育综合真题 .................. 51

2016 年湖南师范大学 333 教育综合真题 .................. 51

2017 年湖南师范大学 333 教育综合真题 ..................52

2018 年湖南师范大学 333 教育综合真题 ..................52

2019 年湖南师范大学 333 教育综合真题 ..................53

2020 年湖南师范大学 333 教育综合真题 ..................53

2021 年湖南师范大学 333 教育综合真题 .................. 54

2022 年湖南师范大学 333 教育综合真题 .................. 54

**华南师范大学**

2011 年华南师范大学 333 教育综合真题 .................. 55

2012 年华南师范大学 333 教育综合真题 .................. 55

2013 年华南师范大学 333 教育综合真题 .................. 56

2014 年华南师范大学 333 教育综合真题 .................. 56

2015 年华南师范大学 333 教育综合真题 .................. 56

2016 年华南师范大学 333 教育综合真题 .................. 57

2017 年华南师范大学 333 教育综合真题 .................. 57

2018 年华南师范大学 333 教育综合真题 .................. 58

2019 年华南师范大学 333 教育综合真题 .................. 58

2020 年华南师范大学 333 教育综合真题 .................. 58

2021 年华南师范大学 333 教育综合真题 .................. 59

2022 年华南师范大学 333 教育综合真题 .................. 59

**首都师范大学**

2010 年首都师范大学 333 教育综合真题 .................. 60

2011 年首都师范大学 333 教育综合真题 .................. 60

2012 年首都师范大学 333 教育综合真题 .................. 60

2013 年首都师范大学 333 教育综合真题 .................. 61

2014 年首都师范大学 333 教育综合真题 .................. 61

2015 年首都师范大学 333 教育综合真题 ..................62

2016 年首都师范大学 333 教育综合真题 ..................62

2017 年首都师范大学 333 教育综合真题 .................. 63

2018 年首都师范大学 333 教育综合真题 .................. 63

2019 年首都师范大学 333 教育综合真题 .................. 64

2020 年首都师范大学 333 教育综合真题 .................. 64

2021 年首都师范大学 333 教育综合真题 .................. 65

2022 年首都师范大学 333 教育综合真题 .................. 65

**上海师范大学**

2011 年上海师范大学 333 教育综合真题 .................. 66

2012 年上海师范大学 333 教育综合真题 .................. 66

2013 年上海师范大学 333 教育综合真题 .................. 66

2014 年上海师范大学 333 教育综合真题 .................. 67

2015 年上海师范大学 333 教育综合真题 .................. 67

2016 年上海师范大学 333 教育综合真题 .................. 68

2017 年上海师范大学 333 教育综合真题 .................. 68

2018 年上海师范大学 333 教育综合真题 .................. 68

2019 年上海师范大学 333 教育综合真题 .................. 69

2020 年上海师范大学 333 教育综合真题 .................. 69

2021 年上海师范大学 333 教育综合真题 .................. 70

2022 年上海师范大学 333 教育综合真题 .................. 70

**浙江师范大学**

2010 年浙江师范大学 333 教育综合真题 ................. 70

2011 年浙江师范大学 333 教育综合真题 ................. 71

2012 年浙江师范大学 333 教育综合真题 ................. 71

2013 年浙江师范大学 333 教育综合真题 .................72

2014 年浙江师范大学 333 教育综合真题 .................72

2015 年浙江师范大学 333 教育综合真题 .................72

2016 年浙江师范大学 333 教育综合真题 .................73

2017 年浙江师范大学 333 教育综合真题 .................73

2018 年浙江师范大学 333 教育综合真题 .................74

2019 年浙江师范大学 333 教育综合真题 .................74

2020 年浙江师范大学 333 教育综合真题 .................74

2021 年浙江师范大学 333 教育综合真题 .................75

2022 年浙江师范大学 333 教育综合真题 .................75

**杭州师范大学**

2010 年杭州师范大学 333 教育综合真题 ................. 76

2011 年杭州师范大学 333 教育综合真题 ................. 76

2012 年杭州师范大学 333 教育综合真题 ................. 77

2013 年杭州师范大学 333 教育综合真题 ................. 77

2014 年杭州师范大学 333 教育综合真题 ................. 77

2015 年杭州师范大学 333 教育综合真题 ................. 78

2016 年杭州师范大学 333 教育综合真题 ................. 78

2017 年杭州师范大学 333 教育综合真题 ................. 79

2018 年杭州师范大学 333 教育综合真题 ................. 79

2019 年杭州师范大学 333 教育综合真题 ................. 79

2020 年杭州师范大学 333 教育综合真题 ................. 80

2021 年杭州师范大学 333 教育综合真题 ................. 80

2022 年杭州师范大学 333 教育综合真题 ................. 81

**山东师范大学**

2010 年山东师范大学 333 教育综合真题 ................. 81

2011 年山东师范大学 333 教育综合真题 ................. 82

2012 年山东师范大学 333 教育综合真题 ................. 82

2013 年山东师范大学 333 教育综合真题 ................. 82

2014 年山东师范大学 333 教育综合真题 ................. 83

2015 年山东师范大学 333 教育综合真题 ................. 83

2016 年山东师范大学 333 教育综合真题 ................. 84

2017 年山东师范大学 333 教育综合真题 ................. 84

2018 年山东师范大学 333 教育综合真题 ................. 85

2019 年山东师范大学 333 教育综合真题 ................. 85

2020 年山东师范大学 333 教育综合真题 ................. 86

2021 年山东师范大学 333 教育综合真题 ................. 86

2022 年山东师范大学 333 教育综合真题 ................. 87

**西北师范大学**

2010 年西北师范大学 333 教育综合真题 ................. 87

2011 年西北师范大学 333 教育综合真题 ................. 88

2012 年西北师范大学 333 教育综合真题 ................. 88

2013 年西北师范大学 333 教育综合真题 ................. 88

2014 年西北师范大学 333 教育综合真题 ................. 89

2015 年西北师范大学 333 教育综合真题 ................. 89

2016 年西北师范大学 333 教育综合真题 ................. 90

2017 年西北师范大学 333 教育综合真题 ................. 90

2018 年西北师范大学 333 教育综合真题 ................. 91

2019 年西北师范大学 333 教育综合真题 ................. 91

2020 年西北师范大学 333 教育综合真题 ................. 91

2021 年西北师范大学 333 教育综合真题 .................92

2022 年西北师范大学 333 教育综合真题 .................92

**天津师范大学**

2010 年天津师范大学 333 教育综合真题 ................. 93

2011 年天津师范大学 333 教育综合真题 ................. 93

2012 年天津师范大学 333 教育综合真题 ................. 94

2013 年天津师范大学 333 教育综合真题 ................. 94

2014 年天津师范大学 333 教育综合真题 ................. 94

2015 年天津师范大学 333 教育综合真题 ................. 95

2016 年天津师范大学 333 教育综合真题 ................. 95

2017 年天津师范大学 333 教育综合真题 ................. 96

2018 年天津师范大学 333 教育综合真题 ................. 96

2019 年天津师范大学 333 教育综合真题 ................. 96

2020 年天津师范大学 333 教育综合真题 ................. 97

2021 年天津师范大学 333 教育综合真题 ................. 97

2022 年天津师范大学 333 教育综合真题 ................. 98

**曲阜师范大学**

2010 年曲阜师范大学 333 教育综合真题 ................. 98

2011 年曲阜师范大学 333 教育综合真题 ................. 98

2012 年曲阜师范大学 333 教育综合真题 ................. 99

2013 年曲阜师范大学 333 教育综合真题 ................. 99

2014 年曲阜师范大学 333 教育综合真题 ................. 99

2015 年曲阜师范大学 333 教育综合真题 ................. 100

2016 年曲阜师范大学 333 教育综合真题 ................. 100

2017 年曲阜师范大学 333 教育综合真题 ................. 101

2018 年曲阜师范大学 333 教育综合真题 ................. 101

2019 年曲阜师范大学 333 教育综合真题 ................. 101

2020 年曲阜师范大学 333 教育综合真题 ................. 102

2021 年曲阜师范大学 333 教育综合真题 ................. 102

2022 年曲阜师范大学 333 教育综合真题 ........ 102

**辽宁师范大学**

2010 年辽宁师范大学 333 教育综合真题 ................. 103

2011 年辽宁师范大学 333 教育综合真题 ................. 103

2012 年辽宁师范大学 333 教育综合真题 ................. 104

2013 年辽宁师范大学 333 教育综合真题 ................. 104

2014 年辽宁师范大学 333 教育综合真题 ................. 105

2015 年辽宁师范大学 333 教育综合真题 ................. 105

2016 年辽宁师范大学 333 教育综合真题 ................. 106

2017 年辽宁师范大学 333 教育综合真题 ................. 106

2018 年辽宁师范大学 333 教育综合真题 ................. 106

2019 年辽宁师范大学 333 教育综合真题 ................. 107

2020 年辽宁师范大学 333 教育综合真题 ................. 107

2021 年辽宁师范大学 333 教育综合真题 ................. 108

2022 年辽宁师范大学 333 教育综合真题 ................. 108

**哈尔滨师范大学**

2010 年哈尔滨师范大学 333 教育综合真题 ............. 109

2011 年哈尔滨师范大学 333 教育综合真题 ............. 109

2012 年哈尔滨师范大学 333 教育综合真题 ............. 110

2013 年哈尔滨师范大学 333 教育综合真题 ............. 110

2014 年哈尔滨师范大学 333 教育综合真题 ............. 110

2015 年哈尔滨师范大学 333 教育综合真题 ............. 111

2016 年哈尔滨师范大学 333 教育综合真题 ............. 111

2017 年哈尔滨师范大学 333 教育综合真题 ............. 111

2018 年哈尔滨师范大学 333 教育综合真题 ............. 112

2019 年哈尔滨师范大学 333 教育综合真题 ............. 112

2020 年哈尔滨师范大学 333 教育综合真题 ............. 113

2021 年哈尔滨师范大学 333 教育综合真题 ............. 113

2022 年哈尔滨师范大学 333 教育综合真题 ............. 113

**江苏师范大学**

2010 年江苏师范大学 333 教育综合真题 ................. 114

2011 年江苏师范大学 333 教育综合真题 ................. 114

2012 年江苏师范大学 333 教育综合真题 ................. 115

2013 年江苏师范大学 333 教育综合真题 ................. 115

2014 年江苏师范大学 333 教育综合真题 ................. 116

2015 年江苏师范大学 333 教育综合真题 ................. 116

2016 年江苏师范大学 333 教育综合真题 ................. 116

2017 年江苏师范大学 333 教育综合真题 ................. 117

2018 年江苏师范大学 333 教育综合真题 ................. 117

2019 年江苏师范大学 333 教育综合真题 ................. 118

2020 年江苏师范大学 333 教育综合真题 ................. 118

2021 年江苏师范大学 333 教育综合真题 ................. 118

2022 年江苏师范大学 333 教育综合真题 ................. 119

**江西师范大学**

2010 年江西师范大学 333 教育综合真题 ................. 119

2011 年江西师范大学 333 教育综合真题 ................. 120

2012 年江西师范大学 333 教育综合真题 ................. 120

2013 年江西师范大学 333 教育综合真题 ................. 121

2014 年江西师范大学 333 教育综合真题 ................. 121

2015 年江西师范大学 333 教育综合真题 ................. 121

2016 年江西师范大学 333 教育综合真题 ................. 122

2017 年江西师范大学 333 教育综合真题 ................. 122

2018 年江西师范大学 333 教育综合真题 ................. 123

2019 年江西师范大学 333 教育综合真题 ................. 123

2020 年江西师范大学 333 教育综合真题 ................. 123

2021 年江西师范大学 333 教育综合真题 ................. 124

2022 年江西师范大学 333 教育综合真题 ................. 124

**广西师范大学**

2010 年广西师范大学 333 教育综合真题 ................. 125

2011 年广西师范大学 333 教育综合真题 ................. 125

2012 年广西师范大学 333 教育综合真题 ................. 126

2013 年广西师范大学 333 教育综合真题 ................. 126

2014 年广西师范大学 333 教育综合真题 ................. 126

2015 年广西师范大学 333 教育综合真题 ................. 127

2016 年广西师范大学 333 教育综合真题 ................. 127

2017 年广西师范大学 333 教育综合真题 ................. 127

2018 年广西师范大学 333 教育综合真题 ................. 128

2019 年广西师范大学 333 教育综合真题 ................. 128

2020 年广西师范大学 333 教育综合真题 ................. 128

2021 年广西师范大学 333 教育综合真题 ................. 129

2022 年广西师范大学 333 教育综合真题 ................. 129

**四川师范大学**

2010 年四川师范大学 333 教育综合真题 ................. 129

2011 年四川师范大学 333 教育综合真题 ................. 130

2012 年四川师范大学 333 教育综合真题 ................. 130

2013 年四川师范大学 333 教育综合真题 ................. 131

2014 年四川师范大学 333 教育综合真题 ................. 131

2015 年四川师范大学 333 教育综合真题 ................. 131

2016 年四川师范大学 333 教育综合真题 ................. 132

2017 年四川师范大学 333 教育综合真题 ................. 132

2018 年四川师范大学 333 教育综合真题 ................. 133

2019 年四川师范大学 333 教育综合真题 ................. 133

2020 年四川师范大学 333 教育综合真题 ................. 133

2021 年四川师范大学 333 教育综合真题 ................. 134

2022 年四川师范大学 333 教育综合真题 ................. 134

**安徽师范大学**

2010 年安徽师范大学 333 教育综合真题 ................. 135
2011 年安徽师范大学 333 教育综合真题 ................. 135
2012 年安徽师范大学 333 教育综合真题 ................. 136
2013 年安徽师范大学 333 教育综合真题 ................. 136
2014 年安徽师范大学 333 教育综合真题 ................. 136
2015 年安徽师范大学 333 教育综合真题 ................. 137
2016 年安徽师范大学 333 教育综合真题 ................. 137
2017 年安徽师范大学 333 教育综合真题 ................. 138
2018 年安徽师范大学 333 教育综合真题 ................. 138
2019 年安徽师范大学 333 教育综合真题 ................. 139
2020 年安徽师范大学 333 教育综合真题 ................. 139
2021 年安徽师范大学 333 教育综合真题 ................. 140
2022 年安徽师范大学 333 教育综合真题 ................. 140

**福建师范大学**

2010 年福建师范大学 333 教育综合真题 ................. 141
2011 年福建师范大学 333 教育综合真题 ................. 141
2012 年福建师范大学 333 教育综合真题 ................. 141
2013 年福建师范大学 333 教育综合真题 ................. 142
2014 年福建师范大学 333 教育综合真题 ................. 142
2015 年福建师范大学 333 教育综合真题 ................. 143
2016 年福建师范大学 333 教育综合真题 ................. 143
2017 年福建师范大学 333 教育综合真题 ................. 143
2018 年福建师范大学 333 教育综合真题 ................. 144
2019 年福建师范大学 333 教育综合真题 ................. 144
2020 年福建师范大学 333 教育综合真题 ................. 145
2021 年福建师范大学 333 教育综合真题 ................. 145
2022 年福建师范大学 333 教育综合真题 ................. 145

**河南师范大学**

2010 年河南师范大学 333 教育综合真题 ................. 146
2011 年河南师范大学 333 教育综合真题 ................. 146
2012 年河南师范大学 333 教育综合真题 ................. 147
2013 年河南师范大学 333 教育综合真题 ................. 147
2014 年河南师范大学 333 教育综合真题 ................. 147
2015 年河南师范大学 333 教育综合真题 ................. 148
2016 年河南师范大学 333 教育综合真题 ................. 148
2017 年河南师范大学 333 教育综合真题 ................. 149
2018 年河南师范大学 333 教育综合真题 ................. 149
2019 年河南师范大学 333 教育综合真题 ................. 149
2020 年河南师范大学 333 教育综合真题 ................. 150
2021 年河南师范大学 333 教育综合真题 ................. 150
2022 年河南师范大学 333 教育综合真题 ................. 151

**重庆师范大学**

2010 年重庆师范大学 333 教育综合真题 ................. 151
2011 年重庆师范大学 333 教育综合真题 ................. 152
2012 年重庆师范大学 333 教育综合真题 ................. 152
2013 年重庆师范大学 333 教育综合真题 ................. 154
2014 年重庆师范大学 333 教育综合真题 ................. 154
2015 年重庆师范大学 333 教育综合真题 ................. 156
2016 年重庆师范大学 333 教育综合真题 ................. 156
2017 年重庆师范大学 333 教育综合真题 ................. 157
2018 年重庆师范大学 333 教育综合真题 ................. 157
2019 年重庆师范大学 333 教育综合真题 ................. 158
2020 年重庆师范大学 333 教育综合真题 ................. 158
2021 年重庆师范大学 333 教育综合真题 ................. 159
2022 年重庆师范大学 333 教育综合真题 ................. 159

**云南师范大学**

2010 年云南师范大学 333 教育综合真题 ................. 160
2011 年云南师范大学 333 教育综合真题 ................. 160
2012 年云南师范大学 333 教育综合真题 ................. 161
2013 年云南师范大学 333 教育综合真题 ................. 161
2014 年云南师范大学 333 教育综合真题 ................. 162
2015 年云南师范大学 333 教育综合真题 ................. 162
2016 年云南师范大学 333 教育综合真题 ................. 162
2017 年云南师范大学 333 教育综合真题 ................. 163
2018 年云南师范大学 333 教育综合真题 ................. 163
2019 年云南师范大学 333 教育综合真题 ................. 163
2020 年云南师范大学 333 教育综合真题 ................. 164
2021 年云南师范大学 333 教育综合真题 ................. 164
2022 年云南师范大学 333 教育综合真题 ................. 165

**山西师范大学**

2010 年山西师范大学 333 教育综合真题 ................. 165
2011 年山西师范大学 333 教育综合真题 ................. 165
2012 年山西师范大学 333 教育综合真题 ................. 166
2013 年山西师范大学 333 教育综合真题 ................. 166
2014 年山西师范大学 333 教育综合真题 ................. 167
2015 年山西师范大学 333 教育综合真题 ................. 167
2016 年山西师范大学 333 教育综合真题 ................. 167
2017 年山西师范大学 333 教育综合真题 ................. 168
2018 年山西师范大学 333 教育综合真题 ................. 168
2019 年山西师范大学 333 教育综合真题 ................. 169
2020 年山西师范大学 333 教育综合真题 ................. 169
2021 年山西师范大学 333 教育综合真题 ................. 169
2022 年山西师范大学 333 教育综合真题 ................. 170

**内蒙古师范大学**

2010 年内蒙古师范大学 333 教育综合真题............. 170

2011 年内蒙古师范大学 333 教育综合真题............. 171

2012 年内蒙古师范大学 333 教育综合真题............. 171

2013 年内蒙古师范大学 333 教育综合真题............. 172

2014 年内蒙古师范大学 333 教育综合真题............. 172

2015 年内蒙古师范大学 333 教育综合真题............. 172

2016 年内蒙古师范大学 333 教育综合真题............. 173

2017 年内蒙古师范大学 333 教育综合真题............. 173

2018 年内蒙古师范大学 333 教育综合真题............. 174

2019 年内蒙古师范大学 333 教育综合真题............. 174

2020 年内蒙古师范大学 333 教育综合真题............. 175

2021 年内蒙古师范大学 333 教育综合真题............. 175

2022 年内蒙古师范大学 333 教育综合真题............. 176

**贵州师范大学**

2013 年贵州师范大学 333 教育综合真题 ................. 176

2014 年贵州师范大学 333 教育综合真题 ................. 177

2015 年贵州师范大学 333 教育综合真题 ................. 177

2016 年贵州师范大学 333 教育综合真题 ................. 178

2017 年贵州师范大学 333 教育综合真题 ................. 178

2018 年贵州师范大学 333 教育综合真题 ................. 179

2019 年贵州师范大学 333 教育综合真题 ................. 179

2020 年贵州师范大学 333 教育综合真题 ................. 180

2021 年贵州师范大学 333 教育综合真题 ................. 180

2022 年贵州师范大学 333 教育综合真题 ................. 180

**沈阳师范大学**

2010 年沈阳师范大学 333 教育综合真题 ................. 181

2011 年沈阳师范大学 333 教育综合真题 ................. 181

2012 年沈阳师范大学 333 教育综合真题 ................. 182

2013 年沈阳师范大学 333 教育综合真题 ................. 182

2014 年沈阳师范大学 333 教育综合真题 ................. 183

2015 年沈阳师范大学 333 教育综合真题 ................. 183

2016 年沈阳师范大学 333 教育综合真题 ................. 183

2017 年沈阳师范大学 333 教育综合真题 ................. 184

2018 年沈阳师范大学 333 教育综合真题 ................. 184

2019 年沈阳师范大学 333 教育综合真题 ................. 185

2020 年沈阳师范大学 333 教育综合真题 ................. 185

2021 年沈阳师范大学 333 教育综合真题 ................. 185

2022 年沈阳师范大学 333 教育综合真题 ................. 186

**中央民族大学**

2011 年中央民族大学 333 教育综合真题 ................. 186

2012 年中央民族大学 333 教育综合真题 ................. 187

2013 年中央民族大学 333 教育综合真题 ................. 187

2014 年中央民族大学 333 教育综合真题 ................. 187

2015 年中央民族大学 333 教育综合真题 ................. 188

2016 年中央民族大学 333 教育综合真题 ................. 188

2017 年中央民族大学 333 教育综合真题 ................. 188

2018 年中央民族大学 333 教育综合真题 ................. 189

2019 年中央民族大学 333 教育综合真题 ................. 189

2020 年中央民族大学 333 教育综合真题 ................. 190

2021 年中央民族大学 333 教育综合真题 ................. 190

2022 年中央民族大学 333 教育综合真题 ................. 190

**苏州大学**

2010 年苏州大学 333 教育综合真题 ....................... 191

2011 年苏州大学 333 教育综合真题 ....................... 191

2012 年苏州大学 333 教育综合真题 ....................... 192

2013 年苏州大学 333 教育综合真题 ....................... 192

2014 年苏州大学 333 教育综合真题 ....................... 192

2015 年苏州大学 333 教育综合真题 ....................... 193

2016 年苏州大学 333 教育综合真题 ....................... 193

2017 年苏州大学 333 教育综合真题 ....................... 194

2018 年苏州大学 333 教育综合真题 ....................... 194

2019 年苏州大学 333 教育综合真题 ....................... 195

2020 年苏州大学 333 教育综合真题 ....................... 195

2021 年苏州大学 333 教育综合真题 ....................... 196

2022 年苏州大学 333 教育综合真题 ....................... 197

**湖南大学**

2010 年湖南大学 333 教育综合真题 ....................... 197

2011 年湖南大学 333 教育综合真题 ....................... 198

2012 年湖南大学 333 教育综合真题 ....................... 198

2013 年湖南大学 333 教育综合真题 ....................... 198

2014 年湖南大学 333 教育综合真题 ....................... 199

2015 年湖南大学 333 教育综合真题 ....................... 199

2016 年湖南大学 333 教育综合真题 ....................... 199

2017 年湖南大学 333 教育综合真题 ....................... 200

2018 年湖南大学 333 教育综合真题 ....................... 200

2019 年湖南大学 333 教育综合真题 ....................... 200

2020 年湖南大学 333 教育综合真题 ....................... 201

2021 年湖南大学 333 教育综合真题 ....................... 201

2022 年湖南大学 333 教育综合真题 ....................... 201

**宁夏大学**

2010 年宁夏大学 333 教育综合真题 ....................... 202

2011 年宁夏大学 333 教育综合真题 ....................... 202

2012 年宁夏大学 333 教育综合真题 ....................... 203

2013 年宁夏大学 333 教育综合真题 ....................... 204

2014 年宁夏大学 333 教育综合真题 ....................... 204

2015 年宁夏大学 333 教育综合真题 ....................... 205

2016 年宁夏大学 333 教育综合真题 ....................... 206

2017 年宁夏大学 333 教育综合真题 ....................... 207

2018 年宁夏大学 333 教育综合真题 ....................... 207

2019 年宁夏大学 333 教育综合真题 ....................... 208

2020 年宁夏大学 333 教育综合真题 ....................... 208

2021 年宁夏大学 333 教育综合真题 ....................... 209

2022 年宁夏大学 333 教育综合真题 ....................... 209

**河南大学**

2010 年河南大学 333 教育综合真题 ....................... 210

2011 年河南大学 333 教育综合真题 ....................... 211

2012 年河南大学 333 教育综合真题 ....................... 211

2013 年河南大学 333 教育综合真题 ....................... 212

2014 年河南大学 333 教育综合真题 ....................... 212

2015 年河南大学 333 教育综合真题 ....................... 213

2016 年河南大学 333 教育综合真题 ....................... 214

2017 年河南大学 333 教育综合真题 ....................... 214

2018 年河南大学 333 教育综合真题 ....................... 215

2019 年河南大学 333 教育综合真题 ....................... 215

2020 年河南大学 333 教育综合真题 ....................... 216

2021 年河南大学 333 教育综合真题 ....................... 216

2022 年河南大学 333 教育综合真题 ....................... 217

**湖北大学**

2010 年湖北大学 333 教育综合真题 ....................... 218

2011 年湖北大学 333 教育综合真题 ....................... 218

2012 年湖北大学 333 教育综合真题 ....................... 218

2013 年湖北大学 333 教育综合真题 ....................... 219

2014 年湖北大学 333 教育综合真题 ....................... 219

2015 年湖北大学 333 教育综合真题 ....................... 220

2016 年湖北大学 333 教育综合真题 ....................... 220

2017 年湖北大学 333 教育综合真题 ....................... 221

2018 年湖北大学 333 教育综合真题 ....................... 221

2019 年湖北大学 333 教育综合真题 ....................... 221

2020 年湖北大学 333 教育综合真题 ....................... 222

2021 年湖北大学 333 教育综合真题 ....................... 222

2022 年湖北大学 333 教育综合真题 ....................... 223

**扬州大学**

2010 年扬州大学 333 教育综合真题 ....................... 223

2011 年扬州大学 333 教育综合真题 ....................... 223

2012 年扬州大学 333 教育综合真题 ....................... 224

2013 年扬州大学 333 教育综合真题 ....................... 224

2014 年扬州大学 333 教育综合真题 ....................... 225

2015 年扬州大学 333 教育综合真题 ....................... 225

2016 年扬州大学 333 教育综合真题 ....................... 225

2017 年扬州大学 333 教育综合真题 ....................... 226

2018 年扬州大学 333 教育综合真题 ....................... 226

2019 年扬州大学 333 教育综合真题 ....................... 227

2020 年扬州大学 333 教育综合真题 ....................... 227

2021 年扬州大学 333 教育综合真题 ....................... 227

2022 年扬州大学 333 教育综合真题 ....................... 228

**宁波大学**

2010 年宁波大学 333 教育综合真题 ....................... 228

2011 年宁波大学 333 教育综合真题 ....................... 229

2012 年宁波大学 333 教育综合真题 ....................... 229

2013 年宁波大学 333 教育综合真题 ....................... 230

2014 年宁波大学 333 教育综合真题 ....................... 230

2015 年宁波大学 333 教育综合真题 ....................... 230

2016 年宁波大学 333 教育综合真题 ....................... 231

2017 年宁波大学 333 教育综合真题 ....................... 231

2018 年宁波大学 333 教育综合真题 ....................... 232

2019 年宁波大学 333 教育综合真题 ....................... 232

2020 年宁波大学 333 教育综合真题 ....................... 232

2021 年宁波大学 333 教育综合真题 ....................... 233

2022 年宁波大学 333 教育综合真题 ....................... 233

**青岛大学**

2010 年青岛大学 333 教育综合真题 ....................... 234

2011 年青岛大学 333 教育综合真题 ....................... 235

2012 年青岛大学 333 教育综合真题 ....................... 236

2013 年青岛大学 333 教育综合真题 ....................... 237

2014 年青岛大学 333 教育综合真题 ....................... 239

2015 年青岛大学 333 教育综合真题 ....................... 240

2016 年青岛大学 333 教育综合真题 ....................... 242

2017 年青岛大学 333 教育综合真题 ....................... 243

2018 年青岛大学 333 教育综合真题 ....................... 244

2019 年青岛大学 333 教育综合真题 ....................... 244

2020 年青岛大学 333 教育综合真题 ....................... 245

2021 年青岛大学 333 教育综合真题 ....................... 245

**聊城大学**

2010 年聊城大学 333 教育综合真题 ....................... 246

2011 年聊城大学 333 教育综合真题 ....................... 248

2012 年聊城大学 333 教育综合真题 ....................... 248

2013 年聊城大学 333 教育综合真题 ....................... 248

2014年聊城大学333教育综合真题 ....................... 249
2015年聊城大学333教育综合真题 ....................... 249
2016年聊城大学333教育综合真题 ....................... 250
2017年聊城大学333教育综合真题 ....................... 250
2018年聊城大学333教育综合真题 ....................... 251
2019年聊城大学333教育综合真题 ....................... 251
2020年聊城大学333教育综合真题 ....................... 252
2021年聊城大学333教育综合真题 ....................... 252
2022年聊城大学333教育综合真题 ....................... 252

**鲁东大学**
2011年鲁东大学333教育综合真题 ....................... 253
2012年鲁东大学333教育综合真题 ....................... 253
2013年鲁东大学333教育综合真题 ....................... 254
2014年鲁东大学333教育综合真题 ....................... 254
2015年鲁东大学333教育综合真题 ....................... 254
2016年鲁东大学333教育综合真题 ....................... 255
2017年鲁东大学333教育综合真题 ....................... 255
2018年鲁东大学333教育综合真题 ....................... 256
2019年鲁东大学333教育综合真题 ....................... 256
2020年鲁东大学333教育综合真题 ....................... 256
2021年鲁东大学333教育综合真题 ....................... 257
2022年鲁东大学333教育综合真题 ....................... 257

**新疆师范大学**
2010年新疆师范大学333教育综合真题 ................. 258
2012年新疆师范大学333教育综合真题 ................. 258
2013年新疆师范大学333教育综合真题 ................. 258
2014年新疆师范大学333教育综合真题 ................. 259
2015年新疆师范大学333教育综合真题 ................. 259
2016年新疆师范大学333教育综合真题 ................. 260
2017年新疆师范大学333教育综合真题 ................. 260
2018年新疆师范大学333教育综合真题 ................. 260
2019年新疆师范大学333教育综合真题 ................. 261
2020年新疆师范大学333教育综合真题 ................. 261
2021年新疆师范大学333教育综合真题 ................. 262
2022年新疆师范大学333教育综合真题 ................. 262

**河北师范大学**
2010年河北师范大学333教育综合真题 ................. 262
2011年河北师范大学333教育综合真题 ................. 263
2012年河北师范大学333教育综合真题 ................. 264
2013年河北师范大学333教育综合真题 ................. 264
2014年河北师范大学333教育综合真题 ................. 265
2015年河北师范大学333教育综合真题 ................. 265

2016年河北师范大学333教育综合真题 ................. 266
2017年河北师范大学333教育综合真题 ................. 266
2018年河北师范大学333教育综合真题 ................. 267
2019年河北师范大学333教育综合真题 ................. 267
2020年河北师范大学333教育综合真题 ................. 268
2021年河北师范大学333教育综合真题 ................. 268
2022年河北师范大学333教育综合真题 ................. 269

**宝鸡文理学院**
2021年宝鸡文理学院333教育综合真题 ................. 269
2022年宝鸡文理学院333教育综合真题 ................. 270

**渤海大学**
2021年渤海大学333教育综合真题 ....................... 270
2022年渤海大学333教育综合真题 ....................... 271

**大理大学**
2021年大理大学333教育综合真题 ....................... 271
2022年大理大学333教育综合真题 ....................... 271

**佛山科学技术学院**
2021年佛山科学技术学院333教育综合真题 .......... 272
2022年佛山科学技术学院333教育综合真题 .......... 272

**合肥师范学院**
2021年合肥师范学院333教育综合真题 ................. 273
2022年合肥师范学院333教育综合真题 ................. 273

**湖南科技大学**
2021年湖南科技大学333教育综合真题 ................. 274
2022年湖南科技大学333教育综合真题 ................. 274

**湖州师范学院**
2021年湖州师范学院333教育综合真题 ................. 275
2022年湖州师范学院333教育综合真题 ................. 275

**淮北师范大学**
2021年淮北师范大学333教育综合真题 ................. 276
2022年淮北师范大学333教育综合真题 ................. 276

**吉林师范大学**
2021年吉林师范大学333教育综合真题 ................. 277
2022年吉林师范大学333教育综合真题 ................. 277

**集美大学**
2021年集美大学333教育综合真题 ....................... 278
2022年集美大学333教育综合真题 ....................... 278

**海南师范大学**
2021年海南师范大学333教育综合真题 ................. 279
2022年海南师范大学333教育综合真题 ................. 279

**石河子大学**
2021年石河子大学333教育综合真题 .................... 280

2022 年石河子大学 333 教育综合真题 .................... 280

**中国海洋大学**

2021 年中国海洋大学 333 教育综合真题 ................. 281

2022 年中国海洋大学 333 教育综合真题 ................. 281

**延安大学**

2021 年延安大学 333 教育综合真题 ...................... 282

2022 年延安大学 333 教育综合真题 ...................... 282

**西安外国语大学**

2021 年西安外国语大学 333 教育综合真题.............. 283

2022 年西安外国语大学 333 教育综合真题.............. 283

**青海师范大学**

2021 年青海师范大学 333 教育综合真题 ................ 284

2022 年青海师范大学 333 教育综合真题 ................ 284

**闽南师范大学**

2021 年闽南师范大学 333 教育综合真题 ................ 285

2022 年闽南师范大学 333 教育综合真题 ................ 285

**温州大学**

2021 年温州大学 333 教育综合真题 ...................... 286

2022 年温州大学 333 教育综合真题 ...................... 286

**西华师范大学**

2021 年西华师范大学 333 教育综合真题 ................ 287

2022 年西华师范大学 333 教育综合真题 ................ 287

**深圳大学**

2021 年深圳大学 333 教育综合真题 ...................... 288

2022 年深圳大学 333 教育综合真题 ...................... 288

**天水师范学院**

2021 年天水师范学院 333 教育综合真题 ................ 288

**天津外国语大学**

2021 年天津外国语大学 333 教育综合真题.............. 289

**苏州科技大学**

2021 年苏州科技大学 333 教育综合真题 ................ 289

**三峡大学**

2021 年三峡大学 333 教育综合真题 ...................... 290

**山西大学**

2021 年山西大学 333 教育综合真题 ...................... 290

**阜阳师范大学**

2021 年阜阳师范大学 333 教育综合真题 ................ 291

**南京信息工程大学**

2021 年南京信息工程大学 333 教育综合真题 .......... 291

**广东技术师范大学**

2021 年广东技术师范大学 333 教育综合真题 .......... 292

**西南民族大学**

2022 年西南民族大学 333 教育综合真题 ................ 292

**长江大学**

2022 年长江大学 333 教育综合真题 ...................... 293

**浙江大学**

2022 年浙江大学 333 教育综合真题 ...................... 293

**浙江海洋大学**

2022 年浙江海洋大学 333 教育综合真题 ................ 294

**齐齐哈尔大学**

2022 年齐齐哈尔大学 333 教育综合真题 ................ 294

**沈阳大学**

2022 年沈阳大学 333 教育综合真题 ...................... 295

**信阳师范学院**

2022 年信阳师范学院 333 教育综合真题 ................ 295

**洛阳师范学院**

2022 年洛阳师范学院 333 教育综合真题 ................ 296

**济南大学**

2022 年济南大学 333 教育综合真题 ...................... 297

**河南科技学院**

2022 年河南科技学院 333 教育综合真题 ................ 297

# 北京师范大学

## 2010 年北京师范大学 333 教育综合真题

### 一、名词解释

1. 有教无类　　　2. 壬戌学制　　　3. 做中学　　　4. 教学形式阶段论
5. 横向迁移　　　6. 先行组织者

### 二、简答题

1. 简述教育的社会流动功能及其当代意义。
2. 简述活动课程的内涵及特点。
3. 如何处理教师主导作用与学生主体性的关系？
4. 简述德育中教育影响一致性和连贯性原则的内涵及基本要求。

### 三、论述题

1. 试论述科举制度与学校教育的关系。★★★①
2. 试论述个人本位论与社会本位论教育目的的分歧和调和原则。★★★
3. 试论述维果茨基的社会文化历史发展理论及其对教育教学的启示。★★★★★
4. "这种教育，我们或是受之于自然，或是受之于人，或是受之于事物。我们的才能和器官的内在发展，是自然的教育；别人教我们如何利用这种发展，是人为的教育；我们从影响我们的事物获得良好的经验，是事物的教育。"

这段话出自卢梭的《爱弥儿》，请你根据卢梭的教育思想，结合自己的理解，谈谈你对教育的认识。★★★★★

## 2011 年北京师范大学 333 教育综合真题

### 一、名词解释

1. 鸿都门学　　　2. 中体西用　　　3. 最近发展区　　　4. 元认知策略
5. 苏格拉底法　　　6. 道尔顿制

### 二、简答题

1. 试评"环境决定论"。
2. 学校教育中，怎样培养学生的创造力？
3. 简述德育的疏导原则。
4. 教育为什么要"以人为本"？

### 三、论述题

1. 论述蔡元培的"思想自由，兼容并包"原则及其对北大的改革。★★★★★
2. 论述教学原则中的科学性和思想性统一原则。★★★★
3. 论述诊断性评价、形成性评价和终结性评价的内涵。★★★
4. 论述杜威的教育思想。★★★★

---

① 星级代表试题重要程度，星级越高，该知识点越重要。

# 2012年北京师范大学333教育综合真题

## 一、名词解释

1. 京师同文馆
2. 生活教育
3. 贝尔－兰卡斯特制
4. 知识表征
5. 自我提高内驱力
6. 恩物

## 二、简答题

1. 简述教育的政治功能。
2. 简述我国教育目的的基本精神。
3. 简述课程多样化的内涵。
4. 简述启发性教学原则的基本要求。

## 三、论述题

1. 试评述孔子的教育实践与思想。★★★★★
2. 论述德育过程是提高学生自我教育能力的过程。★★★
3. 评述韦纳的动机理论。★★★★★
4. 材料：

"我们要提醒自己，教育本身并无目的。只是人，即家长和老师等才有目的；教育这个抽象概念并无目的。所以，他们的目的有无穷的变异，随着不同的儿童而不同，随着儿童的生长和教育者经验的增长而变化，即使能以文字表达的最正确的目的，如果我们没有认识到他们并不是目的，而是给教育者的建议，在他们解放和指导他们所遇到的具体环境的各种力量时，建议他们怎样观察，怎样展望未来和怎样选择，那么这种目的，作为文字，将是有害无益的。……牢记以上这些条件，我们将进而提出一切良好的教育目的所应具备的几个特征：①一个教育目的必须根据受教育者的特定个人的固有活动和需要。……②一个教育目的必须能转化为与受教育者的活动进行合作的方法，必须提出一种解放和组织他们的能力所需要的环境。……③教育者必须警惕所谓一般的和终极的目的。……"

——摘录自《民主主义与教育》第八章"教育的目的"第118至122页

（1）该材料作者及其基本情况。★★★★★
（2）该材料所包含的基本观点及其意义。★★★★★
（3）该作者其他主要的教育观念。★★★

# 2013年北京师范大学333教育综合真题

## 一、名词解释

1. 京师大学堂
2. 三舍法
3. 美国《国家处在危险之中：教育改革势在必行》的报告
4. 洛克的"白板说"
5. 心理健康
6. 学习动机

## 二、简答题

1. 简述现代教育的主要特点。
2. 简述学校教育的主要价值。
3. 简述个人本位论教育目的的观点。
4. 简述教学的任务。

## 三、论述题

1. 试论述蔡元培的基本思想。
2. "生长的目的是获得更多和更好的生长，教育的目的就是获得更多和更好的教育。教育并不在其本身之外附加什么目的，使教育成为这种外在目的的附属物。"

"传统教育里儿童坐在固定的座位上，静聆讲解和记诵课本，全然处于消极被动地位，单凭教师去吸取与生活无干的教条，绝谈不到掌握知识，谈不到积极、自觉和爱好、兴趣，更不能自由探索和启发智慧，其结果是抑制儿童的活力和滞塞儿童的创造才能。"

"教学法的因素和思维的因素是相同的。在理想的教学过程中，教师应鼓舞儿童在活动时开动大脑，运用观察和推测、实验和分析、比较和判断，使他们手、足、耳、目和头脑等身体器官，成为智慧的源泉。"

上述名言皆出自哪位教育家？试根据材料分析他的教育思想。★★★★★

3.试论述德育原则中理论与实际相结合的原则。★★★★

4.试分析有意义学习的实质与条件。★★★

# 2014年北京师范大学333教育综合真题

**一、名词解释**

1.教育　　2.苏湖教法　　3.进步主义教育　　4.赫尔巴特的教育目的论

5.最近发展区　　6.奥苏伯尔的有意义接受学习

**二、简答题**

1.简述德育的基本途径。

2.简述活动课程的主要特征。

3.简述教师专业素质的主要内容。

4.简述社会规范学习的心理过程。

**三、论述题**

1.试分析陶行知"生活教育"的主要内容。★★★★★

2.试论述夸美纽斯关于班级授课制的基本观点。★★★★★

3.试分析促进知识迁移的措施。★★★

4.试论述教育的社会功能。★★★

# 2015年北京师范大学333教育综合真题

**一、名词解释**

1.教育目的　　2.学校管理　　3.教学评价　　4.课程标准

5.社会性发展　　6.学习策略

**二、简答题**

1.简述教育的基本要素及各要素之间的相互关系。

2.简述影响人的身心发展的基本要素。

3.简述孟子的教育思想。

4.简述赫尔巴特的教育思想。

**三、论述题**

1.论述德育是培养知、情、意、行的过程。★★★★★

2.论述陈鹤琴的"活教育"思想。★★★★★

3.论述终身教育思想。★★★★★

4.举例论述影响知识理解的因素。★★★

# 2016 年北京师范大学 333 教育综合真题

**一、名词解释**

1. 教育　　　2. 班级授课制　　　3. 榜样法　　　4. 校长负责制
5. 接受学习　6. 心智技能

**二、简答题**

1. 简述教育的文化功能。
2. 简述课程设计的基本任务。
3. 简述蔡元培的教育独立思想。
4. 简述杜威的教育目的论。

**三、论述题**

1. 论述教育过程中智力活动与非智力活动的关系。★★★★
2. 论述王守仁的教育思想。★★★★★
3. 论述苏霍姆林斯基的和谐教育思想。★★★★★
4. 举例论述社会规范学习的心理过程。★★★

# 2017 年北京师范大学 333 教育综合真题

**一、名词解释**

1. 操作性条件反射　　2. 艾宾浩斯遗忘曲线　　3. 班级授课制　　4. 双轨学制

**二、简答题**

1. 简述影响学习迁移的因素。
2. 简述赞科夫的发展性教学原则。
3. 简述癸卯学制。
4. 简述我国的基本学制。

**三、论述题**

1. 材料：小迪本来自信、开朗，成绩优异。母亲去世后，他的学习成绩开始变得很差。汤老师一开始不喜欢他，批改作业时在他的作业本上写了一个很大的"差"字。后来了解情况后，汤老师开始鼓励他、关心他，后来小迪考上博士并邀请汤老师参加他的婚礼。在婚礼上，他向老师表达了谢意。

用自我效能感理论分析材料，回答如下问题：根据材料你想到了什么？小迪的学习变化最主要受什么影响？★★★★

2. 辨析教育教学是要遵循儿童的身心发展规律还是要尊重儿童的需要和兴趣？怎么协调二者的冲突？★★★★
3. 评述我国中小学教育存在的问题，选两个问题分析原因并给出解决的思路和方法。★★★

# 2018 年北京师范大学 333 教育综合真题

**一、名词解释**

1. 有教无类　　　2. 全纳教育　　　3. 隐性课程　　　4. 终身教育思潮

**二、简答题**

1. 简述斯宾塞生活准备说。
2. 简述韩愈对教师问题的见解。
3. 简述我国中小学教学方法的内涵和基本类型。

4. 我国中小学教师职业道德包含哪些内容?

### 三、论述题

1. 有个校长说: "如果没有升学压力, 我真想好好做德育。" 请从学校教学和德育的关系分析这一看法。★★★★

2. 材料: 一位老师学习了现代教学方法之后, 决定运用于课堂中。于是她决定使用 "成功教育" 的方法, 让每一个孩子带着成功坐下。答不对的同学, 先站着, 等下一个问题答对再坐下, 但举手的同学越来越少了。(材料不全)

(1) 试通过强化理论分析这位教师运用的方法问题在哪里。★★★★

(2) 你如何帮她改进? 请给出建议。★★★

# 2019 年北京师范大学 333 教育综合真题

### 一、名词解释

1. 课程      2. 学制      3.《颜氏家训》      4. 观察学习

### 二、简答题

1. 简述 19 世纪末 20 世纪初实验教育学的主要观点及评价。

2. 简述王安石的教育改革。

3. 简述德育过程的定义并说明其规律。

4. 简述教师的基本素养, 并说明它们之间的关系。

### 三、论述题

1. 材料:

有学生向教师提问: "我家租房收多少钱我都心里有数, 那些钱够我吃三辈子了, 我为什么还要上学? 我只要会收房租就行了。"

分析这位学生的想法, 并说明教师应如何引导。★★★★

2. 材料:

小明这次期中考试的语文成绩不理想, 在分析原因时他对小英说: "我真倒霉, 我们都在猜老师会让我们默写哪篇课文, 你猜中了, 我却没猜中。" 可见, 学生在成功或失败之后都会寻找借口。

韦纳提出了成败归因理论, 请说明成败归因理论的基本观点及其教育实践启示。★★★★★

# 2020 年北京师范大学 333 教育综合真题

### 一、名词解释

1. 劳动教育      2. 稷下学宫      3. 美国进步主义教育运动      4. 教育现代化

### 二、简答题

1. 简述科学性与思想性相统一的教学原则。

2. 简述《中庸》的基本教育思想。

3. 简述埃里克森社会发展理论的主要观点。

4. 简述奥苏伯尔提出的影响有意义接受学习的三大要素。

### 三、论述题

1. 论述班级授课制的时代局限性和变革趋势。★★★

2. 材料概览: "……教育目标是什么, 其关键是什么……调和看似矛盾的地方, 觅得教育的真谛。"

——洛克著, 熊春文译,《教育片论》, 上海人民出版社, 2005 年, 第 124 至 125 页

材料细节回忆:

教育的目标就是要克制儿童的欲望, 发展儿童的理智, 关键在于用理智和原则规范儿童的行为。

有时候，我们需要用严厉的方法约束儿童，要求儿童完成他应该完成的事情，制约儿童是一种有效的教育方法，但是，我们也不想看到儿童失去个性，没有自由，因为儿童受到管制就会变得怯懦、不自信。这样的儿童在未来也同样没有成就。当然，那些挥霍青春的儿童，如果能得到规范的管理和要求，一旦走向正途，前途不可限量。谁要是能调和这两种矛盾，他就可以觅得教育的真谛。

（1）洛克认为教育的目标是什么？关键是什么？★★★

（2）看似矛盾的地方是什么？为什么洛克说调和了看似矛盾的地方就能觅得教育的真谛？★★★★

（3）谈谈你如何看待这对矛盾。★★★★

# 2021 年北京师范大学 333 教育综合真题

**一、名词解释**

1. 美育　　　　2. 教育评价　　　　3. 新教育运动　　　　4. 教育即生长

**二、简答题**

1. 简要评析 21 世纪我国基础教育课程改革的主要内容与成效。

2. 简述欧洲文艺复兴时期全人教育理想及其影响。

3. 简述变式练习及其在技能形成过程中的作用。

4. 简述双重编码理论并举例说明。

**三、论述题**

1. 材料：在民主观念放任的情况下，人们已经忘记教育为何物，人们所理解的教育只是将青年人培养成有用之才。当某一科学被运用到经济之中时，这门科学马上身价百倍，人们为了获利，纷纷追求它，并在学校中推广这一学说。因此，科学和培养科学人才的重要性得到前所未有的强调……人们也因此愿意付出最大的物质代价。科学价值的评判与精神价值的评判不可同日而语。培养出来的科技人员只是服务于某些目的的专业工人，他们并没有受到真正的教育。因为技能的培训、专业技能的提高还不能算是人的陶冶，连科学思维方式的训练也谈不上，更何况理性的培养。

结合以上材料，论述你对教育意义和价值的理解。★★★★

2. 评述蔡元培"思想自由，兼容并包"的思想、教育实践及影响。★★★★★

# 2022 年北京师范大学 333 教育综合真题

**一、名词解释**

1.《白鹿洞书院揭示》　　2. 义务教育　　3. 自由"七艺"　　4. 皮革马利翁效应

**二、简答题**

1. 简述韩愈的教师思想。

2. 简述我国教育目的的基本要求和基本精神。

3. 简述影响课程实施的主要因素。

4. 简述赫尔巴特的教育性教学思想及其意义。

**三、论述题**

1. 结合现实说说德育与教学关系的认识。★★★

2. 某中学给学生做了心理测试，把学生的认知方式分为场独立型和场依存型，A 老师建议给班主任也做测试划分类型，同类老师和学生分到一个班级更合拍。请从个别差异和因材施教的角度来评价 A 老师的建议。★★★★

# 华东师范大学

## 2010 年华东师范大学 333 教育综合真题

### 一、名词解释

1. 教育目的　　　　2. 双轨制　　　　3. 京师同文馆　　　　4. 活教育
5. 骑士教育　　　　6.《莫雷尔法案》

### 二、简答题

1. 举例说明螺旋式课程内容组织及其依据和适用性。
2. 何谓发展性教学原则？在教学中遵循发展性教学原则有哪些基本要求？
3. 举例说明学校实施德育的途径。
4. 简述埃里克森人格发展理论的教育意义。

### 三、论述题

1. 试分析学校转型变革背景下教师的基本素养。★★
2. 阅读以下材料，分析和评论其中的教育思想。★★★★

虽有嘉肴，弗食，不知其旨也；虽有至道，弗学，不知其善也。是故学然后知不足，教然后知困。知不足，然后能自反也；知困，然后能自强也。故曰：教学相长也。《兑命》曰："学学半。"其此之谓乎？

3. 试述永恒主义教育理论及其对当代世界教育实践的影响。★★★★
4. 结合学习实例，论述问题解决过程中各阶段的主要策略。★★★

## 2011 年华东师范大学 333 教育综合真题

### 一、名词解释

1. 教育先行　　　　2. 教育目的的社会本位论　　　　3. 终身教育
4. 教师专业性发展　　5. 最近发展区　　　　6. 先行组织者

### 二、简答题

1. 简述活动课程的特点。
2. 简述集体教育原则的基本要求。
3. 简述陶行知"生活教育"的基本内容。
4. 简述人文主义教育的基本特征。

### 三、论述题

1. 针对班级授课制的优缺点探讨教学组织形式的改革方向。★★★
2. 评述韩愈《师说》中的教师观。★★★★★
3. 评述赫尔巴特的课程理论。★★★★★
4. 论述精细加工策略及其教学要求。★★★

# 2012 年华东师范大学 333 教育综合真题

**一、名词解释**

1. 教育制度　　　2. 综合课程　　　3. 产婆术　　　4. 绅士教育
5. "六艺"教育　　6. 1922 年"新学制"

**二、简答题**

1. 简述教学模式的结构。
2. 举例说明道德教育的社会学习模式。
3. 简述教师的专业素养。
4. 简述奥苏伯尔的先行组织者策略。

**三、论述题**

1. 评述课程编制的泰勒原理。★★★★★
2. 评述卢梭自然主义教育思想及其影响。★★★★★
3. 试论"五四"期间新文化思想对教育改革的影响。★★★
4. 试论学习动机的培养和激发。★★★★★

# 2013 年华东师范大学 333 教育综合真题

**一、名词解释**

1. 分支型学制　　2. 教育目的　　　3. 课程方案　　　4. 教学评价
5. 人文主义教育　6. 道尔顿制

**二、简答题**

1. 简述教育的社会流动功能。
2. 简述蔡元培的高等教育实践对我国现代大学发展的意义。
3. 简述建构主义学习观。

**三、论述题**

1. 评述结构主义教育。★★★
2. 论述社会变迁对教师角色及教师专业发展的具体影响。★★★
3. 试以白鹿洞书院为例，分析我国书院的宗旨、特点与意义。★★★★
4. 论述科尔伯格的道德发展阶段理论。★★★★★

# 2014 年华东师范大学 333 教育综合真题

**一、名词解释**

1. 贝尔－兰卡斯特制　2. 城市学校　　3. 自我效能感　　4. 现代教育制度
5. 德育过程　　　　　6. 有意义学习

**二、简答题**

1. 简述白鹿洞书院的教育宗旨。
2. 简述文艺复兴时期弗吉里奥的教育贡献。
3. 简述美国的《国防教育法》。
4. 简述班集体的发展阶段及培养方法。

**三、论述题**

1. 试以张之洞的《劝学篇》为例，评述"中体西用"的教育思想。★★★★★
2. 试论述元认知策略及其教学应用。★★★
3. 试分析课程内容的组织对学生学习的影响。★★★★
4. 针对教师专业发展的不同阶段，应该怎样帮助教师成长？★★★★

# 2015 年华东师范大学 333 教育综合真题

**一、名词解释**

| 1.《师说》 | 2. 三舍法 | 3. 生计教育 | 4. 设计教学法 |

5. 有意义学习　　6. 自我效能感

**二、简答题**

1. 简述陈鹤琴的"活教育"。
2. 简述班主任的素质要求。
3. 简述《学记》中"善喻"的教育意义。
4. 简述德育过程中教师指导下的学生能动作用。

**三、论述题**

1. 评述布鲁纳的结构主义教育。★★★★★
2. 比较博比特的"活动分析法"和泰勒的"目标模式"。★★★★★
3. 根据创造性的心理结构分析，说明学生创造力的培养措施。★★★★
4. 试分析教师素养及社会变迁中教师角色的发展趋势。★★★★

# 2016 年华东师范大学 333 教育综合真题

**一、名词解释**

| 1. 苏湖教法 | 2. 班级授课制 | 3. 中体西用 | 4. 自由"七艺" |

5. 绅士教育　　6. 双轨制

**二、简答题**

1. 简述朱子读书法及其现代价值。
2. 简述校长负责制的内涵及需要注意的问题。
3. 简述蔡元培的"五育"并举。
4. 简述社会建构主义理论对学习的作用。

**三、论述题**

1. 评述要素主义。★★★
2. 评述课程内容设计对学生学习的影响。★★★
3. 评述班集体培养。★★★
4. 试从元认知视角分析提升学生学习效能的教学策略。★★★★

# 2017 年华东师范大学 333 教育综合真题

**一、名词解释**

1. 致良知　　　　　　2. 以吏为师　　　　　　3. 实科中学　　　　　　4. 学科课程

5. 发现学习　　　　　6. 要素主义

**二、简答题**

1. 简述朱子读书法及其当代价值。

2. 简述形成性评价在教育中的作用。

3. 简述颜元的实学教育内容及"六斋"。

4. 简述安德森的心理技能形成的三阶段。

**三、论述题**

1. 论述《郎之万 - 瓦隆教育改革方案》的内容及对教育民主化的影响。★★★

2. 论述班主任工作对班集体发展和学生品德发展的影响。★★★

3. 论述课程内容组织中"纵向组织"和"横向组织"的关系。★★★

4. 论述奥苏伯尔的有意义学习的实质与条件。★★★★★

# 2018 年华东师范大学 333 教育综合真题

**一、名词解释**

1. 学校教育制度　　　2. 课程标准　　　　　　3. 道尔顿制　　　　　　4. 苏格拉底法

5. 学习策略　　　　　6. 程序性知识

**二、简答题**

1. 简述中世纪西欧世俗教育的主要形式。

2. 简述颜元的学校改革主张。

3. 简述德育中的严格要求与尊重学生相结合的原则。

4. 简述裴斯泰洛齐的要素教育。

**三、论述题**

1. 结合实际，谈谈如何在教学中有效地应用讨论法。★★★★★

2. 评析陈鹤琴的"活教育"探索。★★★★★

3. 有人强调依法治校，有人主张以德治校，你怎么看？★★★★

4. 如何培养和激发学习动机？★★★★★

# 2019 年华东师范大学 333 教育综合真题

**一、名词解释**

1. 欧洲新教育运动　　2. 教育目的　　　　　　3. 学科课程　　　　　　4. 观察学习

5. 学习风格　　　　　6. 学校即社会

**二、简答题**

1. 简述欧洲乡村寄宿学校的主要特征。

2. 简述教育的经济功能。

3. 简述孟子的教育思想。

4.简述欧洲中世纪大学享有的特权。

**三、论述题**

1.论述加德纳多元智力理论对教育工作的启示。★★★★★
2.论述陶行知生活教育的实践探索和理论创新。★★★★★
3.结合实际谈谈因材施教。★★★
4.结合班主任的工作论述如何培养班集体。★★★

# 2020年华东师范大学333教育综合真题

**一、名词解释**

| | | | |
|---|---|---|---|
| 1.课程标准 | 2.走班制 | 3.教育即生活 | 4.中体西用 |
| 5.平民教育运动 | 6.形式训练说 | | |

**二、简答题**

1.简述教育的生态功能。
2.简述夸美纽斯的班级授课制。
3.简述陈鹤琴的"活教育"思想。
4.简述教学工作的基本环节。

**三、论述题**

1.结合实际,谈谈中小学德育过程的基本特点。★★★★
2.结合现实,试述中小学生的创造性及其培养。★★★
3.试述教师素养的构成及对教师成长的启示。★★★
4.试述学校管理的趋势及实践启示。★★★★

# 2021年华东师范大学333教育综合真题

**一、名词解释**

| | | | |
|---|---|---|---|
| 1.教育方法 | 2.亲社会行为 | 3.因材施教 | 4.白板说 |
| 5.教育内容 | 6.最近发展区 | | |

**二、简答题**

1.简述人的发展规律性。
2.简述教育的政治功能。
3.简述教育的心理学化。
4.简述杜威的无目的论。

**三、论述题**

1.结合教学实际,谈谈如何处理好教师主导作用与学生主动性之间的关系。★★★
2.结合实际,谈谈学校管理发展的主要趋势。★★★★
3.试述学习动机的需要层次理论,及该理论对激发学生学习动机的启示。★★★
4.结合现实,谈谈中小学生常见的心理健康问题及其教育措施。★★★

## 2022 年华东师范大学 333 教育综合真题

### 一、名词解释

1. 课程　　　　　　　2. 教育制度　　　　　3. 设计教学法
4. 骑士教育　　　　　5. 最近发展区　　　　6. 贝尔 – 兰卡斯特制

### 二、简答题

1. 简述教育的政治功能。
2. 简述教师的师德素质。
3. 简述中国共产党领导下的革命根据地的教育经验。
4. 简述皮亚杰的认知阶段论。

### 三、论述题

1. 举例说明，在教育过程中运用"直观性原则"的基本要求。★★★
2. 结合实际，分析论述班主任素质的基本要求。★★★★
3. 结合实际，谈谈如何培养和提高学生的问题解决能力。★★★★
4. 结合实际，谈谈如何落实学校管理的"民主化"思想。★★★★

# 东北师范大学

## 2010 年东北师范大学 333 教育综合真题

### 一、名词解释

1. 美育　　　　　2. 因材施教　　　　3.《论语》　　　　4. 蔡元培
5.《理想国》　　　6. 终身教育

### 二、简答题

1. 简述全面发展教育的组成部分及其各自的地位、作用。
2. 简述影响人身心发展的因素及其各自的地位、作用。
3. 简述教育的本体功能。
4. 简要介绍几种主要的动机理论。

### 三、论述题

1. 什么是创造性？如何对学生的创造性进行培养？★★★★★
2. 评述 20 世纪 60 年代美国的课程改革。★★★★
3. 试分析论述陶行知的生活教育思想及其当代价值。★★★★★
4. 结合我国近年来对应试教育和素质教育的讨论，谈谈你对素质教育的认识和理解。★★★

## 2011 年东北师范大学 333 教育综合真题

### 一、名词解释

1. 有教无类　　　　　　　2. "五育"并举的教育方针　　　　　　3. 苏格拉底法

4.《初等教育法》　　　　　5. 概括化理论　　　　　6. 努力管理策略

## 二、简答题

1. 简要回答教学过程中应处理好的几种关系。
2. 简要回答我国教育目的的基本精神。
3. 简述影响人身心发展的因素及其各自的作用。
4. 列出两例我国基础教育中存在的主要问题，并就其中一例做深入分析。
5. 简述奥苏伯尔的有意义接受说。
6. 简述成败归因理论。

## 三、论述题

1. 试论《学记》在教育管理和教学论上的贡献。★★★★★
2. 试论 20 世纪 60 年代美国中小学的课程改革。★★★★

# 2012 年东北师范大学 333 教育综合真题

## 一、名词解释

1. 课程标准　　　　2. 义务教育　　　　3. 学而优则仕　　　　4. 苏格拉底法
5. 生活教育　　　　6.《学制令》　　　　7. 流体智力　　　　8. 先行组织者

## 二、简答题

1. 简述中小学研究性学习的目标。
2. 简述皮亚杰认知发展阶段论的主要内容。
3. 简述归因理论的基本观点。

## 三、论述题

1. 在全面发展教育中如何认识和处理各育的关系？★★★★★
2. 论述教学中掌握知识与发展智力的关系。★★★★
3. 评述终身教育思潮。★★★★★
4. 论述孔子的德育论及其当代价值。★★★★★

# 2013 年东北师范大学 333 教育综合真题

## 一、名词解释

1. 义务教育　　　　2. 活动课程　　　　3. 班级授课制　　　　4. 直观性教学原则
5.《学记》　　　　　6. 中华职业教育社

## 二、简答题

1. 简述我国教育目的在《教育法》中的体现及其体现的精神实质。
2. 简述教学与智育的关系。
3. 简述苏格拉底法的基本内容。
4. 简述科尔伯格的道德发展理论。

## 三、论述题

1. 有人说："一两遗传胜过一吨黄金。"这种说法对吗？说明你的道理。★★★★
2. 试论述杜威的课程与教材论的相关内容及其现实意义。★★★★★
3. 某地某学校根据学生入学前的智商高低来分快慢班，谈谈你的想法，并用心理学的相关知识进行评价。★★★
4. 论述孔子的教学方法及其现实意义。★★★★★

# 2014 年东北师范大学 333 教育综合真题

**一、名词解释**

1. 美育　　　2. 因材施教　　　3. 最近发展区　　　4. 学习策略

**二、简答题**

1. 简述《学记》在教育教学方面的启示。
2. 简述英国《1988 年教育改革法》的内容。
3. 简述我国当前教育方针的最新表述及其精神实质，就我国当前教育实践在教育方针贯彻执行中所存在的问题谈谈你的看法。

**三、论述题**

1. 论述基础教育的独立价值和意义。★★★★
2. 论述研究性学习。★★★★
3. 论述 1922 年"壬戌学制"。★★★
4. 论述杜威的教学论。★★★★★
5. 如何培养学生的学习动机？★★★★★

# 2015 年东北师范大学 333 教育综合真题

**一、名词解释**

1. 狭义的教育　　2. 隐性课程　　　3. 榜样示范法　　4. 教学评价
5. 骑士教育　　　6.《教育诗篇》　　7. 朱子读书法　　8. 京师同文馆
9. 发现学习　　　10. 自我效能感

**二、简答题**

1. 简述教学工作的基本环节及各自的意义。
2. 简述教师劳动的特点。

**三、论述题**

1. 试从政治、经济、文化三个方面联系实际论述教育的社会功能。★★★★★
2. 试分析比较赫尔巴特与杜威的课程理论的异同。★★★★★
3. 论述孔子的道德教育思想及对当代德育的启示。★★★★★
4. 结合实际谈谈面对一个对考试失败无能为力、自暴自弃的学生，教师应该怎么做。★★★

# 2016 年东北师范大学 333 教育综合真题

**一、名词解释**

1. 学制　　　2. 培养目标　　　3. 道德教育　　　4. 教师
5. 精细加工策略　　6. 同化

**二、简答题**

1. 简述教学与教育、智育的关系。
2. 简述班级授课制的优缺点。
3. 简述蒙学教材及其特点。
4. 简述《国防教育法》的基本内容。

## 三、论述题

1. 试述学校教育对人的身心发展的重要作用。★★★
2. 试论蔡元培的"五育"并举教育方针。★★★★★
3. 论述观察学习的过程及其在教育中的作用。★★★★★
4. 试论卢梭的自然教育思想及其现实意义。★★★★★

# 2017 年东北师范大学 333 教育综合真题

## 一、名词解释

1. 教育目的　　　2. 外铄论（环境决定论）　　3. 说服法　　　4. 学校管理
5.《学记》　　　6. 书院　　　7.《莫雷尔法案》　　　8. 英国公学

## 二、简答题

1. 简述教师的专业素养。
2. 简述我国新一轮课程改革的目的。
3. 简述陈鹤琴的"活教育"思想及其现代价值。
4. 简述韩愈《师说》中的教师观及其现实价值。
5. 简述赫尔巴特的四步教学法。
6. 简述裴斯泰洛齐的要素教育。

## 三、论述题

1. 教学中应处理好的几对关系是什么？★★★★★
2. 一位数学老师没有直接告诉学生答案，而是通过一步一步地设计问题，诱导学生通过自己的探究最后得到答案。请问这位老师的做法是否符合维果茨基和布鲁纳的教学理论？要达到教学目的应注意哪些问题？★★★★★
3. 论述学生的自我效能感受哪些因素的影响。★★★★

# 2018 年东北师范大学 333 教育综合真题

## 一、名词解释

1. 癸卯学制　　　2. 智者学派

## 二、简答题

1. 简述教育的基本形态及每种形态的基本特征。
2. 简述教师的主要角色地位。

## 三、论述题

1. 论述教育与生产劳动相结合的现实意义。★★★
2. 论述教学过程中的教学原则有哪些，并说明每个原则的要求。★★★★
3. 论述韦纳的成败归因理论并举例说明。★★★★★
4. 论述学习策略的各种类型及意义。★★★
5. 论述《学记》的教育思想。★★★★★
6. 论述杜威的教育本质观。★★★★

## 2019 年东北师范大学 333 教育综合真题

**一、简答题**

1. 简述美国 1958 年《国防教育法》的背景和主要内容。
2. 简述学习者的个体差异。
3. 简述教学中掌握知识与发展智力的关系。

**二、论述题**

1. 比较雅典和斯巴达的教育体制。★★★★★
2. 如何理解教育公平是社会公平的基础？★★★
3. 介绍三种学习迁移理论。★★★★
4. 介绍奥苏伯尔的有意义学习理论及其在教学中的运用。★★★★★
5. 论述陶行知生活教育理论的主要内容及其现实启示。★★★★★
6. 一个合格教师的专业素养由哪几方面构成？如何培养教师的专业素养？★★★★

## 2020 年东北师范大学 333 教育综合真题

### 教育学原理

**一、简答题**

简述教学评价的 CIPP 模式。

**二、论述题**

1. 简述中小学主要的教学组织形式。
2. 教育是什么？选一种观点论述。

### 中外教育史

**一、简答题**

简述稷下学宫。

**二、论述题**

1. 试论蔡元培的教育思想及对北大的改革。
2. 试论裴斯泰洛齐的教育思想。

### 教育心理学

**一、简答题**

简述建构主义的学习理论。

**二、论述题**

1. 结合布卢姆的教育目标分类学，就中小学任何一门课程谈谈怎样出高质量的测试题。★★★★
2. 教师如何帮助学生进行学习迁移？★★★★

# 2021 年东北师范大学 333 教育综合真题

## 教育学原理

**一、简答题**

简述我国中小学常用的德育原则。

**二、论述题**

1. 结合案例论述教育的政治功能和经济功能。★★★★
2. 联系实际论述马克思的人的全面发展学说的主要内容及其现实意义。★★★★★
3. 结合实际谈谈生产力对教育的制约。★★★

## 中外教育史

**一、简答题**

1. 简述科举制度对学校教育的影响。
2. 简述中世纪大学的主要成就及其影响。

**二、论述题**

1. 试述"中体西用"思想的主要内容和历史作用。★★★★★
2. 试述赞科夫教学理论的主要内容及其影响。★★★★★

## 教育心理学

**一、简答题**

简要阐述规范学习的心理过程。

**二、论述题**

试述教育心理学在研究内容上呈现的新趋势。

# 2022 年东北师范大学 333 教育综合真题

**一、简答题**

1. 简述教育的基本要素。
2. 简述分科课程和活动课程的优缺点。
3. 简述《学记》的理论及对我国教育的启示。
4. 简述 1922 年"新学制"。
5. 简述罗杰斯有意义学习的基本内涵。
6. 简述 19 世纪美国进步教育运动的基本内容及影响。

**二、论述题**

1. 论述影响人身心发展的基本因素。★★★★★
2. 论述德育过程中如何培养学生的知、情、意、行。★★★★★
3. 论述美国公立学校运动内容的影响。★★★★
4. 论述夸美纽斯的教学理论和贡献。★★★★★
5. 试论述如何培养和激发学习动机。★★★★★

华中师范大学

## 2010 年华中师范大学 333 教育综合真题

### 一、名词解释
1. 学校教育      2. 教育目的      3. 讲授法      4.《学记》
5. 道尔顿制      6. 元认知

### 二、简答题
1. 简述教育的相对独立性。
2. 简述上好一堂课的要求。
3. 简述教师劳动的特点。
4. 简述影响学习动机的因素。

### 三、论述题
1. 论述人的发展的规律性及其教育学意义。★★★★★
2. 论述朱子读书法及其当代意义。★★★★★
3. 评述苏霍姆林斯基的个性全面和谐发展教育思想。★★★★★
4. 联系实际论述问题解决能力的培养。★★★★

## 2011 年华中师范大学 333 教育综合真题

### 一、名词解释
1. 学校教育制度      2. 课程标准      3. 智育      4. 分组教学
5. 陶冶      6. 技能

### 二、简答题
1. 简述我国教育目的的基本精神。
2. 简述上好一堂课的要求。
3. 简述教师的素养。
4. 简述培养集体的方法。

### 三、论述题
1. 论述人的发展的规律性及其教育学意义。★★★★
2. 论述陶行知的"生活教育"理论。★★★★
3. 论述赞科夫的发展性教学理论。★★★★
4. 联系实际，谈谈创造性的培养措施。★★★★

## 2012 年华中师范大学 333 教育综合真题

### 一、名词解释
1. 学校教育      2. 教育目的      3. 分组教学      4. 讲授法
5. 陶冶      6. 技能

## 二、简答题

1. 简述上好一堂课的要求。
2. 简述培养集体的方法。
3. 简述教师劳动的特点。
4. 简述影响学习动机的因素。

## 三、论述题

1. 论述人的发展的特点及其教育学意义。★★★★
2. 论述陶行知的"生活教育"理论。★★★★
3. 论述赞科夫的发展性教学理论。★★★★
4. 联系实际论述问题解决能力的培养。★★★★

# 2013 年华中师范大学 333 教育综合真题

## 一、选择题

1. 教育学的研究任务是（　　）

A. 研究教育现象　　　B. 解决教育问题　　　C. 揭示教育规律　　　D. 总结教育经验

2. "实验教育学"的代表人物是（　　）

A. 涂尔干　　　B. 克伯屈　　　C. 杜威　　　D. 梅伊曼

3. "孟母三迁"的故事说明了影响人发展的重要因素是（　　）

A. 遗传　　　B. 教育　　　C. 环境　　　D. 人的主观能动性

4. 学生运用知识的主要目的在于（　　）

A. 引起求知欲　　　B. 理解知识　　　C. 巩固知识　　　D. 形成技能技巧

5. "一把钥匙开一把锁"运用在教育中是强调（　　）

A. 因材施教　　　　　　　　　　B. 教育影响的一致性和连贯性

C. 理论联系实际　　　　　　　　D. 在集体中教育

6. 唐代"六学二馆"是指（　　）

A. 地方官学　　　B. 图书馆　　　C. 中央官学　　　D. 私学

7. 中国儒家经典"四书"是指（　　）

A.《大学》《中庸》《孝经》《论语》　　　　　B.《论语》《孟子》《诗经》《尚书》

C.《大学》《中庸》《论语》《春秋》　　　　　D.《大学》《中庸》《孟子》《论语》

8. 由维新派创立的学校是（　　）

A. 京师同文馆　　　B. 万木草堂　　　C. 爱国学社　　　D. 南洋公学

9. 提出教育的最终目标是培养哲学王的教育家是（　　）

A. 苏格拉底　　　B. 亚里士多德　　　C. 柏拉图　　　D. 夸美纽斯

10. 近代欧洲自然主义教育思想的代表人物是（　　）

A. 卢梭　　　B. 洛克　　　C. 赫尔巴特　　　D. 斯宾塞

11. 个体利用已有的认知结构将新的刺激整合进自己的认知结构的过程是（　　）

A. 同化　　　B. 顺应　　　C. 平衡　　　D. 整合

12. 根据弗洛伊德的个性发展理论，男孩出现恋母情结的阶段是（　　）

A. 肛门期　　　B. 器官期　　　C. 潜伏期　　　D. 生殖期

13. 最早提出中间变量的概念，将 S—R 变成 S—O—R 的心理学家是（　　）

A. 华生　　　B. 斯金纳　　　C. 苛勒　　　D. 托尔曼

14. 观察者因看到榜样受到强化而间接受到的强化称为（　　）

A. 一级强化　　　B. 自我强化　　　C. 部分强化　　　D. 替代强化

15. "教育应该走在儿童现有发展水平的前面，从而带动儿童的发展"这一观点的理论基础是（　　）

A. 维果茨基的"最近发展区"理论　　　　　B. 列昂节夫的学习活动理论

C. 皮亚杰的认知发展阶段理论　　　　　　D. 埃里克森的个性发展阶段理论

## 二、名词解释

1. 体育  2. 程序性知识  3. 形成性评价  4. 白板说

## 三、简答题

1. 简述朱子读书法。
2. 简述教育的文化功能。
3. 简述人格发展的一般规律。
4. 简述教师的基本素质。

## 四、论述题

1. 论述陈鹤琴的"活教育"思想体系。★★★★
2. 举例说明启发性原则在教学中的要求。★★★★
3. 论述加德纳的多元智力理论及其教学意义。★★★★

# 2014年华中师范大学333教育综合真题

## 一、选择题

1. 教育学的研究对象是（　）
A. 教育经验　　　　B. 教育事实　　　　C. 教育问题　　　　D. 教育规律
2. 制约教育事业发展规模和速度的是（　）
A. 政治制度　　　　B. 生产力　　　　C. 科学技术　　　　D. 文化
3. 现代意义上活动课程的首倡者是（　）
A. 卢梭　　　　B. 赫尔巴特　　　　C. 杜威　　　　D. 布鲁纳
4. 学校的工作中心是（　）
A. 德育　　　　B. 智育　　　　C. 管理　　　　D. 教学
5. 教师提高教学质量的关键是（　）
A. 备好课　　　　B. 上好课　　　　C. 做好课后的教导工作　　　　D. 搞好教学评价
6. 被称为中国"平民教育家"的是（　）
A. 胡适　　　　B. 蔡元培　　　　C. 晏阳初　　　　D. 梁启超
7. 美国心理学家布卢姆将教育目标分为认知、情感和（　）三大领域
A. 动作技能　　　　B. 社会性　　　　C. 品德　　　　D. 行为习惯
8. 1958年美国政府颁布的《国防教育法》的主要内容是（　）
A. 减少对普通教育的投入，增加对军事院校的拨款
B. 实行全民军事教育
C. 加强普通学校的自然科学、数学和现代外语的教学
D. 把私立教育作为发展的重点
9. "自我效能感"概念的提出者是（　）
A. 赞科夫　　　　B. 维果茨基　　　　C. 布卢姆　　　　D. 班杜拉
10. "以社会契约为准则"的阶段属于科尔伯格品德发展理论所述的（　）
A. 前习俗水平　　　　B. 习俗水平　　　　C. 后习俗水平　　　　D. 以上都不是

## 二、名词解释

1. 学校教育  2. 教育制度  3. 苏格拉底方法  4. 元认知

## 三、简答题

1. 简述教育的生态功能。
2. 简述德育的途径。
3. 简述蔡元培的教育思想。
4. 简述心理健康的标准。

## 四、论述题

1. 论述直接经验和间接经验的关系。★★★★
2. 论述卢梭的自然主义教育思想。★★★★
3. 试述发现学习与接受学习的异同。★★★★

# 2015年华中师范大学333教育综合真题

## 一、名词解释

1. 教育　　　　2. 修养　　　　3. 学园　　　　4. 活动课程　　　　5. 心理发展

## 二、简答题

1. 简述教育的相对独立性及其表现。
2. 简述直观性教学原则的含义及特点。
3. 简述教师劳动的特点。
4. 简述梁启超的教育思想。
5. 简述青少年心理健康培养的途径。

## 三、论述题

1. 论述掌握知识和发展智力的关系。★★★★
2. 论述德育过程是在教师引导下的能动的活动过程。★★★★
3. 论述创造性的培养措施。★★★★
4. 评述实验教育学。★★★

# 2016年华中师范大学333教育综合真题

## 一、填空题

1. 被称作"现代教育学之父"的教育家是（　　）。
2. 20世纪70年代兴起，在当代西方教育理论界占主导地位的教育思潮是（　　）。
3. "师者，所以传道授业解惑也。"这句话出自（　　）。
4. 我国现阶段的主要教学组织形式是（　　）。
5. 在《劝学篇》中，首先使用"中体西用"的教育家是（　　）。
6. 清政府正式颁布并实施的中国近代第一个学制是（　　）。
7. 18世纪德国"泛爱学校"学校的创始人是（　　）。
8. 教育名著《爱弥儿》的作者是（　　）。
9. 美国心理学家布卢姆将教育目标分为三大领域，即认知、情感和（　　）。
10. 对信息加工过程进行监督和调节的学习策略，被称为（　　）。

## 二、名词解释

1. 教育目的　　　　2. 讲授法　　　　3. 道尔顿制　　　　4. 先行组织者

## 三、简答题

1. 简述教育学的任务。
2. 简述培养班集体的方法。
3. 简述恽代英的教育思想。
4. 简述学习动机的强化理论。

**四、论述题**

1. 谈谈你对德育过程是培养学生知、情、意、行的过程的认识。★★★★
2. 论述陶行知的生活教育理论及其当代价值。★★★★
3. 论述心智技能的培养方法。★★★★

# 2017年华中师范大学333教育综合真题

**一、填空题**

1. 最早把"教"与"育"联系起来的人是（　）。
2. 对人的发展起决定作用的是（　）。
3. "不愤不启，不悱不发"中的"愤"是指（　）。
4. 在我国被称为"人民教育家"的是（　）。
5. 教学的中心环节是（　）。
6. 形式教育论认为学校教育的作用是（　）。
7. 做好班主任工作，首先应该（　）。
8. 教育心理学化的提出者是（　）。
9. 道德认知理论的提出者是（　）。
10. 成就动机理论的提出者是（　）。

**二、名词解释**

1. 美育　　　　　2. 谈话法　　　　　3. 学在官府　　　　　4. 发现学习

**三、简答题**

1. 简述现代教育对经济发展的影响。
2. 简述启发性原则及其要求。
3. 简述蒙台梭利的教育思想。
4. 简述品德不良的含义和类型。

**四、论述题**

1. 联系实际谈谈主观能动性对人的身心发展的作用。★★★★★
2. 论述我国书院的发展过程及特点。★★★★
3. 论述人本主义理论及其现实意义。★★★★

# 2018年华中师范大学333教育综合真题

**一、名词解释**

1. 学制　　　　　2. 修养　　　　　3. 产婆术　　　　　4. 稷下学宫
5. "五育"并举　　6. 学习策略

**二、简答题**

1. 简述教育的政治功能。
2. 简述孔子认为教师应该具备的基本特点。
3. 简述文艺复兴时期人文主义教育的主要特征。
4. 简述赫尔巴特教学形式阶段论的内容。

**三、论述题**

1. 论述文化知识的育人价值。★★★

2.论述黄炎培的职业教育思想。★★★★

3.举例论证教学过程中的直观性原则及要求。★★★

4.论述创造性的内涵及培养途径。★★★★

# 2019 年华中师范大学 333 教育综合真题

## 一、选择题

1.标志着教育学的发展进入独立形态阶段的是（  ）

A.《教育学》  B.《普通教育学》  C.《实验教育学》  D.《大教学论》

2.提出"教育自得"的是（  ）

A.孔子  B.孟子  C.荀子  D.墨子

3.提出"教育即回忆"的是（  ）

A.柏拉图  B.亚里士多德  C.夸美纽斯  D.昆体良

4.提出"收回教育权"的是（  ）

A.蔡元培  B.余家菊  C.陶行知  D.胡适

5.确定英国国民教育制度的教育法是（  ）

A.1870 年《福斯特法案》  B.《费舍教育法》

C.1944 年《巴勒特教育法》  D.《1988 年教育改革法》

6.提出美国教育"新三艺"的是（  ）（选项缺失）

7～10.题目缺失

## 二、名词解释

1.个体发展（狭义）  2.发展性原则  3.教育适应自然  4.终身教育

5.负强化  6.《大学》

## 三、简答题

1.简述新文化运动反对传统教育及对改变教育观念的主要表现。

2.简述文艺复兴中人文主义的特征及影响与贡献。

3.简述元认知策略的类型。

4.简述教育价值观中个人本位论的观点及评价。

## 四、论述题

1.论述科举制的演变、影响及其对高考改革的启示。★★★★

2.论述社会建构主义学习理论及其教学启示。★★★

3.论述教师素养的品德要求。★★★★

4.论述教育对人的作用及实现条件。★★★★

# 2020 年华中师范大学 333 教育综合真题

## 一、名词解释

1.教育目的  2.学校课程  3.有教无类  4.社学

5.产婆术  6.现代人文主义教育思潮

## 二、简答题

1.简述教育相对独立性的内涵及其主要表现。★★★★

2.简述革命根据地和解放区教育的基本经验。★★★

3.简述赫尔巴特的课程论。★★★★★

4. 不同的归因对学生有什么影响？如何指导学生正确归因？

## 三、论述题

1. 结合教育实际，论述德育过程是培养学生知、情、意、行发展的过程。★★★
2. 结合教育实际，论述启发性原则的内涵及要求。★★★
3. 论述新文化教育思潮。（任意写五个）★★★
4. 论述信息加工学习理论及其对教学的启示。★★★★

# 2021年华中师范大学333教育综合真题

## 一、名词解释

1. 苏湖教学法　　　　2. 教育的社会变迁功能　　3. 赠地学院　　　　4. 形成性评价
5. 京师同文馆　　　　6. 智者学派

## 二、简答题

1. 教育过程中知识迁移有哪些策略？
2. 中国古代书院教育的特点有哪些？
3. 简述教育的质的本质特征。
4. 简述要素主义。

## 三、论述题

1. 结合教育实践，论述教师专门的教育素养。★★★★
2. 论述观察学习理论。★★★★★
3. 对比洪堡的高等教育改革与蔡元培的北京大学改革，指出异同。★★★★
4. 结合教育实践，论述教育过程是以交往为背景和手段的活动过程。★★★★

# 2022年华中师范大学333教育综合真题

## 一、名词解释

1. 课程标准　　　　2. 相对性评价　　　　3. 习行教学法　　　　4. 监生历事
5. 骑士教育　　　　6. 德可乐利教学法

## 二、简答题

1. 简述提升在职教师素养的主要途径。
2. 简述英国在1870年颁布的《初等教育法》的主要内容。
3. 简述杜威的教育本质观。
4. 简述影响学生自我效能形成的因素。

## 三、论述题

1. 结合教育教学实际，论述个体活动在人的发展中的作用。★★★★
2. 结合教育教学实际，论述德育过程是学生自我教育能力提升的过程。★★★★
3. 论述陶行知的生活教育理论的主要内容及当代价值。★★★★★
4. 结合教育教学实际，论述影响学生问题解决的主观因素。★★★★★

陕西师范大学

## 2010 年陕西师范大学 333 教育综合真题

**一、名词解释**

1. 教学评价　　　2. 创新教育　　　3. 校本课程　　　4. 成就动机
5. 稷下学宫　　　6. 定势　　　　　7. 实科中学　　　8. 泛智论

**二、填空题**

1. 提出教育性教学原则的教育家是（　　），他是（　　）教育学派的代表。
2. 我国的教育方针是"教育必须为（　　）服务，必须与（　　）相结合，培养德、智、体、美等方面全面发展的社会主义建设者和接班人"。
3. 学田制度首创于我国（　　）代。
4. 宋朝历史上曾前后出现了三次著名的兴学运动，第一次兴学运动是由（　　）主持发起的，史称（　　）。
5. （　　）是 18 世纪末时，英国教育家贝尔和兰卡斯特提出的一种旨在解决师资问题的教学制度。
6. 学习动机是由（　　）和（　　）两个基本因素构成的。

**三、简答题**

1. 建立学制的依据有哪些?
2. 简述马卡连柯集体教育理论的主要内容。
3. 简述中世纪大学兴起的原因及对当时文化教育和社会发展的作用。
4. 简述德育过程的基本特点。
5. 比较陈述性知识和程序性知识学习的异同。
6. 简述董仲舒的三大文教政策。

**四、论述题**

1. 评述教育与生产力的关系。★★★★
2. 评述陶行知"生活教育"理论的基本内容及其现实启示。★★★★★
3. 试从教育发展的历史角度论述美国近现代教育发展的原因。★★★★
4. 论述加德纳多元智能理论并分析其对教学实践的启发。★★★★
5. 试分析论证教学、教育及德育的关系。★★★

## 2011 年陕西师范大学 333 教育综合真题

**一、名词解释**

1. 教育学　　　2. 课程　　　3. 贝尔 – 兰卡斯特制　　　4. 苏湖教法
5. 有意义学习　　　6. 学习策略

**二、填空题**

1. 教育的基本环节包括：备课、上课、（　　）和（　　）。
2. 孔子的教学内容，包括《诗》《书》《礼》（　　）《易》《春秋》。
3. 宋朝胡瑗在主持湖州州学时创立的一种新的教学制度是（　　）。
4. 欧洲封建社会中的骑士教育的主要内容是：吟诗、（　　）、下棋、骑马、游泳、枪剑、角力。
5. （　　）被评为"美国公立学校之父"。

6. 赫尔巴特明确提出三种教学方法：（　）、（　）和（　）。

7. 皮亚杰把人的认知发展划分为四个阶段：（　）、（　）、（　）、（　）。

8. 陈述性知识的表征形式是（　）。

9. （　）编成了《海国图志》一书，并在此书中提出了"师夷长技以制夷"的观点。

### 三、简答题

1. 学生的智力活动形成包括哪几个阶段？

2. 教师应该如何进行概念教学？

3. 朱熹的道德教育方法有哪些？

4. 1958年美国颁布实施的《国防教育法》的主要措施有哪些？

5. 遗传在人的发展中具有什么作用？

6. 教学评价的原则有哪些？

### 四、论述题

1. 谈谈你对教育的相对独立性的认识。★★★★

2. 联系教学实践，谈谈如何激发学生的学习动机。★★★★★

## 2012年陕西师范大学333教育综合真题

### 一、名词解释

1. 最近发展区　　　2. 自我提高内驱力　　　3. 学制　　　4. 研究性学习

5. 教育适应生活说　　6. 建构主义教学理论

### 二、填空题

1. 皮亚杰针对儿童认知发展提出的四个概念是：（　）、同化、（　）、平衡。

2. 我国学校教育制度的结构包括：学前教育、（　）、（　）和（　）。

3. 赫尔巴特明确提出了三种教学方法：（　）、（　）和综合教学。

4. 我国近代最成熟的学制是（　）。

5. 课程标准的三维目标是：（　）、（　）、（　）。

### 三、简答题

1. 简述班主任的素质要求。

2. 简述课程设计的依据。

3. 简述我国的教育方针。

### 四、论述题

1. 论述启发性原则及其在教学中的运用。★★★★

2. 你认为教师最重要的素质是什么？★★★★

## 2013年陕西师范大学333教育综合真题

### 一、选择题

1. 建构主义学习观认为：学习具有主动建构性、社会互动性和（　）

A. 能动性　　　　　B. 主体性　　　　　C. 可迁移性　　　　　D. 情境性

2. 奥苏伯尔将学习分为机械学习和（　）

A. 有意义学习　　　B. 策略学习　　　　C. 概念学习　　　　　D. 技能学习

3. 在西方古代教育史上，提出教育目的在于实现个人的"灵魂转向"，主张"寓学习于游戏""学习即回忆"的教育家是（　　）

A. 苏格拉底　　　　　B. 柏拉图　　　　　C. 亚里士多德　　　　　D. 奥古斯丁

4. 我国最早规定义务教育阶段的学制是（　　）

A. 壬寅学制　　　　　B. 癸卯学制　　　　　C. 壬子癸丑学制　　　　　D. 壬戌学制

5. 颜元主持的漳南书院性质上属于（　　）

A. 理学书院　　　　　B. 实学书院　　　　　C. 制艺学院　　　　　D. 考据学院

6. 在西方近代教育中，依据教育心理学化的理念提出初等教育应该从最简单的要素开始，循序渐进地促进人的和谐发展的教育家是（　　）

A. 洛克　　　　　B. 卢梭　　　　　C. 夸美纽斯　　　　　D. 裴斯泰洛齐

7. "不愤不启，不悱不发"主要阐述的教育原则是（　　）

A. 启发性原则　　　　　B. 科学性原则　　　　　C. 理论联系实际原则　　　　　D. 巩固性原则

8. 综合实践活动的基本特征是：综合性、实践性、开放性、自主性和（　　）

A. 服务性　　　　　B. 目的性　　　　　C. 生成性　　　　　D. 社会性

9. 我国最早的教学理论著作是（　　）

A.《大学》　　　　　B.《论演说家的培养》　　　　　C.《论语》　　　　　D.《学记》

10. 我国中小学最常用的基本教学方法是（　　）

A. 讲授法　　　　　B. 演示法　　　　　C. 参观法　　　　　D. 练习法

## 二、名词解释

1. 学习　　　　　2. 苏湖教学法　　　　　3. 自然主义教育（卢梭）　　　　4. 教学

5. 教育目的

## 三、判断题

1. 前科学概念就是错误概念。（　　）

2. 人的创造力与知识水平成正比。（　　）

3. 蔡元培改革北京大学的主导思想是"尚自然，展个性"。（　　）

4. 我国最早的蒙学教材是《三字经》。（　　）

5. 多媒体教学是直观教学的一种形式。（　　）

6. "教学准备生活说""科学知识最有价值"等著名论断是赫尔巴特提出来的。（　　）

7. 教学是学校的首要工作。（　　）

8.《我的教育信条》最集中、最系统地表达了杜威的教育理论。（　　）

9. 教育主要通过培养出来的人间接影响社会的发展。（　　）

10. 德育的功能就是育德。（　　）

## 四、简答题

1. 知识整合与升华的方法与策略有哪些？

2. 简述陈鹤琴的"活教育"思想。

3. 简述赫尔巴特的教育心理学化思想。

4. 如何理解教学过程？

5. 简述品德发展的一般规律。

## 五、论述题

1. 结合杜威对教育本质的"三大主张"谈谈教育与生活的关系。★★★★

2. 什么是启发性教学原则？结合自己任教的学科谈谈如何在课堂教学中贯彻启发性原则。★★★★

3. 结合班级管理实际谈谈班集体的发展阶段及其培养方法。★★★★

## 六、材料题

材料一：人才效能进一步提高。人力资本投资占国内生产总值比例达到 12.0%，比 2008 年增长 1.3 个百分点，人才对经济增长的贡献率达到 26.6%（据 2008 年不完全统计，1978—2008 年的平均值为 18.9%），人才对我国经济增长的促进作用进一步提升。

——《人民日报》（2012 年 5 月 15 日第 4 版）

材料二："百年大计，教育为本。"教育是民族振兴、社会进步的基石，是提高国民素质、促进人的全面发展的根本途径，寄托着亿万家庭对美好生活的期盼。强国必先强教。优先发展教育、提高教育现代化水平，对实现全面建设小康社会奋斗目标，建设富强、民主、文明、和谐的社会主义现代化国家具有决定性意义。

——《国家中长期教育改革和发展规划纲要（2010—2020 年）》序言

结合上述材料谈谈现代化教育具有哪些经济功能，并据此分析我国当前教育如何更好地发展这些经济功能。★★★★

# 2014 年陕西师范大学 333 教育综合真题

## 一、名词解释

1. 教育的劳动起源论　　2. 学制　　　　　　3. 校本课程　　　　4. 班级授课制
5. 教育先行　　　　　　6. 发现学习

## 二、填空题

1. 1806 年出版的《普通教育学》的作者是（　　）。
2. 皮亚杰的认知发展阶段分为：感知运动阶段、（　　）、具体运算阶段、形式运算阶段。
3. "博学之，审问之，慎思之，明辨之，笃行之"出自（　　）。
4. 1903 年，我国颁布并实施的第一个近代学制是（　　）。
5. 影响人发展的因素有：遗传、教育、环境、（　　）。
6. 学生的品德由认知、情感、意志和（　　）组成。
7. 研究性学习的程序的第一步是（　　）。
8. 在西方教育史上，最早提出要按年龄划分教育阶段的思想教育家是（　　）。
9. 学习管理策略包括：（　　）、制订学习计划、进行自我评价、监控学习过程。
10. 夸美纽斯的教学原则之一是（　　）。

## 三、简答题

1. 简述教师职业的特点。
2. 在教学中如何激发学生的学习动机？
3. 中小学教学中最常用的、具有我国特色的、影响较大的教学模式有哪些？
4. 如何才能有效地运用讲授法？
5. 简述百日维新的教育改革措施。

## 四、论述题

1. 评述《基础教育改革纲要》中的教育改革目标。★★★
2.《国家中长期教育改革与发展规划纲要（2010—2020 年）》提出"科教兴国，人才强国"。中国未来发展，中华民族伟大复兴，关键靠人才，基础在教育。试论述教育如何实现其社会发展功能。★★★

# 2015 年陕西师范大学 333 教育综合真题

## 一、名词解释

1. 卢梭的自然主义教育　　2. 成就动机　　3. 稷下学宫　　4. 教学　　5. 学习

## 二、选择题

1. 提出"灵魂转向""学习即回忆"的哲学家是（　　）
A. 苏格拉底　　　　　　B. 柏拉图　　　　　　C. 亚里士多德　　　　D. 奥苏伯尔

2. 和机械学习相对应的学习是（　）

A. 智慧学习　　　　　B. 有意义学习　　　　　C. 上位学习　　　　　D. 下位学习

3. 奥苏伯尔所提出的学习有上位学习、下位学习和（　）

A. 意义学习　　　　　B. 智慧学习　　　　　C. 机械学习　　　　　D. 并列结合学习

4. 我国第一部论述教育的著作是（　）

A. 《论语》　　　　　B. 《学记》　　　　　C. 《大学》　　　　　D. 《中庸》

5. 提出教育心理学化思想，将教育与生产劳动相结合的观念付诸实践，并据此提出要素教育，推动了初等学校各科教学法的程序化改革的教育家是（　）

A. 赫尔巴特　　　　　B. 杜威　　　　　C. 福禄培尔　　　　　D. 裴斯泰洛齐

6. 国子学产生于下列哪个朝代（　）

A. 西晋　　　　　B. 东晋　　　　　C. 南朝　　　　　D. 北朝

7. 我国首次提出义务教育的学制是（　）

A. 壬寅学制　　　　　B. 癸卯学制　　　　　C. 壬子癸丑学制　　　　　D. 壬戌学制

8. 提出最近发展区的教育家是（　）

A. 杜威　　　　　B. 维果茨基　　　　　C. 卢梭　　　　　D. 赫尔巴特

## 三、简答题

1. 简述孔子给我国教育带来的影响。
2. 简述董仲舒的三大文教政策。
3. 简述学制确立的依据。
4. 简述赫尔巴特的教育心理学的思想。
5. 简述陈述性知识学习和程序性知识学习的区别。

## 四、论述题

1. 试论述活动课程和学科课程的分歧。★★★
2. 根据1922年"新学制"的观点和标准谈谈我国现行学制的改革。★★★★

# 2016年陕西师范大学333教育综合真题

## 一、名词解释

1. 学制　　2. 教育　　3. 最近发展区　　4. 三舍法　　5. 学习动机

## 二、简答题

1. 简述班级授课制的局限性。
2. 简述德育的途径。
3. 如何促进知识的迁移？
4. 简述《国防教育法》。
5. 简述创造性的培养。
6. 简述"三纲领八条目"的内容。

## 三、论述题

1. 论述张之洞"中体西用"的历史意义和局限性。★★★★
2. 比较赫尔巴特和杜威的教学过程理论。★★★★
3. 论述新一轮基础课程改革的六大目标。★★★★
4. 论述启发性教学原则。★★★★

# 2017 年陕西师范大学 333 教育综合真题

## 一、名词解释

1. 教育     2. 讲授法     3. 朱子读书法     4. 接受学习
5. 学习兴趣     6. 课程标准     7. 最近发展区     8. 要素教育（裴斯泰洛齐）

## 二、简答题

1. 教学过程的性质是什么？
2. 简述培养班集体的方法。
3. 简述建构主义的学习观。
4. 简述影响问题解决的因素。
5. 简述人文主义教育的特点。
6. 简述革命根据地教育的基本经验。

## 三、论述题

1. 结合实际论述核心素养对教育改革的影响。★★★
2. 根据陶行知的生活教育思想，谈谈学校教育与学生生活的理想关系。★★★★
3. 您认为赫尔巴特的教学理论和课程理论对今天的教育还有没有作用？★★★★

## 四、材料分析题

主题是"无师课堂"。结合材料中河南汝阳县声讨学校无师课堂案例，用教师的主导作用与学生的主体地位的理论分析此教学现象。（材料缺失）★★★★

# 2018 年陕西师范大学 333 教育综合真题

## 一、判断题

1. 我国最早的蒙学教材是《三字经》。（ ）
2. 生活准备说是赫尔巴特的思想。（ ）
3. 教科书是课程的唯一体现。（ ）
4. 一两遗传胜过一吨黄金。（ ）
5. 授人以鱼不如授人以渔。（ ）
6. 动机越强，学习效率越高。（ ）
7. 教师只有积极作用，没有负面影响。（ ）

## 二、名词解释

1. 产婆术     2. 启发式教学     3. 最近发展区     4. 苏湖教学法
5. 学校教育

## 三、简答题

1. 简述教育的基本要素及其相互间的关系。
2. 简述教师主导作用与学生主体作用相统一的关系。
3. 简述《中庸》中的学习过程。
4. 简述赫尔巴特的教育心理学化思想。
5. 简述活动课程的基本特点。

## 四、论述题

1. 论述《学记》的贡献和地位。★★★★
2. 比较杜威与赫尔巴特的教学理论并论述二者对我国不同阶段的教育实践和教育思想的影响。★★★★

### 五、材料分析题

材料："西班牙狼孩儿的故事"

狼孩儿从小与狼为伍，所以其保持着狼的生活习性。狼孩儿被牧羊人收养后，学会了基本的觅食技能。但牧羊人去世之后，狼孩儿重新回到狼群中与狼群过着和狼相同的生活。当他后来又一次被人发现，带入人类社会生活时，人们却发现狼孩儿无法很好地适应人类生活。

（1）根据影响人身心发展的因素及关键期分析狼孩儿的故事。★★★

（2）请提出一些措施帮助他。★★★

# 2019年陕西师范大学333教育综合真题

### 一、名词解释

1. 教育制度　　　2. 探究性学习　　　3. 成就动机　　　4. 道尔顿制　　　5. 综合课程

### 二、填空题

1. 西周国学和乡学的"六艺"是（　　）、（　　）、（　　）、（　　）、（　　）和（　　）。

2. 马斯洛的需要层次理论包括（　　）、（　　）、（　　）、（　　）、（　　）、（　　）和（　　）。

3. 我国把（　　）列入学制系统，是教育向终身教育制度发展的重要标志。

4. 《中华人民共和国教育法》是最近（　　）年修订的。

5. 依据人在知觉时是否受环境信息的影响所做的分类是（　　）。

6. 在北京师范大学确立公布的三个核心素养是（　　）、（　　）和（　　）。

7. 1902年，中国颁布的第一个全国性学制是（　　）。

8. 三级课程管理是（　　）、（　　）和（　　）。

9. 终身教育的含义是（　　）。

### 三、判断题

1. 稷下学宫是一所由官家主持、私家操办的特殊形式的学校。（　　）

2. 旧知识对新知识的影响叫倒摄反应。（　　）

3. 有效教育活动是科学性和艺术性的结合。（　　）

4. 学习迁移只发生在知识和技能领域。（　　）

5. 八股文产生于清初。（　　）

6. 批判理学，提出真学、实学的人是颜元。（　　）

7. 德国梅伊曼是实验教育学的代表。（　　）

8. 教育即生活，教育即生长，教育即经验的改造是赫尔巴特提出的。（　　）

9. 终结性评价是对教学过程中学生表现的评价。（　　）

### 四、简答题

1. 简述泰勒原理。

2. 简述科尔伯格的道德认知理论——三水平六阶段。

3. 简述创造性思维。

4. 简述要素教育。

5. 简述建立良好师生关系的策略。

### 五、论述题

1. 朱子读书法的内容和要点是什么？当代社会快餐文化与朱子读书法二者之间有何关系？★★★

2. 学校可利用移动设备上课。请谈谈其利弊。★★★

### 六、综合题

按照教育目的的层级结构进行分类，并简述各自的含义、区别、联系。★★★

# 2020年陕西师范大学333教育综合真题

**一、选择题**（10个）（缺失）

**二、名词解释**

1. 学制　　　　2. 进步教育运动　　　　3. 学习动机　　　　4.《学记》　　　　5. 教育目的

**三、简答题**

1. 简述教学原则。
2. 简述德育方法。
3. 简述赞科夫的发展性教学理论的五个原则。
4. 简述赫尔巴特的教学阶段论。
5. 教育的个体功能表现为哪两个方面？

**四、论述题**

1. 教师的专业素养有哪些？如何培养教师的专业素养？★★★★
2. 论述陶行知的生活教育理论及其历史影响。★★★★★
3. 创造性发展的影响因素是什么？如何培养学生的创造性？★★★★★

# 2021年陕西师范大学333教育综合真题

**一、名词解释**

1. 书院官学化　　　2. 中世纪大学　　　3. 师生关系　　　4. 有意义学习　　　5. 道德两难法

**二、填空题**

1.（　　）是第一个被提出的教育起源理论，标志着教育起源说由神话传说走向科学化。
2. 学习评价根据作用和时间，分为（　　）和终结性评价。
3.（　　）关注自然背后社会的利益，启发人们的意识。
4.《中国教育现代化2035》提出中国步入（　　）行列的目标。
5. 产婆术：讥讽、助产术、（　　）、定义。
6.（　　）提出什么知识最有价值？（　　）最有价值。
7. 桑代克提出的学习三原则：（　　）。
8. 朱子读书法包括循序渐进、熟读精思、（　　）、切己体察、着紧用力、居敬持志。

**三、辨析题**

1. 教学永远具有教育性。
2. 公学是英国的一种贵族学校。
3. 隐性课程也具有德育功能。
4. 核心课程是最重要的课程。
5. 孔子编订了《诗》《书》《礼》《易》《乐》《春秋》，这就是"六艺"教育。

**四、简答题**

1. 简述京师同文馆的办学特点。
2. 简述学校教育起主导作用的条件。
3. 简述榜样法的定义及实施要求。
4. 简述布卢姆的情感领域的目标体系。
5. 简述程序性知识学习的一般过程。

## 五、论述题

1. 材料：《关于深化教育教学改革全面提高义务教育质量的意见》提出"民办义务教育学校招生纳入审批地统一管理，与公办学校同步招生；对报名人数超出招生计划的，实行电脑随机录取"。

（1）"摇号入学"可能解决了哪些问题？★★

（2）"摇号入学"可能带来哪些新问题？★★

（3）针对这些新问题中的一个问题提出你的解决思路。★★

2. 材料：

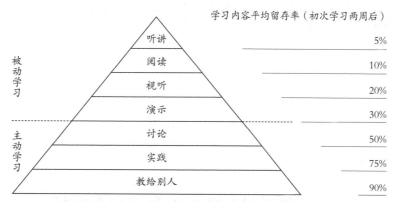

（注：数据可能不准确，主要是想说明被动学习方式，学生学习到的内容留存度低，而主动学习的方式使学生学习到的内容留存度高）

（1）我国中小学教学方法存在哪些问题？★★★

（2）以一节中小学课堂为例，提出你对教学方法的选择与使用策略。★★★

3. 材料一：杜威关于学校和社会关系的一句话，生活教育理论把它"翻了半个跟斗"。（材料大意）

材料二：杜威过度强调儿童的直接经验。布鲁纳说，这样过度的话，"好事就成了坏事"。（材料大意）

（1）①材料一体现了杜威的什么教育理论？★★

②试述生活教育理论把它"翻了半个跟斗"的原因。★★

③谈一下生活教育理论中体现学校与社会关系的观点。★★

（2）①材料二中"好事就成了坏事"指的是什么？★★

②布鲁纳提出的结构主义理论是如何解决这一问题的？★★★

③杜威和布鲁纳的教育改革对我国教育改革有何启示，请说明理由。★★★

# 2022 年陕西师范大学 333 教育综合真题

## 一、名词解释

1. "四书五经"    2. "八年研究"    3. 培养目标    4. 社会本位论    5. 学习策略

## 二、辨析题

1. 综合实践活动课程是义务教育和高中阶段的必修课程。

2. 社会生产力发展水平决定教育目的的性质。

3. 蔡元培的"五育"并举就是德、智、体、美、劳全面发展的教育。

4. 科尔伯格的道德发展阶段理论是按照不同发展阶段中的任务和矛盾划分的。

5. 教学工作包括课外辅导。

## 三、简答题

1. 简述抗日根据地的教育政策 / 抗日战争时期中国共产党的教育方针政策。

2. 简述王守仁的儿童教育思想。

3. 简述终身教育思潮的主要观点。

4. 简述德育的一般途径。

**四、论述题**

1. 结合实际，讨论课程改革的影响因素。★★★
2. 论述问题解决能力的培养途径。★★★★★
3. 简要说明变式练习是什么，在技能形成过程中有什么作用？★★★
4. 阐述双重编码理论，并举例说明。★★★

**五、材料分析题**

1. 如何培养学生的关键能力以及促进学生身心发展的有效机制？（材料缺失）★★★★★
2. 面对日益变化的社会，当前教育面临哪些挑战？（材料缺失）★★★

西南大学

# 2010 年西南大学 333 教育综合真题

**一、名词解释**

1. 教育学　　2. 中体西用　　3. 苏格拉底法　　4. 发现学习

**二、简答题**

1. 简述我国当前教育目的的基本精神。
2. 简述中国古代书院教育的重要特点。
3. 近代人文主义教育的基本精神主张有哪些？

**三、论述题**

1. 指出教学过程中存在的基本关系，并以其中一种关系为例进行简要论述。★★★★
2. 影响问题解决的主要因素有哪些？试举例加以说明。★★★★

**四、综合题**

1. 材料：
有人说："没有教不好的学生，只有教不好的先生。"
试从学生观、教师观、师生关系观等角度加以阐述。★★★★
2. 终身教育思潮的基本观点是什么？联系我国实际举例加以阐述。★★★★

# 2011 年西南大学 333 教育综合真题

**一、名词解释**

1. 教育目的　　2. 学制　　3. 榜样法　　4. 课程
5. 朱子读书法　　6. 道尔顿制

**二、简答题**

1. 当前学校管理呈现哪些发展趋势？
2. 建构主义学习理论的基本观点有哪些？
3. 书院产生的条件有哪些？它有什么特点？

4.人文主义教育的特征有哪些?

### 三、论述题
1.试论述教育与人的发展关系。★★★★
2.试论述教学过程的本质。★★★★
3.举例说明影响问题解决的主要因素。★★★★
4.分析卢梭的自然主义教育理论。★★★★★

# 2012 年西南大学 333 教育综合真题

### 一、名词解释
1.狭义的教育    2.学校管理    3.朱子读书法    4.苏格拉底法
5.学习策略    6.心理发展

### 二、简答题
1.简述教学过程中应该处理好的几种关系。
2.简述班主任工作的基本内容。
3.简述陶行知的生活教育理论。
4.学校进行心理健康教育的主要途径有哪些?

### 三、论述题
1.试论述教育的社会功能。★★★★
2.试论述如何提高教师素养。★★★★
3.评述夸美纽斯的教育适应自然原则。★★★★
4.评述建构主义学习理论。★★★

# 2013 年西南大学 333 教育综合真题

### 一、名词解释
1.课程    2.教学    3.苏格拉底教学法    4.中世纪大学
5.道尔顿制    6.恩物

### 二、简答题
1.简述教师劳动的特点。
2.简述洋务学堂的特点。
3.简述赫尔巴特的教育心理学。
4.简述需要层次理论。

### 三、论述题
1.试论教学评价的 CIPP 模式。★★★
2.试论教育与人的发展关系。★★★★
3.论述陶行知的生活教育思想及其对我国当前教育的启示。★★★★★
4.论述创造性培养的措施。★★★★

## 2014年西南大学333教育综合真题

### 一、名词解释

1. 学校教育　　2.《学记》　　3. 课程标准　　4. 班级授课制
5. 教育目的　　6. 教育评价

### 二、简答题

1. 原始社会的教育有哪些特点？
2. 教师的劳动有哪些特点？
3. 我国全面发展教育的组成部分及其关系。
4. 教育有哪些社会功能？
5. 教育科学研究的基本步骤是什么？
6. 简述学校管理的发展趋势。

### 三、论述题

1. 试论述教育对人的发展的重大作用。★★★★
2. 论述如何处理教师的主导作用和学生主体性二者之间的关系。★★★★
3. 联系实际论述如何处理教书与育人的关系。★★★★

## 2015年西南大学333教育综合真题

### 一、填空题

1. 教育学发展的科学化阶段的重要特点有_____、_____和教育学研究的细化。
2. 杜威关于教育本质的思想可以概括为_____、_____和教育即经验的不断改造。
3. 古代教育有与其特定历史条件相应的特点，如培养目标比较狭窄，用孔子的学生子夏的话来说就是"_____"，又如教育内容的视野也比较狭窄，主要偏重于_____。
4. 纵观中国教育目的理论的发展，如教育的根本出发点是坚持教育的_____，人才培养目标的根本定位是培养_____。
5. 师生关系是教师与学生在教育工作中所发生的交往和联系。师生关系的根本内容是_____；其本质是_____在师生之间的反映。
6. 赞科夫的发展性教学思想包括一系列原则，其中最为重要的是_____、_____、_____、_____和理论知识起主导作用的原则等。
7. 教育测验的类型划分比较多。其中，如果按照测验的评价标准来划分，则可以划分为_____和_____。
8. 校本管理是以_____的管理，即学校管理目标和任务是根据学校自身特点和需求来确定的，而不是_____。

### 二、名词解释

1. 终身教育　　2. 社会本位论　　3. 教育实验法　　4. 活动课程

### 三、简答题

1. 简述学生身心发展的普遍特征及其教育要求。
2. 简述教师职业发展专业化的内涵及要求。
3. 简述写一篇学术论文的基本结构。

### 四、论述题

1. 论述基础教育课程改革的基本动向。★★★★
2. 分析"传授—接受"教学和"引导—发现"教学的区别。★★★★
3. 分析"素质教育倡而不兴，应试教育批而不立"的原因。★★★

# 2016 年西南大学 333 教育综合真题

## 一、名词解释

1. 教育功能　　　2. 美育　　　3. 活动课程　　　4. 教学评价　　　5. 科举制度

## 二、简答题

1. 简述我国教育目的的基本精神。
2. 有哪些帮助后进生的方法？
3. 简述夸美纽斯的教育思想。
4. 简述皮亚杰的认知理论。
5. 简述教师在教学活动中的职业角色。
6. 简述学校管理的发展趋势。

## 三、判断说理题

1. 教育对人的影响不是主要影响。
2. 恩物是福禄培尔为儿童设计的玩具，其体现了自然教育原则。
3. 学生的学习动机完全依赖于外界的物质奖励。
4. 教学过程就是教师教授知识的过程。

## 四、论述题

1. 为什么说班级授课制是主要的教学形式？★★★
2. 论述孔子的教育对象、教育内容、教育方法。★★★★★
3. 论述掌握知识和发展智力的关系。★★★★★

# 2017 年西南大学 333 教育综合真题

## 一、名词解释

1.《论语》　　　2. 师生关系　　　3. 教育评价　　　4. 教育研究

## 二、简答题

1. 现代教育的基本特征是什么？
2. 我国教育目的的精神实质是什么？
3. 学校管理的概念及内容是什么？

## 三、论述题

1. 论述学校教育影响人发展的机理。★★★
2. 论述教师专业发展的内涵及其要求。★★★★
3. 论述综合课程的含义、优势与不足。★★★★
4. 举例说明如何组织和培养学生班集体。★★★★
5. 如何实施中小学校园文化建设？★★★

## 四、材料分析题

材料大意是"虎妈"对自己的两个女儿采取高压管理措施。大女儿被耶鲁大学录取。二女儿从 2 岁开始拉琴。米爸把二女儿拉琴的照片传到了网上，引起了大家讨论。网友 A：孩子有这方面的天赋特长，可以从小培养。网友 B：孩子心智不成熟，会给孩子带来生理上的压力。网友 C：有痛苦的童年才有成功的成年，加油！

用教育学原理分析"虎妈米爸"的教育方式及网友关于教育的观点。★★★

# 2018 年西南大学 333 教育综合真题

**一、 理论阐述**

描述未来教育的基本特征，分析未来教育的产生背景及其启发。★★★★

**二、 分析应用**

概括全面发展教育内容之间的关系并联系实际探讨该关系理论的实践指导意义。★★★★

**三、 课程教学**

阐述综合课程的内涵及特点并联系中小学教学的实际分析综合课程的利与弊。★★★★

**四、 名著研讨**

概括、评价杜威的著作《民主主义与教育》的基本思想。★★★

**五、 实践探讨**

评析当前我国中小学教师专业发展的现状，概括影响教师专业发展的因素，提出改善教师专业发展的建议。★★★★

**六、 管理研究**

假如你是一位中小学的校长，为了本校的发展，请阐述你将如何开展"校本教研"的活动。★★

# 2019 年西南大学 333 教育综合真题

**一、 理论阐述**

教育当中学生身心发展主要的共性特征是什么？这些共性特征对学校的教育教学工作提出的要求是什么？★★★

**二、 分析综合**

何谓立德树人？学校当前在立德树人方面有哪些偏差？你认为应该如何进一步提高学校立德树人工作的成效？★★★★

**三、 评价应用**

何谓教育现代化？如何判断一所学校的现代化水平？如何推进一所学校的现代化建设工作？★★★

**四、 课程教学**

何谓创新型教学？比较创新型教学与传统型教学的异同。开展创新型教学时需要注意哪些事项？★★★

**五、 学校管理**

何谓校本管理？你认为当前中小学校本管理存在哪些问题？如何改进校本管理？★★★★

**六、 教育研究**

何谓教育研究？阐述教育研究所包括的各个基本步骤的工作要领。★★★★

# 2020 年西南大学 333 教育综合真题

**一、 名词解释**

1. 教育原则　　　　2. 教育作品法　　　　3. 劳动技术教育　　　　4. 课程标准

## 二、辨析题

1. 学校教育中学生是主、客体的合一。
2. 学校体育的任务就是增强学生体质。
3. 根据课程设计和课程目标的来源，一般可把课程资源分为校内课程资源、校外课程资源和信息化课程资源。
4. 网络教育因其信息借助于网络传播突破了时间与空间的限制，展现出开放性、全球性和交互性等特点。

## 三、简答题

1. 简述教育价值的基本类型。
2. 简述教育的社会性表现。
3. 简述义务教育的基本特点。
4. 简述现代教师的角色转换。

## 四、论述题

1. 试述教育评价的环节以及存在的问题。★★★
2. 试述现代学生观的内涵。★★★★

## 五、材料分析题

某教师对某年级六个班的成绩进行前测，发现六个班的成绩水平大致相当，无显著差异。现在使用简单随机抽样的方法把这六个班分为两组：三个班为实验组，三个班为对照组。现在需要去研究数字化教材（此前这六个班均未使用过数字化教材）对学生成绩的影响。回答以下问题：

1. 说出该实验中的自变量和因变量。★★★
2. 尝试说出该实验的具体名称和设计方案。★★★
3. 列举该实验设计的优点。★★
4. 什么是简单随机抽样？简述其操作步骤。★★★

# 2021 年西南大学 333 教育综合真题

## 一、名词解释

1. 课堂教学　　　　2. 融合课程　　　　3. 时间取样法　　　　4. 量化研究

## 二、辨析题

1. 人的发展具有主观能动性。
2. 素质教育就是要取消考试。
3. 义务教育的强迫性剥夺了人的教育选择权。
4. 书院是古代最高级的教育形式，其办学主体是国家。

## 三、简答题

1. 简述教育政策的基本特点。
2. 简述家庭教育的特点。
3. 简述师生关系的类型。
4. 简述教育的科技功能。

## 四、论述题

1. 论述课堂教学的基本原则。★★★★★
2. 论述课程资源的类型和开发的策略。★★★★

## 五、材料题

材料大意：某学校计划进行以"语文课堂师生互动"为主题的研究。

（1）为这一研究拟一个合适的标题。★★★

（2）如果该研究使用观察法，说说观察的步骤和注意事项。★★★

（3）制定事件取样观察表，确定至少五个观察项目。★★★

# 2022年西南大学333教育综合真题

**一、名词解释**

  1. 教育的本质        2. 教育功能        3. 校园文化        4. 义务教育

**二、辨析题**

  1. 全面发展即平均发展。

  2. 国家课程、地方课程、校本课程是按照组织内容的方式进行划分的。

  3. 校本管理只管校内事，不管校外事。

  4. 教学就是上课。

**三、简答题**

  1. 简述教师工作的特点。

  2. 简述教育的构成要素。

  3. 简述现代学生的义务。

  4. 简述教育的独立性表现。

**四、论述题**

  1. 论述课外活动的作用和要求。

  2. 试析如何构建现代师生关系。

**五、材料分析题**

  材料大意：某课题组在 Y 市开展民办小学教师专业发展调查，从 300 个民办小学教师中抽取 60 个民办小学教师，然后对他们的专业发展进行问卷调查。

  （1）写封书面信。★★

  （2）确定调查维度。★★

  （3）设计三个开放式问题和封闭式问题。★★

  （4）写出一种抽样方法，并谈谈它的优缺点。★★★

# 南京师范大学

# 2010年南京师范大学333教育综合真题

**一、名词解释**

  1. 课程        2. 最近发展区        3. 自我提高内驱力        4. 终身教育

  5. 自我效能        6. 苏格拉底法        7. 赫尔巴特的四段教学法

**二、简答题**

  1. 简述《学记》在教学思想上的贡献。

  2. 道德教育如何与生活相联系？

3.简述班级授课制及其改革。

4.简述校本课程开发的特征、优势、不足及思考。

### 三、论述题

1.结合你自己的教育教学实践，谈谈教育与人身心发展的关系。★★★★

2.论述皮亚杰的认知发展阶段理论及其对学校教育的启示。★★★★

3.试论述唐代科举制度的作用及其影响。★★★★

4.评述杜威的实用主义教育理论。★★★★★

# 2011年南京师范大学333教育综合真题

### 一、名词解释

1.中体西用　　　　　2.教育　　　　　3.班级授课制　　　　4.道尔顿制

5.问题解决　　　　　6.学习动机

### 二、简答题

1.简述当代学制改革的趋势。

2.简述"六艺"教育及其对当代教育改革的意义。

3.简述卢梭的自然主义教育及其意义。

### 三、论述题

1.评述19世纪末20世纪初欧美新教育和进步主义教育思潮的共同特征、意义及其局限。★★★★★

2.评述陶行知的生活教育理论。★★★★★

3.论述师生关系的历史转变，并结合自己的经验谈谈你对这一问题的认识。★★★★

4.结合中学生的时代特点谈谈你对当前基础教育的理解。★★★

# 2012年南京师范大学333教育综合真题

### 一、名词解释

1.教学目标　　　2.学校教育　　　3."六艺"教育　　　4.苏格拉底法　　　5.道德情感

### 二、简答题

1.简述德育的途径。

2.简述蔡元培的"五育"并举。

3.简述人文主义教育的特征。

4.简述布鲁纳发现学习的步骤。

### 三、论述题

1.论述教育的社会功能。★★★★★

2.试论述陈鹤琴的"活教育"。★★★★★

3.论述杜威的教育思想。★★★★★

4.结合实际，论述激发学生学习动机的方法。★★★★

# 2013年南京师范大学 333 教育综合真题

## 一、名词解释

1. 活动课程　　　　2. 教学　　　　　　3. 化性起伪　　　　4. 道尔顿制
5. 最近发展区　　　6. 信度与效度

## 二、辨析题

1. "教育先行"是 20 世纪现代社会的新现象，它意味着教育发展必须先于社会的物质发展。
2. 在学习方式上，课程改革反对接受学习，主张以自主、合作、探究的方式取代接受学习。
3. 卢梭认为事物的教育和自然的教育都要服从于人为的教育。

## 三、简答题

1. 简述个人本位论。
2. 简述价值澄清模式。
3. 简述我国新课程改革的基本理念。
4. 简述要素主义教育思想的基本观点。

## 四、论述题

1. 品德及其构成要素是什么？如何根据品德的要素进行道德教育？ ★★★★★
2. 有人说，过去要求教育"嫁"给政治是错误的，现在要求教育"嫁"给经济也是片面的。教育首先要"嫁"给人，人是教育的原点，教育是人的教育，不是社会的教育。有人则认为，人不是抽象的，教育是一种社会现象。这种提法否定了教育的社会性，教育也不可能发展成抽象的人。有人说，教育要以育人为中心。但也有人说，我国社会主义现代化建设的中心只有一个，那就是经济建设，不允许搞多中心。对此，你有何评论？
请自拟题目，写一篇 800 字左右的短评，阐述自己的观点，并对上述观点进行评论。 ★★

# 2014年南京师范大学 333 教育综合真题

## 一、名词解释

1. 赫尔巴特的《普通教育学》　　2. 社会本位论　　　　3. 最近发展区
4. 有效教学　　　　　　　　　　5. 行动研究

## 二、填空题

1. 马克思认为，教育起源于_____。
2. 决定教育权和受教育权的主要因素是_____。
3. 我国教育目的的理论基础是_____。
4. 以解决社会生活问题为核心而组织的课程是_____。
5. 课改文件的名称是_____。
6. 收集学生学习过程中的一些信息，反映学生成长变化的评价方法是_____。
7. 学生品德构成的基本因素是_____。
8. 学制发展的方向是_____。
9. 学校教学的基本组织形式是_____。
10. 罗杰斯的非指导性教育属于_____理论。

## 三、辨析题

1. 义务教育的特点是强制性、免费性和普及性。
2. 教育影响都是积极正向的。
3. 师生关系就是知识的传授关系。
4. 教学是用教材教，而不是教教材。

5. 班级是一个"准自治组织"。

#### 四、简答题

1. 简述人的身心发展特点及其对教育的要求。★★★★★
2. 我国教育目的的基本精神是什么？★★★★★
3. 简述课程编制（开发）的基本程序或步骤。★★★
4. 简述杜威的教育思想及其现实意义。★★★★★

#### 五、材料分析题

一位教师在给学生讲人教版第七册"钓鳟鱼"的课文时，老师提问："仔细阅读课文，看看父亲是一位怎样的人？"

生1："为什么还没有到时间父亲就允许我钓鱼，而钓到鱼又让我放走？"老师脸带怒色地说："你没有听清楚老师的问题，坐下。"生1很害羞地坐了下去，这一堂课就再也没有举手了。

生2："我觉得这位父亲对自己的孩子很严格。"老师："仅仅是严格吗？"生2也坐了下去，再也没有发言。老师说："在没有人的情况下，父亲严格要求自己遵守规则，是一个品德高尚的人。"

下课后老师向同事抱怨："我给了他们机会，可是他们不珍惜，只好我自己报了答案，我也没有办法。"

（1）这位教师的行为是否合适？为什么？★★★
（2）如果换作是你，你会怎么做？★★

# 2015年南京师范大学333教育综合真题

#### 一、选择题

1. 下列属于我国古代"四书"的是（　　）
A.《诗经》《春秋》《礼记》《尚书》　　　　　B.《学记》《大学》《论语》《中庸》
C.《大学》《中庸》《论语》《孟子》　　　　　D.《大学》《春秋》《孟子》《周易》

2. 在西方教育中，现代教育思潮的代表人物是（　　）
A. 卢梭　　　　　B. 赫尔巴特　　　　　C. 杜威　　　　　D. 裴斯泰洛齐

3. 新课改的三维教学目标是（　　）
A. 识记、理解、应用　　　　　B. 认知技能、操作技能、情感目标
C. 生成目标、获得目标、转化目标　　　　　D. 知识与技能、过程与方法、情感态度与价值观

4. 教育为政治服务的最基本的途径是（　　）
A. 建设社会政治制度　　　　　B. 开展思想宣传活动
C. 开设思想政治课程　　　　　D. 培养现代政治公民

5. 由学生自己选择最好的或最喜欢的作品来展示学生的学习成果，这种评价方式是（　　）
A. 形成性评价　　　　　B. 总结性评价　　　　　C. 档案袋评价　　　　　D. 表现性评价

6. 教师按一定的教学要求向学生提出问题让学生回答，通过问答的形式来引导学生思考、探究，从而获取、巩固知识，促进智能发展的教学方法是（　　）
A. 讲授法　　　　　B. 谈话法　　　　　C. 实验法　　　　　D. 演示法

7. 近代采用美国式的"六三三"分段法的，适合儿童的身心发展规律的新学制是（　　）
A. 壬寅学制　　　　　B. 癸卯学制　　　　　C. 壬子癸丑学制　　　　　D. 壬戌学制

8. 下列哪种思想不是中国近代五四运动时期资产阶级改革中所提倡的教育思想（　　）
A. 复古主义思想　　　　　B. 工读主义教育思想　　　　　C. 平民教育思想　　　　　D. 实用主义教育思想

9. 在古代欧洲教育中，重视发展学生的全面教育的是（　　）
A. 斯巴达教育　　　　　B. 雅典教育　　　　　C. 教会教育　　　　　D. 骑士教育

10. 重视观察学习和榜样模仿的学习观点，属于（　　）
A. 操作性反射理论　　　　　B. 人本主义学习理论
C. 社会认知理论　　　　　D. 认知派学习理论

## 二、名词解释

1. 学制　　　　　2. 课程标准　　　　　3. 书院　　　　　4. 美国进步教育运动

## 三、辨析题

1. 教育为社会所制约，具有社会制约性。因而，教育是社会的附属品，没有独立性。
2. 教学就是教师传授知识的活动。
3. 品德教育就是要晓之以理、动之以情、持之以恒、导之以行。

## 四、简答题

1. 简述当代学制改革的趋势。
2. 试比较学科课程与活动课程的优缺点。
3. 简述陶行知的生活教育思想。
4. 简述建构主义的知识观、学习观、学生观和教学观。

## 五、论述题

1. 试述教学过程的性质。★★★★★
2. 阅读下列案例，回答问题：

材料大概讲一名初中女生喜欢上了化妆，于是班主任把她叫到办公室，告诉她不化妆比较自然、更好看等诸如此类。于是女孩听了觉得很有道理，就再也没有在学校化过妆。

（1）该班主任运用了什么样的德育方法？★★★
（2）试述运用该德育方法的基本要求。★★★

# 2016年南京师范大学333教育综合真题

## 一、填空题　（选项遗失，改为填空题）

1. 中国古代学校教育内容中的"六艺"指的是_____。
2. 西方教育史上，被认为是传统教育代表人物的教育家是_____。
3. 教育活动与其他社会活动的根本区别在于_____。
4. 把造就"完全人格"即发展个性和群性作为其民主教育思想的核心的教育家是_____。
5. "什么知识最有价值？"这是第一个进入人的视野的真正的课程问题。它的提出者是_____。
6. 有一种活动，它能够有效促进学生社会化与个性化、成人与成才，是进行全面发展教育的基本途径。这种活动是_____。
7. 主张把"全面发展""和谐发展""个性发展"三者融合成一个统一的整体而培养全面和谐发展的人的教育家是_____。
8. 《学记》中的"藏息相辅"教学原则指的是_____。
9. 提出"大丈夫"的理想人格，并把这种理想人格描绘为"富贵不能淫，贫贱不能移，威武不能屈"的中国古代思想家是_____。
10. 社会学习理论强调观察式学习，强调符号强化和自我强化对人的行为的影响。这一理论的代表人物是_____。

## 二、名词解释

1. 终身教育　　　　2. 道德情感　　　　3. "中体西用"　　　　4. 最近发展区

## 三、辨析题

1. 人既是社会历史的"剧中人"，又是社会历史的"剧作者"。
2. 在我国新课程改革中，小学的"品德与生活（社会）""艺术""科学"，初中的"社会""科学"等课程都属于综合课程。
3. 在政府倡导"全民阅读"的背景下，读书指导法具有重要的时代意义。读书指导法是指学生在教师的指导下通过独立的探索，创造性地解决问题，获取知识和发展能力的方法。

**四、简答题**

1. 请简述人的发展的特点和规律性。
2. 请简述布鲁纳的教育思想。
3. 请简述循序渐进教学原则的含义和要求。
4. 请简述有意义接受学习的内涵和条件。

**五、论述题**

1. 试析学生在不同教学模式下掌握知识的基本阶段。（注：这里的"不同教学模式"是指以师生授受知识为特征的教学模式和以学生主动探索知识为特征的教学模式。）★★★
2. 试论德育过程及其规律。★★★★★

# 2017 年南京师范大学 333 教育综合真题

**一、名词解释**

| 1. 班级文化 | 2. 泰勒原理 | 3. 白板说 | 4. 测验效度 |

**二、辨析题**

1. 班级主体是老师，有引导监督作用。
2. 非指导性教学的核心是学生自主学习。
3. 对不良行为者的不良行为进行抑制，强化静止越长效果越好。

**三、简答题**

1. 简述德育理念。
2. 简述交往谈话的新型师生关系的特征。
3. 简述校本课程开发的优劣。

# 2018 年南京师范大学 333 教育综合真题

**一、名词解释**

| 1. 教师专业发展 | 2. 京师同文馆 | 3. 要素教育 | 4. 认知结构 |

**二、辨析题**

1. 教育传承文化，但是教育不能创造文化，不能产生新文化。
2. 17—18 世纪，德国中等教育的主要类型是实科中学。
3. 德国教育家康德提出教育性教学原则，他认为教育目的就是要让学生尽可能地获得知识和技能。

**三、简答题**

1. 简述教育与教学的关系。
2. 简述中华民国临时政府教育部的教育改革内容。
3. 什么是程序性知识？如何进行程序性知识的教学？
4. 简述西欧中世纪大学的特征与意义。

**四、论述题**

1. 论述教育与经济、政治的关系。★★★★★
2. 论述师生关系的模式和理想的师生关系。★★★★
3. 论述奥苏伯尔提出的机械学习和有意义学习。★★★★★

# 2019年南京师范大学333教育综合真题

## 一、选择题

1. "建国君民，教学为先"这句话出自（ ）

A.《论语》   B.《学记》   C.《孟子》   D.《大教学论》

2. 教育史上两大对立学派——传统学派与现代学派的主要代表人物分别是（ ）

A. 凯洛夫和布鲁纳    B. 洛克和卢梭

C. 赫尔巴特和杜威    D. 柏拉图和夸美纽斯

3. 对教育起决定作用的是（ ）

A. 政治制度   B. 经济制度   C. 生产力   D. 领导权

4. 西周教育的特征和标志是（ ）

A. 奴隶主贵族教育  B. 官师合一  C. 军事教育  D. "六艺"

5. 在中国历史上首次提出"性相近，习相远"，指出人的天赋素质相近的是（ ）

A. 孔子   B. 孟子   C. 荀子   D. 墨子

6. 朱熹一生编撰了多种书籍，其中成为广大士人和各类学校必读的教科书，影响中国封建社会后期的文化教育长达百年之久的是（ ）

A.《近思录》    B.《白鹿洞书院揭示》

C.《四书章句集注》   D.《朱子语类》

7. 提出谨慎选择教材的问题，强调教育内容应具有教育性，开创了西方后世"教育性教学"的先河的是（ ）

A. 柏拉图  B. 亚里士多德  C. 昆体良  D. 苏格拉底

8. 在教育的文化适应性原则中，第一次明确提出了教育必然受到诸多客观的社会条件制约的是（ ）

A. 洪堡   B. 费希特   C. 第斯多惠   D. 康德

9. 耶克斯－多德森定律表明，动机强度与学习效率之间的关系是（ ）

A. 动机越低，学习效率越高    B. 动机越高，学习效率越高

C. 任务强度不同，其最佳动机强度不同 D. 任务强度不同，其最佳动机强度相同

10. 方雨认为社会法制应符合社会大众的权益，当它不符合时就应该修改。根据科尔伯格的理论，他处于道德发展的（ ）阶段

A. 服从与惩罚  B. 社会契约  C. 维护权威或秩序  D. 普遍伦理

## 二、名词解释

1. 班级授课制  2. 稷下学宫  3. 福建船政学堂  4. 遗忘原因的同化说

## 三、辨析题

1. "教师专业化"就是通过专业化提高教师的社会地位。

2. 恩物是福禄培尔创制的一套供儿童使用的教学用品。

3. 昆体良认为教学是一种双边活动。

## 四、简答题

1. 在中小学教学过程中，选择和运用教学方法的依据有哪些？

2. 请简述当代世界学校教育制度改革与发展的主要趋势。

3. 简述北宋"三次兴学"的主要内容。

4. 简述杜威关于教育制度的基本主张。

## 五、论述题

1. 根据十九大报告，结合实际谈谈你对"公平而有质量的教育"的看法。★★★

2. 结合当前实际，谈谈如何激发学生的学习动机。★★★★

# 2020 年南京师范大学 333 教育综合真题

**一、选择题**（题目不全）

1.（　　）是科学化教育学的标志
2. 个人本位论的代表人物是（　　）
3. 认为教育源于本能的起源论是（　　）
4. 教学大纲的定义是（　　）
5. 强调学科结构的人是（　　）
6. 先行组织者的定义是（　　）
7. 古埃及教人基础知识的学校是（　　）

**二、名词解释**

1. 终身教育　　　　　2. 生活即教育　　　　　3.《儿童的世纪》　　　　　4. 人本主义学习理论

**三、辨析题**

1. 学生在教学过程中既是认识的客体，又是认识的主体。
2. 骑士教育是一种特殊形式的家庭教育。
3. 公学是英国的一种公立学校。

**四、简答题**

1. 简述培养良好师生关系的基本策略。
2. 简述影响课程改革的主要因素。
3. 简述 1922 年"新学制"中对中等教育的改革举措。
4. 简述文艺复兴时期人文主义教育实践的基本特征。

**五、论述题**

1. 论述在教学过程中应当处理好的几对关系。★★★★★
2. 试述建构主义理论的基本观点并做出评价。★★★★★

# 2021 年南京师范大学 333 教育综合真题

**一、选择题**（10个）（缺失）

**二、名词解释**

1. 教师专业发展　　　　　2. 学校教育制度　　　　　3. 鸿都门学　　　　　4. 导生制

**三、辨析题**

1. 全面发展和个性发展是对立的。
2. 思维定势会阻碍问题的解决。
3. 卢梭的认知过程包括判断和接纳两个阶段。

**四、简答题**

1. 简述生产力发展水平对教育的影响。★★★★
2. 简述当代学制的发展趋势。★★★
3. 简述杜威教学法的主要内容。
4. 简述黄炎培职业教育的办学方针。

**五、论述题**

1. 教师做研究者、开展教育研究有什么意义？★★★★
2. 结合实际，论述专业教师和新手教师在课堂教学过程中的差异。★★★

# 2022年南京师范大学333教育综合真题

## 一、选择题

1. 我国历史上最早专门论述教育问题的著作是（　　）
A.《学记》　　　　　　B.《礼记》　　　　　　C.《史记》　　　　　　D.《左传》

2. 美国心理学家华生曾说："给我一打健康的婴儿，一个由我支配的特殊的环境，不管他们祖先的状况如何，我可以任意把他们培养成从领袖到小偷等各种类型的人"。这句话反映了（　　）的观点
A. 遗传决定论　　　　B. 环境决定论　　　　C. 教师决定论　　　　D. 儿童决定论

3. 我国古代教育内容中的"六艺"，欧洲古代教育内容中的"七艺"，都属于（　　）课程
A. 学科　　　　　　　B. 活动　　　　　　　C. 综合　　　　　　　D. 融合

4. 布鲁纳认为，学习的目的是以（　　）的方式，把学科的基本结构转化为认知结构
A. 接受学习　　　　　B. 意义学习　　　　　C. 发现学习　　　　　D. 观察学习

5. 先前学习对后继学习的影响是（　　）
A. 正迁移　　　　　　B. 负迁移　　　　　　C. 顺向迁移　　　　　D. 逆向迁移

6. 人们对自己是否能够成功地从事某一成就行为的主观判断，叫作（　　）
A. 自我效能感　　　　B. 自信　　　　　　　C. 自我同一感　　　　D. 自我概念

7. 西周时期，设在王都的小学、大学，总称为（　　）
A. 辟雍　　　　　　　B. 泮宫　　　　　　　C. 国学　　　　　　　D. 乡学

8. 唐代地方府州一级的官学类型主要有经学、医学和（　　）
A. 律学　　　　　　　B. 崇玄学　　　　　　C. 书学　　　　　　　D. 算学

9. 梁启超提出中国应从编写儿童教学用书入手，对儿童教育进行改革，其中，教儿童联词成句、联句成篇方法的书是（　　）
A. 识字书　　　　　　B. 门径书　　　　　　C. 歌诀书　　　　　　D. 文法书

10. 苏格拉底除教授政治和人生所需要的各种实际知识外，还第一次将（　　）列为必须学习的科目
A. 几何　　　　　　　B. 伦理　　　　　　　C. 雄辩术　　　　　　D. 唱歌

## 二、名词解释

1. 学制　　　　　2. 虚心涵泳　　　　　3. 掌握学习策略　　　　　4. 葛雷制

## 三、辨析题

1. 文化本身就是一种教育力量。
2. 教师应指导学生将学业的成功和失败归因于个人能力。
3. 贺拉斯·曼将师范教育视为提高公立学校教育质量的重要手段。

## 四、简答题

1. 简述如何理解教育的相对独立性。
2. 简述《巴特勒教育法》的主要内容。
3. 简述近代洋务学堂的特点。
4. 简述课程的内涵。

## 五、论述题

1. 论述新课程理念指导下有效教学设计如何体现新思维。★★★
2. 如何提高学生的问题解决能力？★★★★

# 湖南师范大学

## 2010 年湖南师范大学 333 教育综合真题

**一、名词解释**

1. 学习定势　　　　2. 替代强化　　　　3. 文纳特卡计划　　　4.《国防教育法》
5. 有教无类　　　　6. 苏湖教法

**二、简答题**

1. 简述影响人发展的基本要素。
2. 简述现代教师的基本素养。
3. 简述教育目的的层次结构和内容结构。
4. 中小学德育工作中存在哪五个方面的问题？

**三、分析论述题**

1. 联系实际，谈谈"动机与学习的关系"对教育的启示。★★★★★
2. 论述卢梭的自然主义教育理论及其影响。★★★★★
3. 简要论述我国学校教育发展的历史过程与值得借鉴的经验教训。★★★
4. 阅读下面的材料，根据你所看到的中小学的教学实际情况，结合所学的教学理论，概括出教学实践活动中存在的一个主要问题，分析其中两个方面的主要原因，并提出解决这一问题的思路和对策。★★

　　总之，把丰富复杂、变动不居的课堂教学过程简括为特殊的认识活动，把它从整体的生命活动中抽象、隔离出来，是传统课堂教学观的最根本缺陷。它既忽视了作为独立个体，处于不同状态的教师与学生，在课堂教学过程中的多种需要与潜在能力，又忽视了作为共同活动体的师生群体，在课堂教学活动中多边多重、多种形式的交互作用和创造能力。这是忽视课堂教学过程中人的因素之突出表现。它使课堂教学变得机械、沉闷和程式化，缺乏生气与乐趣，缺乏对智慧的挑战和对好奇心的刺激，使师生的生命力在课堂中得不到充分发挥，进而使教学本身也成为导致学生厌学、教师厌教的因素，连传统课堂教学视为最主要的认识性任务也不可能得到完全和有效的实现。（摘自叶澜的《让课堂焕发出生命活力》一文）

## 2011 年湖南师范大学 333 教育综合真题

**一、名词解释**

1. 学习迁移　　　　2. 元认知　　　　　3. 道尔顿制　　　　4. 四段教学法
5. 监生历事制　　　6. "六艺"

**二、简答题**

1. 简述现代教师的基本素养。
2. 教学过程中应当处理好哪些基本关系？

**三、分析论述题**

1. 试析奥苏伯尔的有意义学习及其对课堂教学的启示。★★★★★
2. 论述夸美纽斯在教育史上的地位。★★★★★
3. 简要比较儒墨两家教育思想的异同。★★★
4. 有人说，现在的青年是垮掉的一代；有人则说，不！现在的青年是生气勃勃、大有希望的一代。
请说说你的看法，并论述当前德育应该坚持什么样的原则。★★★★

5. 2007 年，领到毕业证书的比尔·盖茨在母校毕业典礼上的讲话中这样说道："人类最伟大的进步并不来自这些发现，而是来自那些有助于减少人类不平等的发现。不管通过何种手段，民主制度、健全的公共教育体系、高质量的医疗保健，还是广泛的经济机会，减少不平等始终是人类最大的成就"。

请针对以上内容，结合当今的社会特点，论述教育所应培养的人才的基本要求。★★★★★

# 2012 年湖南师范大学 333 教育综合真题

## 一、名词解释

1. 科举　　　　　2. 苏湖教法　　　　　3. 导生制（贝尔－兰卡斯特制）
4. 算法式策略　　5. 成就动机

## 二、简答题

1. 简述学校教育在人的发展中的重要作用。
2. 简述教学过程的基本性质。

## 三、分析论述题

1. 简要评述陈鹤琴"活教育"的目的论。★★★★★
2. 论述夸美纽斯的自然适应性原则。★★★★★
3. 试析品德学习的过程及其条件。★★★★
4. 试论为什么要树立以人为本的教育观。★★★★
5. 有人主张教育回归生活，也有人认为实际生活中鱼龙混杂，教育不应回归生活。结合这些看法，谈谈你对教育与生活问题的看法。★★★★

# 2013 年湖南师范大学 333 教育综合真题

## 一、名词解释

1.《论语》　　2. 中华职业教育社　　3. 替代强化　　4. 终身教育思潮　　5. 道尔顿制

## 二、简答题

1. 简述学生掌握知识的基本阶段。
2. 试述现代教育的基本特点。

## 三、分析论述题

1. 教学过程中的性质决定教学特点，请论述教学的特点。★★★
2. 运用教育心理学的相关理论知识，谈谈在现实教育中应该如何对待奖励。★★★★
3. 材料大意：讲一位出色的科学家放弃现有的工作，成为一名教师，他的导师对此感到可惜。
请从教师专业的角度谈谈对这一案例的看法。★★★★
4. 试述 19 世纪末 20 世纪初期欧美教育运动的异同点。★★★
5. 谈谈洋务运动中的教育革新。★★★

# 2014 年湖南师范大学 333 教育综合真题

## 一、名词解释

1. 中学为体，西学为用　2. 附属内驱力　　3. 顺向迁移　　4.《理想国》
5. 三舍法　　　　　　　6. 终身教育

**二、简答题**

1. 简述学校教育产生的条件。

2. 普通教育学的任务分为理论建设和实践应用两部分。试说明理论建设的任务（原则和要求）。

**三、分析论述题**

1. 论述职业教育的"三大要旨"及其对当今职业教育的借鉴意义。★★★★★

2. 论述要素主义流派的主要观点。★★★

3. 论述教学过程的特点及学生掌握知识的基本阶段。★★★★

**四、案例分析题**

1. 材料大意：某学生模仿动画片《喜羊羊与灰太狼》中的片段，做"绑架烤羊"游戏，结果烤羊烧伤玩伴。这属于班杜拉的观察学习。

请问从班杜拉的学习理论出发，怎样消除以上案例中的不良影响？★★★★★

2. 材料大意：某研究生为了摆脱父母的控制，去超市偷东西并留下了地址，在无人来找后自己主动去警察局自首，被罚款两千和拘留十五天。

试用有关学生成长的教育理论对此案例进行分析。★★★★

# 2015 年湖南师范大学 333 教育综合真题

**一、名词解释**

| | | | |
|---|---|---|---|
| 1. 分斋教学 | 2. 生活教育 | 3. 品德 | 4. 美德即知识 |
| 5. 教学 | 6. 功能固着 | | |

**二、简答题**

1. 在现代，和学校教育、家庭教育一样，社会教育也发展了起来，社会教育迅速发展起来的原因有哪些？

2. 简述文化对教育的作用。

**三、分析论述题**

1. 论述儒家和墨家教育思想的异同。★★★★

2. 论述卢梭的自然主义教育理论。★★★★★

3. 制定德育目标的主要依据是什么？我国中小学德育目标的要求主要体现在哪些方面？★★★★★

**四、材料题**

1. 有人认为，高智商会有高创造力，有高创造力的一定是智商高的人。试从创造力和智商的关系来分析此观点。★★★

2. 材料大意：国家文件中规定，在县区内学校间实行校长和教师的轮岗制度。

结合材料，谈谈教师轮岗制度对教师成长和教育质量提高的影响。★★★

# 2016 年湖南师范大学 333 教育综合真题

**一、名词解释**

| | | | |
|---|---|---|---|
| 1. 自我效能感 | 2. 上位学习 | 3. "从做中学" | 4.《教育漫话》 |
| 5. "活教育" | 6.《大学》 | | |

**二、简答题**

1. 简述黄炎培职业教育的主要思想及其对现代教育的启示。

2. 简述墨家教育思想及其借鉴意义。

3. 谈谈你对苏格拉底"美德即知识"的理解。

4. 简述裴斯泰洛齐"教育心理学化"理论的主要内容及影响。

### 三、分析论述题

1. 试分析错误的观念及其对教学的启示。★★★

2. 教育学理论建设的任务不是逻辑推理和思辨的科学，应该是怎么样的？如何根据教育学研究原则构建教育学逻辑体系？★★★

3. 论述学校教育在人的身心发展中的特殊作用。根据教育改革，如何发挥学校教育的特殊作用？★★★★★

4. 材料大意：BBC纪录片《我们的孩子足够坚强吗》。

（1）中国和英国的基础教育都应该注意什么？★★

（2）这场教学比赛是一般的教学竞赛吗？请评价教学竞赛。★★★

（3）中英教育应如何互相学习？★★

# 2017年湖南师范大学333教育综合真题

### 一、名词解释

1. 庶、富、教　　2.《理想国》　　3. 元认知　　4. 顺向迁移

5. "五育"并举　　6. 道尔顿制

### 二、简答题

1. 简述朱子读书法。

2. 简述人文主义教育的特征。

3. 按教育机构划分，教育分为哪几种？

4. 根据教育研究对象和任务，谈谈为什么必须对教育问题进行研究？

### 三、分析论述题

1. 结合实际论述教师职业的本质和特点。★★★★

2. 简述晏阳初的"四大教育"和"三大方式"。★★★★★

3. 试述夸美纽斯对历史的贡献。★★★★★

4. 试述学习动机对学习效果的影响。★★★★

### 四、材料题

材料大意：班集体中做游戏，有红花和绿叶两个角色，一个孩子演绿叶，爸爸无所谓，姥姥却想让孩子演红花，孩子也不愿演红花。

（1）根据材料，你怎么看待红花和绿叶？★★★

（2）教师应该如何解决红花和绿叶这个问题？★★★

（3）如何与家长沟通？★★

# 2018年湖南师范大学333教育综合真题

### 一、名词解释

1. 恩物　　2. 实科中学　　3. 教学做合一　　4. 学在官府

5. 功能固着　　6. 概念同化

### 二、简答题

1. 简述《中庸》的学习过程和学习内容。

2. 简述裴斯泰洛齐的要素教育思想。

3. 简述梁漱溟的乡农学校教学原则和教学内容。

4. 简述 1870 年英国《初等教育法》的基本内容。

### 三、分析论述题

维果茨基的"最近发展区"在教学中应该如何发挥作用？

### 四、案例分析题

1. 材料：教师在家长群发布消息，请学生家长代办打印材料或者打扫教室，有些家长争着抢着做，而有些家长觉得这是学校的事。

家庭教育的含义是什么？家庭教育应如何配合学校教育？★★★

2. 班主任权威是什么？班主任应该如何对待告密的学生？（材料缺失）★★★

3. 材料：人大附中教授、某中学教师、某师范大学教授、某教师四人就公平教育展开讨论。人大附中教授认为教育公平就是给孩子施加过多丰富的教育；某中学教师认为给孩子施加过多教育本身就是不公平；某师范大学教授认为公平教育是要每个孩子个性发展；某教师也认为要发展学生的个性。

同样是教育公平的问题，人大附中教授与师范大学教授争论的原因是什么？你认为什么是教育公平？★★★

4. 北京市政府发布不允许在幼儿园里教儿童拼音和汉字，也不允许教儿童 20 以上的加减乘除。请你评价其做法。★★★

# 2019 年湖南师范大学 333 教育综合真题

### 一、名词解释

1. 监生历事制度　　2. 中世纪大学　　3. 化农民和农民化　　4. 绅士教育

5. 上位学习　　6. 成就动机

### 二、简答题

1. 简述《学记》的教学原则。

2. 简述杜威的教育目的观。

3. 简述斯宾塞的生活准备说。

4. 简述蔡元培改革北大的内容。

### 三、分析论述题

1. 班集体是什么？如何培养班集体？★★★★

2. 试述人的发展的规律，并就此论述如何进行教育。★★★★

3. 材料：一个学生打架，原因是见义勇为。老师弄清楚是其他人欺负弱小的原因后，肯定了他的关爱之心。同时告诫他通过打架解决问题是不对的，希望这个学生可以将正义和爱心以合理的方式呈现，并与自己的学习联系起来。

（1）该材料中老师贯彻了什么德育原则？★★★

（2）试述该德育原则的实施要求。★★★

4. 学习策略教学过程中，应遵循的要求与原则有哪些？★★★★

# 2020 年湖南师范大学 333 教育综合真题

### 一、名词解释

1.《劝学篇》　　2."六艺"　　3.苏格拉底法

4.《国家处在危险之中：教育改革势在必行》　　5.资源管理策略　　6.错误概念

**二、简答题**

1. 简述孔子的教学原则。
2. 简述我国二十世纪二三十年代的教育思潮。
3. 简述夸美纽斯的泛智理论。
4. 简述《1944年教育法》。

**三、分析论述题**

1. 试论述人的发展的特点及其对教育的启示。★★★
2. 试论述直接经验和间接经验的关系。★★★★
3. 试论述教师和人工智能的关系。★★★
4. 材料大意：实验结果为一组有奖励，不继续学习；一组无奖励，继续学习。
（1）试分析其原因。★★★
（2）谈谈在教学中如何运用奖励。★★★★

# 2021 年湖南师范大学 333 教育综合真题

**一、名词解释**

1. 期会　　　　2. 积分法　　　　3.《理想国》　　　4. 新教育运动
5. 期望—价值理论　　6. 有意义学习

**二、简答题**

1. 简述荀子的学习过程。
2. 简述陶行知的六大解放内容。
3. 简述福禄培尔的地位。
4. 简述英国的《1988年教育改革法》。

**三、论述题**

1. 论述传递—接受学习的基本阶段。★★★★
2. 论述情境陶冶法的基本内涵和运用要求。★★★★
3. 材料大意：化学老师自制唇膏送给学生。
谈谈新时代下教师需要具备的素质。★★★★★
4. 论述建构主义学习观。★★★★★

# 2022 年湖南师范大学 333 教育综合真题

**一、名词解释**

1. 锁院制　　　　2.《费舍教育法》　　3. 京师大学堂　　4. 泛爱主义教育
5. 先行组织者　　6. 酝酿效应

**二、简答题**

1. 简述彼得一世的教育改革。
2. 简述黄宗羲的"公其非是于学校"。

**三、论述题**

1. 论述马克思主义"教育与生产劳动相结合""生产劳动与教育相结合"各自的目的和内涵。★★★★
2. 材料大意：问的是一条德育规律，关于传统节日与开班会的教育实践。★★
3. 论述孔子的"不愤不启，不悱不发"方法及在教学中的应用。★★★★

4.论述教学评价的改革。★★★
5.如何处理关注目标与关注价值的关系？★★★

 华南师范大学

## 2011年华南师范大学333教育综合真题

**一、名词解释**

1.广义的教育　　　2.教学　　　　　3.经典性条件反射　　　4.多元智力理论
5.教育制度　　　　6.校长负责制

**二、简答题**

1.简述我国教育目的的基本精神。
2.简述孔子"有教无类"思想的价值。
3.教学过程中有哪些原则？
4.简述斯巴达教育的特点。

**三、论述题**

1.论述教育的社会流动功能及其意义。★★★
2.论述"中体西用"的历史意义和局限性。★★★★
3.论述杜威教育思想的影响。★★★★★
4.如何培养和激发学习动机？★★★★★

## 2012年华南师范大学333教育综合真题

**一、名词解释**

1.学校管理　　　　2.学校教育　　　3.心理发展　　　　4.人的发展
5.课程　　　　　　6.学习动机

**二、简答题**

1.简述教师劳动的特点。
2.简述教育的社会制约性。
3.简述人文主义教育的特征。
4.简述科举制度的影响。

**三、论述题**

1.论述中国古代书院的特点。★★★★
2.论述赫尔巴特的道德教育理论。★★★★★
3.分析学生品德不良的成因。★★★★
4.如何推进"依法治校"的工作？★★★

# 2013年华南师范大学333教育综合真题

**一、名词解释**

1. 受教育者　　2. 教学方法　　3. 道德教育　　4. 学习策略

5. 心理健康　　6. 教育目的

**二、简答题**

1. 简述现代教育的特点。
2. 简述长善救失原则及其要求。
3. 简述蔡元培的教育独立思想。
4. 简述基督教教育的特点。

**三、论述题**

1. 论述我国基础教育课程改革的目标。★★★★
2. 论述陶行知的"生活教育"理论体系。★★★★★
3. 论述《国家处在危险之中：教育改革势在必行》的改革建议。★★★★
4. 论述人格和行为的性别差异。★★★

# 2014年华南师范大学333教育综合真题

**一、名词解释**

1. 设计教学法　　2. 人的全面发展　　3. 教育制度　　4. 贝尔－兰卡斯特制

5. 心理健康　　6. 社会规范学习

**二、简答题**

1. 简述德育的教育影响一致性和连贯性原则及要求。
2. 简述"朱子读书法"的主要内容。
3. 简述奥苏伯尔关于有意义学习的实质和条件的主要观点。
4. 简述创造性的心理结构。

**三、论述题**

1. 试述教育的相对独立性原理的基本内容，并在此基础上对"教育的发展应先于经济的发展"（"教育先行"）的观点进行分析。★★★★
2. 试述学校教育的特征及其在人的身心发展中的作用。★★★★
3. 试比较杜威与赫尔巴特的教学过程理论。★★★★★
4. 试述科举制的影响。★★★★★

# 2015年华南师范大学333教育综合真题

**一、名词解释**

1. 广义的教育　　2. 德育　　3. 教育目的　　4. 学校管理

5. 心理发展　　6. 品德不良

**二、简答题**

1. 简述教育在我国社会主义建设中的地位和作用。
2. 简述教学工作的基本环节。

3. 简述孔子教育思想的历史影响。
4. 简述卢梭的自然教育理论。

### 三、论述题

1. 论述培养和提高教师素养的主要途径。★★★★
2. 论述张之洞"中体西用"思想的历史作用和局限性。★★★★★
3. 论述基督教教育的特点。★★★
4. 论述影响学习动机的因素。★★★★★

# 2016 年华南师范大学 333 教育综合真题

### 一、名词解释

| 1. 广义的教育 | 2. 学习动机 | 3. 德育 | 4. 教学 |
| 5. 教育目的 | 6. 知识 | | |

### 二、简答题

1. 简述现代教育的特点。
2. 简述科举制的影响。
3. 简述班主任的素质要求。
4. 简述洛克的白板说。

### 三、论述题

1. 论述教学过程中要处理的几种关系。★★★★★
2. 论述杜威思想的影响。★★★★★
3. 论述陶行知的生活教育体系。★★★★★
4. 论述心理健康教育的目标与内容。★★★★

# 2017 年华南师范大学 333 教育综合真题

### 一、名词解释

| 1. 狭义的教育 | 2. 知识 | 3. 教科书 | 4. 学习动机 |
| 5. 教育目的 | 6. 德育 | | |

### 二、简答题

1. 简述影响人的发展的基本因素。
2. 简述孔子的教学方法。
3. 简述卢梭的自然教育理论。
4. 简述教师劳动的特点。

### 三、论述题

1. 论述马克思和恩格斯的教育思想。★★★★
2. 论述品德不良的成因及其纠正方法。★★★★
3. 论述教学工作的基本环节。★★★★
4. 论述蔡元培的教育实践和教育思想。★★★★★

# 2018年华南师范大学333教育综合真题

**一、名词解释**

1. 广义的教育　　　2. 教学　　　3. 德育　　　4. 学校管理
5. 心理发展　　　6. 品德不良

**二、简答题**

1. 简述生产力对教育的制约。
2. 简述教师的义务。
3. 简述科举制度的影响。
4. 简述苏格拉底的教育思想。

**三、论述题**

1. 论述班主任工作的主要内容。★★★★★
2. 论述中体西用思想的历史作用和局限性。★★★★★
3. 论述杜威的教育思想。★★★★★
4. 论述影响学习动机的因素。★★★★★

# 2019年华南师范大学333教育综合真题

**一、名词解释**

1. 学校教育制度　　　2. 课程　　　3. 教学评价　　　4. 校长负责制
5. 创造性　　　6. 自我效能感

**二、简答题**

1. 简述我国教育目的的精神。
2. 简述教师的素养。
3. 简述法家的教育思想。
4. 简述明治维新教育改革。

**三、论述题**

1. 论述教育的社会流动功能及重要意义。★★★★
2. 论述梁漱溟的乡村教育建设理论。★★★★★
3. 论述现代人文主义教育思潮。★★★★
4. 论述社会规范学习的心理过程。★★★★★

# 2020年华南师范大学333教育综合真题

**一、名词解释**

1. 教育者　　　2. 科教兴国　　　3. 活动课程　　　4. 班级授课制
5. 有意义学习　　　6. 记忆

**二、简答题**

1. 简述"五育"之间的相互关系。
2. 简述教师主导作用和学生主动性的关系。
3. 简述梁启超的教育思想。

4. 简述《国防教育法》。

### 三、论述题

1. 论述培养和提高教师素养的主要途径。★★★★
2. 论述朱子读书法的内容和意义。★★★★★
3. 论述苏格拉底法的内容和意义。★★★★★
4. 论述科尔伯格的道德发展阶段理论。★★★★★

# 2021 年华南师范大学 333 教育综合真题

### 一、名词解释

1. 教育学
2. 研究法
3. 活动课程
4. 长善救失
5. 心智技能
6. 最近发展区

### 二、简答题

1. 简述教育目的的层次结构和内容结构。
2. 简述教学评价的原则和方法。
3. 简述稷下学宫的办学特点。
4. 简述加尔文教育思想的特点。

### 三、论述题

1. 论述我国现行学校教育制度的演变。★★★★
2. 论述杨贤江的"全人生指导"教育理论。★★★★★
3. 论述赞科夫的发展性教学理论。★★★★★
4. 论述加涅的学习阶段及教学设计理论。★★★★★

# 2022 年华南师范大学 333 教育综合真题

### 一、名词解释

1. 教育规律
2. 教育制度
3. 教学
4. 陶冶
5. 人格
6. 迁移

### 二、简答题

1. 简述教育的社会流动功能及其对当代的重要性。
2. 简述非正式群体的特点。
3. 简述科举制和学校教育的关系。
4. 简述有机教育学校的思想。

### 三、论述题

1. 论述学校管理的发展趋势。★★★
2. 论述陶行知的生活教育思想体系。★★★★★
3. 论述结构主义教育思潮。★★★★
4. 论述有效解决问题者的特征。★★★★

首都师范大学

# 2010年首都师范大学 333 教育综合真题

**一、名词解释**

1. 教育　　　　　2. 苏格拉底方法　　　　3. 心理发展　　　　4. 1922 年"新学制"

5.《1944 年教育法》

**二、简答题**

1. 简述创造性的心理结构及培养途径。

2. 简述教学的任务和过程。

3. 简述新课程改革的基本内容与特点。

4. 简述德育的内容与过程。

**三、论述题**

1. 试论述教师素养的构成、教师专业发展的过程及途径。★★★★★

2. 试评述孔子的教育实践与思想。★★★★★

3. 试评述建构主义学习理论。★★★★★

4. 试评述杜威的教育实践与思想。★★★★★

# 2011年首都师范大学 333 教育综合真题

**一、名词解释**

1. 义务教育　　　　2. 国家课程　　　　3. 最近发展区　　　　4. 学习策略

5. 真实验设计　　　6. 测验

**二、简答题**

1. 简述赫尔巴特在世界教育学史上的学术贡献。

2. 简述教育研究范式的发展历程。

3. 如何理解教育行动研究?

4. 简述教师个体专业发展的基本内涵。

**三、论述题**

1. 试论学生评价的类型及其教育作用。★★★★★

2. 试论我国现代学制的演变。★★★★

3. 试论科尔伯格的道德发展阶段理论及其教育应用。★★★★★

4. 试论确立教育目的的价值取向时需要考虑的主要问题。★★★

# 2012年首都师范大学 333 教育综合真题

**一、名词解释**

1. 教师期待效应　　　　2. 社会规范学习

## 二、简答题

1. 简述教学设计的基本内容与方法。
2. 简述奥苏伯尔关于学习性质与特点分类的基本观点。
3. 简述教育研究的基本过程。
4. 简述当代教师素养的构成。

## 三、论述题

1. 论述学习动机的培养与激发。★★★★★
2. 论述教育行动研究的特点与意义。★★★★★
3. 论述学生评价理论与实践的当代走向。★★★
4. 论述教育的个体功能与社会功能的关系。★★★★

# 2013 年首都师范大学 333 教育综合真题

## 一、名词解释

1. 实验教育学　　　　2. 课程标准　　　　3. 诊断性评价　　　　4. 有意义学习
5. 标准参照测验　　　6. 终身教育

## 二、简答题

1. 简述教学设计的基本特征。
2. 简述班级组织的特点。
3. 简述实验研究的特点。
4. 简述当代建构主义的学习观。

## 三、论述题

1. 论述质性研究对教育的实践意义与影响。★★★★
2. 论述中学生的学校生活对其成长的作用。★★★★
3. 论述皮亚杰的道德认知发展理论对学前教育与课程的启示。★★★★★
4. 试论教师的专业及教师专业发展的现实。★★★★

# 2014 年首都师范大学 333 教育综合真题

## 一、名词解释

1. 学校教育制度　　　2. 隐性教育功能　　　3. 国家课程　　　　4. 教学
5. 学习动机　　　　　6. 常模参照测验

## 二、简答题

1. 简述杜威实用主义教育学的基本观点。
2. 简述教师个体专业性发展的基本内容。
3. 简述元认知与学习策略的关系。
4. 简述教育行动研究的基本特征。

## 三、论述题

1. 试论学校教育对学生人文精神的培养。★★★
2. 试论移情的内涵及作用。★★★
3. 试论访谈法的适用情形。★★★
4. 试论教师的职业形象及其实现。★★★★

# 2015年首都师范大学333教育综合真题

## 一、名词解释

1. 教育　　　　2. 价值性教育目的　　　　3. 智育　　　　4. 班级组织
5. 隐性知识　　6. 操作定义

## 二、简答题

1. 简述实验教育学的基本观点。
2. 简述学生评价的功能。
3. 简述创造性思维的特点。
4. 简述质性研究中的情境分析。

## 三、论述题

1. 试论校本课程的开发。★★★★
2. 试论奥苏伯尔接受学习的特点和性质。★★★★★
3. 试论问卷形成中测验题目的设计原则。★★★
4. 试论教育的个体谋生和享用功能。★★★★

# 2016年首都师范大学333教育综合真题

## 一、名词解释

1. 制度化教育　　2. 测验　　　　3. 学习动机　　　　4. 教学设计
5. 师生关系　　　6. 显性教育功能

## 二、简答题

1. 简述教师职业的基本特征。
2. 简述访谈法的基本特征。
3. 简述皮亚杰的道德认知发展理论。

## 三、论述题

1. 论述解释型教育实验研究。★★★
2. 论述教育学的价值。★★★
3. 论述书本知识的学习对学生生活经验的意义。★★★★

## 四、材料分析题

材料：教育部《中小学生守则（2015年修订版）》

一、爱党爱国爱人民。了解党史国情，珍视国家荣誉，热爱祖国，热爱人民，热爱中国共产党。
二、好学多问肯钻研。上课专心听讲，积极发表见解，乐于科学探索，养成阅读习惯。
三、勤劳笃行乐奉献。自己事自己做，主动分担家务，参与劳动实践，热心志愿服务。
四、明礼守法讲美德。遵守国法校纪，自觉礼让排队，保持公共卫生，爱护公共财物。
五、孝亲尊师善待人。孝父母敬师长，爱集体助同学，虚心接受批评，学会合作共处。
六、诚实守信有担当。保持言行一致，不说谎不作弊，借东西及时还，做到知错就改。
七、自强自律健身心。坚持锻炼身体，乐观开朗向上，不吸烟不喝酒，文明绿色上网。
八、珍爱生命保安全。红灯停绿灯行，防溺水不玩火，会自护懂求救，坚决远离毒品。
九、勤俭节约护家园。不比吃喝穿戴，爱惜花草树木，节粮节水节电，低碳环保生活。

1. 对《守则》内容进行总结与评价并分析其意义。★
2. 对其中一条做深刻分析，谈谈若你是一名中学老师，该如何引导学生做到这一条。★★★

# 2017年首都师范大学333教育综合真题

## 一、名词解释

1. 教育目的　　　2. 义务教育　　　3. 教学策略　　　4. 教师的专业素质
5. 测量　　　6. 品德

## 二、简答题

1. 简述教学设计的依据。
2. 简述在文献索引中研读文献的基本思路。
3. 简述创造性思维的特点。

## 三、论述题

1. 结合实际谈谈日常教育经验的局限，并举例说明如何超越其局限。★★★★
2. 请结合一个具体案例说明主题班会的教育价值。★★★

## 四、材料分析题

据光明日报教育周刊报道，2015年中国从事在线教育的企业有2400～2500家，拥有数十万门在线教育课程，用户达近亿人次，在人们感受到互联网巨大力量的同时，每一个教育当事人都意识到，如何与互联网相处正成为教育不得不直面的现实问题，已有的学校、教育机构和管理部门如何应对互联网也成为决定其自身未来状态的关键。

请仔细阅读上述材料，并回答以下问题。

1. 在"互联网＋教育"的思维下，国内近些年出现了大量的互联网教育课程，试分析这类课程对未成年人的影响。★★★
2. 置身于互联网时代，谈谈自己作为未来教师的应对之策。★★★

# 2018年首都师范大学333教育综合真题

## 一、名词解释

1. 学习　　　2. 教育要素　　　3. 无关变量

## 二、简答题

1. 简述皮亚杰的认知阶段论。
2. 简述观察法的特征。

## 三、论述题

1. 结合一个具体案例，论述良好的师生关系有助于提升学生学习兴趣与学习成绩。★★★★
2. 论述同辈群体生活对学生成长的影响。★★★
3. 根据当代中学生发展的特征，论述如果你是一名教师，你将如何教育现在的中学生。★★★★

## 四、材料分析题

人工智能的研究近年来一直迅猛发展，不久前柯洁与谷歌AlphaGo的世纪围棋大战余温未散，现在就有机器人开始做高考题啦。据媒体报道，2017年6月7日，高考数学散场后，北京的人工智能机器人Aidam就对2017年北京高考数学试卷发起了挑战。并且Aidam不是独自战斗，它有对手，它的对手是往年的6名理科高考状元。Aidam最终用9分47秒取得了134分的成绩，只比6名状元的平均分少一分。

对于高考人机大战的结果，该人工智能的研究者表示，Aidam输赢的结果其实并不重要。"我只是希望通过这样的PK，让教育界了解到人工智能在教育领域的应用已经发展到了什么程度。人工智能已经可以像人一样思考知识点，一步一步输出过程和答案。"

请结合上述材料，回答以下两个问题：

1. 在人工智能兴起的背景下，有网友提出这样的质疑：既然人工智能都能做高考数学题，不仅速度快，而且准确率高，那么其实我们就没必要再让中小学生学习语文、英语、数学等其他各门学科了。针对网友这一观点，请做出你的评价和分析。★★★

2. 还有网友指出：随着人工智能时代的到来，教师的工作将会被取代。针对网友这一观点，请做出你的评价与分析。★★★

# 2019年首都师范大学333教育综合真题

## 一、名词解释

1. 教材　　　　2. 程序性知识　　　3. 发现学习　　　4. 实验研究
5. 访谈　　　　6. 校本课程

## 二、简答题

1. 请结合实际，阐述学习动机的内涵及其与学习效果的关系。
2. 简述信息技术及其教育特征。
3. 阐述教育行动研究的程序。

## 三、论述题

1. 论述现代教学观的转变。★★★★
2. 请结合马克思主义关于人的全面发展学说，谈谈我国教育目的中各育的关系。★★★★
3. 如何培养我国学生的良好品德？★★★★

## 四、材料分析题

材料：《人民教育》2017年第7期以"家校共育的3.0版"为题，报道了临沂九中的教育探索经验，指出：

1.0版家长会：家长集合，校长讲话，班主任训话，家长回家想吵架……

2.0版家长会：家长集合，优秀家长谈一谈，专家上台传授经验，学校发入表格征求家长意见……

这是很多学校目前的家庭教育指导模式。然而，1.0版家长会模式下的家长学校，更多是单向度的，家校似乎"有联系，无关系"。2.0版与传统的家长会相比，增加了专家讲座和表格反馈。但各说各话，没有对等的话语体系，家校之间"有关系，少温度"。

临沂九中着眼于家校共育的源头问题。探索出了家校共育的3.0版本。在3.0版家长课程中，孩子一入校，家长即入学，家长、教师互为资源。孩子军训，家长便开始必修"第一课"，孩子通过自主活动完成"入学手册"的注册。家长知晓孩子班级的基本情况。入学3周教师完成对学生和家长的"十个知晓"，家长成长则从"三个维度"实现：修习学校家长课程，提升自己；参与育人主题活动，深切亲子体验；卓越家长进课堂，反哺课堂。

结合上述材料，回答以下问题：

1. 请对当前我国中小学家校合作中存在的问题及其原因进行分析。★★★
2. 如何改进家校共育模式，提升中小学德育的实效性？★★★

# 2020年首都师范大学333教育综合真题

## 一、名词解释

1. 活动课程　　　　2. 混合研究　　　　3. 建构主义

## 二、简答题

1. 为什么说教师是专业性职业？
2. 访谈法的提问环节应当使用什么样的技巧和策略？
3. 熟练的技能和习惯有什么样的相同点和不同点？

**三、论述题**

1. 试论述标准化测验的优点和缺点。★★★

2. 请举例说明教育的正向社会功能表现在哪些方面。★★★★

3. 结合你的研究经历，说明教育研究有哪些步骤。★★★★

**四、材料分析题**

材料主要内容：富春七中重视劳动教育。

结合材料回答问题：

1. 在新时代，我国劳动教育面临着什么样的危机和问题？★★★

2. 应当采取什么样的措施，使社会、学校和家庭形成合力促进劳动教育的发展？★★★★

# 2021 年首都师范大学 333 教育综合真题

**一、名词解释**

1. 教学设计　　　　　2. 教学效能感　　　　　3. 参与型观察

**二、简答题**

1. 简述教师管理班级组织的主要策略。

2. 简述创造性思维的特征。

3. 简述教学理论和课程理论的关系。

**三、论述题**

1. 谈谈你对教育信息化的看法。★★★★

2. 结合具体案例，说说在教学中如何促进正迁移的发生。★★★★

3. 初学教育研究的同学喜欢凭个人兴趣选择课题。请你简要评述这样的现象，并阐述课题选择和确定的要点。★★★★

4. 未来学校在教育理念、教学组织形式、学习方式、学习空间等方面有哪些特征？★★★★

5. 在未来学校的背景下教师的角色会有怎样的新样态？★★★

# 2022 年首都师范大学 333 教育综合真题

**一、名词解释**

1. 课程实施　　　　　2. 教师期望效应　　　　　3. 开放型访谈

**二、简答题**

1. 简述社会本位论和个人本位论的观点。

2. 简述夸美纽斯班级授课制的理论及其意义。

3. 简述文献检索和查找文献时应注意的问题。

**三、论述题**

1. 结合实际，说明良好师生关系的特征和建构策略。★★★★

2. 举例论述激发学生的学习动机的方法策略。★★★★★

3. 论述教育研究范式的演变过程。★★★

**四、材料分析题**

1. 分析当前我国基础教育的成就和存在的教育问题。（材料缺失）★★★

2. 分析"双减"政策下如何加强基础教育建设。（材料缺失）★★★

## 2011 年上海师范大学 333 教育综合真题

**一、名词解释**

1. 稷下学宫　　　　2. 最近发展区　　　　3. 苏格拉底法　　　　4. 教育目的
5. 多元智力理论

**二、简答题**

1. 简述人文主义教育的特征和历史影响。
2. 影响个体发展的因素有哪些？
3. 简述教学过程中直接经验和间接经验的关系。
4. 简述教师专业发展的内涵。
5. 简述斯巴达教育的特点。

**三、论述题**

1. 论述成败归因理论。★★★★★
2. 论述杜威的教育思想。★★★★★

## 2012 年上海师范大学 333 教育综合真题

**一、名词解释**

1. 教育目的　　　　2. 教学　　　　3. 京师大学堂　　　　4. 苏格拉底方法
5. "五育"方针　　　　6. 德育过程

**二、简答题**

1. 简述教学评价的原则。
2. 简述董仲舒的三大文教政策。
3. 简述洛克的绅士教育思想。
4. 简述问题的性质及问题的分类。

**三、论述题**

1. 结合课程改革探讨教师专业素养的问题。★★★★★
2. 评述陶行知的生活教育思想体系。★★★★★
3. 论述赫尔巴特的教育思想，分析其优点和局限性。★★★★★
4. 结合韦纳的三个维度，对考试成功和考试失败进行归因分析。★★★★★

## 2013 年上海师范大学 333 教育综合真题

**一、名词解释**

1. 元认知　　　　2. 苏格拉底法　　　　3. 教育制度　　　　4. 教育性教学
5. 德育过程

## 二、简答题

1. 简述教师劳动的特点。
2. 简述自然主义。
3. 简述《学记》的主要内容。
4. 简述问题的种类并举例。

## 三、论述题

1. 论述赫尔巴特的教育思想。
2. 试论述蔡元培的"五育"并举的教育方针。
3. 比较分析陈述性知识和程序性知识的异同。★★★

# 2014年上海师范大学333教育综合真题

## 一、名词解释

| | | | |
|---|---|---|---|
| 1. 课程标准 | 2. 教育目的 | 3. 学校管理 | 4. 多元智力理论 |
| 5. 骑士教育 | 6. 京师同文馆 | | |

## 二、简答题

1. 简述科尔伯格的道德发展理论。
2. 教育怎样体现社会流动功能?
3. 简述教师的专业素养。
4. 简述百日维新的教育改革。

## 三、论述题

1. 论述卢梭的自然教育理论。
2. 论述科举制及其影响。★★★★
3. 论述陈述性知识和程序性知识的比较。★★★
4. 举例说明"理论联系实际"的教育原则。★★★

# 2015年上海师范大学333教育综合真题

## 一、名词解释

| | | | |
|---|---|---|---|
| 1. 学校管理目标 | 2. 教育评价 | 3. 课程方案 | 4. 德育 |
| 5. 稷下学宫 | 6. "三艺" | | |

## 二、简答题

1. 简述掌握知识与发展智力的关系。
2. 教育如何体现其文化功能?
3. 简述卢梭的自然教育思想理论。
4. 简述维果茨基"最近发展区"的概念。

## 三、论述题

1. 结合实际分析教师角色冲突及其解决办法。★★★★
2. 论述张之洞"中体西用"教育思想的历史作用与局限性。
3. 论述赫尔巴特教学思想的教育贡献及其局限性。
4. 分析比较流体智力与晶体智力及其对教育的启示。★★★

## 2016 年上海师范大学 333 教育综合真题

**一、名词解释**

1. 负强化
2. 学校教育制度
3. 稷下学宫
4. 课程设计
5. 苏格拉底法
6. 德育过程

**二、简答题**

1. 简述卢梭的主要教育思想。
2. 教师的劳动有哪些价值？
3. 简述教育的生态功能。
4. 简述"最近发展区"的教育意义。

**三、论述题**

1. 评述杜威实用主义教育的主要思想。★★★★★
2. 评述蔡元培的"五育"并举教育思想。★★★★★
3. 结合实例论述传递—接受学习的主要过程。★★★★
4. 评述建构主义。★★★★★

## 2017 年上海师范大学 333 教育综合真题

**一、名词解释**

1. 课程标准
2. 教学方法
3. 苏格拉底法
4. 学校管理目标
5. 稷下学宫
6. 教育制度

**二、简答题**

1. 举例说明教师主导性与学生主体性的关系。★★★
2. 简述教师的专业素养。
3. 列举中国古代最著名的五大书院。
4. 简述教育影响的一致性与连贯性原则。

**三、论述题**

1. 论述先行组织者及其在学习中的运用。★★★★
2. 论述赫尔巴特的教育思想及其历史作用与局限性。
3. 论述建构主义中的教学观、学生观及知识观。
4. 论述张之洞"中体西用"的教育思想及其历史局限。

## 2018 年上海师范大学 333 教育综合真题

**一、名词解释**

1. 教学过程
2. 德育过程
3. 教育制度
4. 苏格拉底教学法
5. 京师同文馆
6. 卢梭自然主义

**二、简答题**

1. 简述学校心理健康教育的途径。
2. 简述班级授课制的优缺点。
3. 简述遗传素质在人的发展中的作用。

4. 简述卢梭的自然教育理论。

**三、论述题**

1. 评述蔡元培"五育"并举的教育思想。★★★★★
2. 结合实例说明和评价班主任工作的内容和方法。★★★
3. 结合实例说明学习动机的实质及其在学生学习中的重要作用。★★★★
4. 评述赫尔巴特的教学理论。★★★★★

# 2019 年上海师范大学 333 教育综合真题

**一、名词解释**

1. 教育制度　　　　2. 学校管理　　　　3. 教学资源　　　　4. 京师同文馆
5. 骑士教育　　　　6.《爱弥儿》

**二、简答题**

1. 简述环境在教学中的作用。
2. 简述社会心理化的过程。
3. 简述蔡元培"五育"并举的思想。
4. 简述卢梭的自然教育。

**三、论述题**

1. 论述教师主导与学生主体的关系。★★★
2. 如何培养一个班集体?
3. 举例并解释上位学习、下位学习和并列学习。★★★★
4. 论述赫尔巴特的教学思想、意义及局限性。

# 2020 年上海师范大学 333 教育综合真题

**一、名词解释**

1. 课程标准　　　　2. 教育的社会流动功能　　　3. 元认知　　　　4. 苏格拉底法
5. 绅士教育

**二、简答题**

1. 请简述教师劳动的特点。
2. 简述学生学习的特点。
3. 简述陈鹤琴"活教育"的思想。
4. 简述裴斯泰洛齐要素教育的基本主张。

**三、论述题**

1. 结合现实举例阐述榜样教育的含义、选择及运用要求。★★★
2. 结合实例说明直观性教学原则的含义与实施要求。★★★
3. 举例说明如何在教学中为迁移而教,促进知识的正迁移。★★★★
4. 论述蔡元培"五育"并举的内容及历史影响。

## 2021年上海师范大学333教育综合真题

**一、名词解释**

1. "六艺"　　　2. "七艺"　　　3. 课程设计　　　4. 学习动机

5. 学校教育制度　　6. 苏格拉底法

**二、简答题**

1. 简要评述个人本位论的教育目的观。★★★

2. 简答朱子读书法的主要内容。

3. 简答夸美纽斯教育适应自然原则的主张及其意义。

4. 简述当代教师在教学中的主要角色。

**三、论述题**

1. 结合现实举例说明德育中奖惩的含义、具体方法与运用要求。★★★

2. 请举例说明教学巩固性原则的含义与运用要求。★★★

3. 阐述张之洞《劝学篇》中"中体西用"教育思想的历史作用和局限性。

4. 在论述教学与发展的关系时，维果茨基提出了"最近发展区"的概念。（1）举例说明什么是最近发展区；（2）举例说明教学与最近发展区的关系是什么。★★★★

## 2022年上海师范大学333教育综合真题

**一、名词解释**

1. 教科书　　2. 广义的教育　　3. 道尔顿制　　4. 高原现象　　5. 朱子读书法　　6. 稷下学宫

**二、简答题**

1. 简述社会本位论的教育目的观。

2. 简述杨贤江的全人生指导思想。

3. 简述永恒主义教育。

4. 简述问题解决的几个阶段。

**三、论述题**

1. 举例论述长善救失的德育原则。★★★

2. 举例论述谈话法的含义、具体方法、基本要求。★★★

3. 论述洛克的绅士教育思想。

4. 论述发现学习、有意义的接受学习以及它们的优点和缺点。★★★

# 浙江师范大学

## 2010年浙江师范大学333教育综合真题

**一、名词解释**

1. 个人本位论　　2. 教学策略　　3. 监生历事制度　　4. 中体西用

5.苏格拉底法　　　　　6.骑士教育

## 二、简答题

1.简述教育的要素及其相互关系。

2.在人的发展中，哪四个方面的因素是最重要的？每个方面的基本内容是什么？

3.什么是学校教育制度？有哪些类型？

4.简述自我效能论。

## 三、论述题

1.根据学科课程的课程性质和课程特点，谈谈中小学设置学科课程的合理性。★★★★

2.论述孔子的教育实践与教育思想。

3.评述杜威的教育思想。★★★★★

4.论述建构主义关于学习的基本观点。

# 2011 年浙江师范大学 333 教育综合真题

## 一、名词解释

1.城市学校　　　　2.知识　　　　　3.苏格拉底教学法　　　4.监生历事制度

5.有教无类　　　　6.学习动机

## 二、简答题

1.简述独尊儒术。

2.简述我国的教育目的。

3.简述陶行知的生活教育理论对现行教育体系的意义。

4.简述你对学校管理的认识。★★★

## 三、论述题

1.请结合实际，谈谈你对教师师德的认识。★★★★

2.请结合实际，针对课堂教学改革中存在的某一个问题谈谈你的建议。★★★★

3.请谈谈你对培养学生创造性的认识。★★★★

4.请论述对我国教育改革具有启示意义的相关外国教育思想。（列举三个以上相关思想内容，可以结合卢梭、杜威、苏霍姆林斯基等人的思想进行论述）★★★★★

# 2012 年浙江师范大学 333 教育综合真题

## 一、名词解释

1.社会性发展　　　　2.学习的实质　　　　3.学习策略　　　　4.社会规范学习

5.科举制度　　　　　6.公学

## 二、简答题

1.教育的基本要素有哪些？它们在教育活动中发挥怎样的作用？

2.简述教育的文化功能。

3.简述夸美纽斯教育思想的主要观点。

4.列举五种现代欧美教育思潮。

## 三、论述题

1.结合实际，谈谈在教育过程中如何处理直接经验和间接经验的关系。★★★

2. 请你针对我国当前学校道德教育中存在的某个问题，谈谈你的看法。★★★
3. 论述加德纳的多元智力理论及其教育含义。★★★★
4. 论述洋务教育改革。

# 2013年浙江师范大学333教育综合真题

**一、名词解释**

1. 学在官府    2. 监生历事制度    3. 观察学习    4. 苏格拉底方法
5. 知识    6. 城市学校

**二、简答题**

1. 简述汉初三大文教政策。
2. 简述新文化运动时期的教育思潮和运动。
3. 简述现代教育发展的基本趋势。
4. 简述教育目的的基本精神。

**三、论述题**

1. 论述杜威的思想。
2. 联系实际谈谈创造性的培养。★★★★
3. 结合实际，谈谈在教学过程中如何处理好直接经验和间接经验的关系。★★★
4. 谈谈人的发展规律及教育如何适应人的发展规律。★★★★

# 2014年浙江师范大学333教育综合真题

**一、名词解释**

1. 先行组织者    2. 自我效能感    3. "六艺"教育    4.《颜氏家训》
5. 智者派    6. 公立学校运动

**二、简答题**

1. 简述朱子读书法的含义。
2. 简述蔡元培"五育"并举的思想。
3. 简述现代教育的发展趋势。
4. 简述教师劳动的特点。

**三、论述题**

1. 论述裴斯泰洛齐的教育思想。
2. 结合教学实际论述如何培养学生解决问题的能力。★★★★
3. 论述教育在人的发展中的作用。
4. 论述教学过程的性质。

# 2015年浙江师范大学333教育综合真题

**一、名词解释**

1. 元认知策略    2. 中体西用    3. 学在官府    4. 创造力
5. 苏格拉底教学法    6. 泛爱学校

## 二、简答题

1. 简述"独尊儒术"的文教政策。
2. 简述蔡元培教育实践的具体内容及教育思想。
3. 简述学校管理的主要方面。
4. 简述教学的不同组织形式及内涵。

## 三、论述题

1. 论述杜威的思想及其对我国学校教育改革的启示。★★★★★
2. 论述学习动机的培养和激发策略。
3. 论述教育的社会功能。
4. 论述教师劳动的特点和价值。

# 2016 年浙江师范大学 333 教育综合真题

## 一、名词解释

1. 学习动机　　　2. 流体智力　　　3. 经学教育　　　4. 苏湖教法
5. 实科中学　　　6. 初级学院运动

## 二、简答题

1. 简述《学记》的教学思想。
2. 简述"五育"并举的方针。
3. 简述教师劳动的特点。
4. 简述我国教育目的的精神。

## 三、论述题

1. 论述夸美纽斯的教学思想及其对后世理论的影响。★★★★★
2. 论述皮亚杰的认知发展阶段理论及影响认知发展的因素。
3. 论述教师的素养。
4. 论述教学过程的性质。

# 2017 年浙江师范大学 333 教育综合真题

## 一、名词解释

1. 自我效能感　　2. 陈述性知识　　3. 苏格拉底法　　4. 学在官府
5. 监生历事制度　6. 进步主义教育运动

## 二、简答题

1. 简述《学记》的教学思想。
2. 简述世界各国课程改革的趋势。
3. 简述教学的任务。
4. 简述中体西用的历史作用和缺陷。

## 三、论述题

1. 论述杜威的教育思想，并且思考其能否作为我国的课程改革的理论基础。★★★★★
2. 论述学生品德不良的纠正机制。
3. 联系实际，论述教师的素养。★★★★
4. 联系实际，论述人的发展的规律性以及如何实现人的发展。★★★★

## 2018年浙江师范大学333教育综合真题

### 一、名词解释

1. "三纲领八条目"　　2. 全人生指导　　3. 昆西教学法　　4. 泛爱学校
5. 问题解决　　6. 学校心理素质教育

### 二、简答题

1. 简述班级授课制的优点。
2. 简述世界各国的课程改革趋势。
3. 简述孟轲的性善论对教育的作用。★★★
4. 简述严复的"体用一致"的文化教育观。

### 三、论述题

1. 联系实际，试述教师的素养。★★★★
2. 试述教育在人的发展过程中的重要作用。
3. 试述苏霍姆林斯基的个性全面和谐发展教育观。
4. 结合态度形成与改变的条件，试述形成与改变态度的方法。★★★

## 2019年浙江师范大学333教育综合真题

### 一、名词解释

1. "尊德性"与"道问学"　　2. 小先生制　　3. 快乐之家
4. 贝尔－兰卡斯特制　　5. 内隐学习　　6. 成就动机

### 二、简答题

1. 简述宋朝书院的教育特点。
2. 简述革命根据地教育的基本经验。
3. 简述我国教育目的的理论基础。
4. 简述教师劳动的价值。

### 三、论述题

1. 论述卢梭的自然教育理论及其影响。
2. 结合实际，谈谈教育的社会功能。★★★
3. 结合实际，谈谈对德育过程的认识。★★★★
4. 结合儿童友谊发展的五阶段理论，论述同伴关系的发展及其配演策略。★★★

## 2020年浙江师范大学333教育综合真题

### 一、简答题

1. 简述人的发展的规律。
2. 简述隋唐学校教育制度的特点。
3. 简述美国《国防教育法》的内容。
4. 简述亲社会行为习得的途径。

### 二、论述题

1. 论述赫尔巴特的课程与教学论。

2. 论述蔡元培的教育实践与教育思想。

3. 论述学习策略的教学训练因素及途径。

4. 论述教学过程的环节。

### 三、材料分析题

结合班主任的工作方法和原理，谈谈你的看法。（材料缺失）★★★

# 2021 年浙江师范大学 333 教育综合真题

### 一、论述题

1. 请论述陶行知的生活教育思想和实践。

2. 试论述福禄培尔的幼儿教育理论。

### 二、材料分析题

材料：有学者认为，传统的课堂教学模式忽视了学生的自主性，应该摒弃。发现式教学提倡自主、合作、探究的学习方式，以学生为本，把课堂还给学生。因此中小学应该大力提倡发现式学习方式，构建自主课堂，培养学生搜集和处理信息的能力，获取新知识、分析和解决问题的能力，让学生在生动活泼的状态中学习。

（1）结合布鲁纳和奥苏伯尔的学习理论，评析学者的观点，并说明理由。★★★★★

（2）请结合建构主义学习理论，分析如何在当前新课程改革中实现传统课堂教学与发现式教学的有机结合。★★★★★

### 三、综合应用题

材料：教学原则是进行有效教学必须遵循的教学要求，理论与实际相联系原则是中小学教学的重要原则之一。

（1）谈谈你对理论联系实际原则的理解，以及如何在教学中贯彻这一教学原则。★★★★

（2）依据理论联系实际原则，就如何对以下教学内容进行教学谈谈你的设想。★★★★

"生活中的大数"是北师大版小学数学二年级下册的教学内容，它的教学要求是在学生掌握了"100以内的数"的基础上，让学生进一步认识新的计数单位"千"和"万"，感知"生活中的大数"，认识计数单位之间的关系。

# 2022 年浙江师范大学 333 教育综合真题

### 一、论述题

1. 中国封建社会读经做官的教育模式是如何形成的？★★★

2. 比较卢梭和夸美纽斯的自然教育思想。★★★★★

### 二、材料分析题

材料：

现在学校的心理健康教育出现了以下几个问题：

材料一：将心理健康教育与学习捆绑起来，认为心理健康教育是为学习成绩服务的。

材料二：将心理健康教育的所有任务都推给心理老师，心理教师一个人唱独角戏，没有建立师生共同解决的情境。

材料三：将心理问题看作心理疾病。

根据心理健康教育的基本任务和基本特点，结合材料，分析材料中的问题并提出对策。★★★

### 三、综合应用题

当前教学模式中主要存在着以下两种模式，一种是以知识传递为特征，教师教、学生学的模式，属于传授接受型学习；另一种是探究问题的模式，属于问题探究学习。请你自主选择一个教育主题，阐述第一种教学模式（传授接受式）学生掌握知识的基本阶段。★★★★

## 杭州师范大学

# 2010年杭州师范大学333教育综合真题

**一、名词解释**

1. 班级授课制　　　2. 学制　　　3. 教育目的　　　4. 学科课程
5. 德育　　　6. 高原现象

**二、简答题**

1. 简述我国科举制度的主要特点及其对教育的影响。
2. 简述文艺复兴时期人文主义教育的主要特征及其对教育的贡献。
3. 简述启发性教学原则的含义及贯彻这一原则的基本要求。
4. 简述马斯洛的需要层次理论。

**三、论述题**

1. 试述陶行知的生活教育理论。
2. 评述杜威的儿童中心论的主要观点。★★★★★
3. 结合实际，谈谈如何利用注意的规律组织课堂教学。★★★
4. 请联系实际谈谈在教师专业化要求的背景下，教师应具备怎样的职业素质。★★★★

# 2011年杭州师范大学333教育综合真题

**一、名词解释**

1. 学校教育　　　2. 社会本位论　　　3. 苏格拉底法　　　4. 贝尔－兰卡斯特制
5. 教学做合一　　　6.《学记》

**二、简答题**

1. 简述教育的相对独立性。
2. 影响问题解决的主要因素有哪些？
3. 简述书院教育的特点。
4. 简要评述孔子的道德教育思想。★★★★★

**三、论述题**

1. 如何正确理解掌握知识与发展智力的关系？
2. 自古以来，关于教师的角色有许多隐喻，如"教师是蜡烛，燃烧自己、照亮别人""教师是人类灵魂的工程师，塑造着学生的精神世界"等。请从"蜡烛论"和"工程师论"中任选一种教师角色的隐喻分析其蕴含的意义。★★★★
3. 试述建构主义学习理论的基本观点。
4. 论述赫尔巴特的教育性教学理论。

## 2012 年杭州师范大学 333 教育综合真题

**一、名词解释**

1. 教学　　　　　2. 学校管理　　　　　3. 有教无类　　　　　4. "五育"并举
5.《大教学论》　　6. 终身教育

**二、简答题**

1. 简述教师劳动的特点。
2. 简述加德纳的多元智力理论。
3. 简述陶行知生活教育理论中的"社会即学校"思想。
4. 简述新文化运动影响下的教育思潮。

**三、论述题**

1. 试论述教育与社会生产力、社会经济发展的相互关系。★★★★
2. 如何理解德育过程是培养学生知、情、意、行的过程？
3. 人本主义心理学的理论和实践具有什么贡献与局限性？★★★★★
4. 试论述卢梭的自然主义教育观。

## 2013 年杭州师范大学 333 教育综合真题

**一、名词解释**

1.《学记》　　　　2. 学校教育制度　　　3. 复式教学　　　　　4. 情感陶冶法
5. 教学评价　　　　6. 教师专业发展

**二、简答题**

1. 简要评述教育的社会流动功能。
2. 简述教师期望效应（皮革马利翁效应）及其对教育的启示。★★★
3. 简述孔子的人性观及其教育意义。★★★★
4. 简述 20 世纪 60—70 年代的现代人文主义教育思想。

**三、论述题**

1. 学科课程、活动课程、综合课程各有哪些特点？谈谈当前我国教育实践中学科课程、活动课程、综合课程方面的现状。★★★★
2. 评述布鲁纳的认知—发现学习理论。★★★★★
3. 试论述斯宾塞的教育科学化思想。
4. 试分析我国 1922 年"新学制"的标准、特点、意义以及对当前教育改革的启示。★★★★

## 2014 年杭州师范大学 333 教育综合真题

**一、名词解释**

1. 产婆术　　　　　2. 教育目的　　　　　3. 课程标准　　　　　4. 学校教育制度
5. 教学模式　　　　6. 教育机智

**二、简答题**

1. 简述知、情、意、行的相互关系。
2. 当前中小学开展心理健康教育的基本途径有哪些？
3. 简述美国 1958 年的《国防教育法》并给予简要评价。★★★

4.简要评述我国革命根据地教育的基本经验。★★★

**三、论述题**

1.有人说："讲授法就是注入式教学，发现法就是启发式教学。"请运用教学的有关原理评析这一观点。★★★
2.试述建构主义学习理论的基本观点以及对教学的启示。★★★★★
3.试述杜威和赫尔巴特的教学思想，并比较二者的异同。★★★★★
4.试述中国古代教育家的道德修养方法，并谈谈对今天德育改革的启示。★★★

# 2015 年杭州师范大学 333 教育综合真题

**一、名词解释**

| 1.学校教育 | 2.教育目的的个人本位论 | 3.德育 |
| 4.校本课程 | 5.最近发展区 | 6.教学评价 |

**二、简答题**

1.如何理解教育的相对独立性？认识教育的相对独立性有何意义？★★★
2.简述班杜拉的观察学习理论及其教育应用。★★★★
3.简析颜元的"习行"教学法。
4.简析帕克赫斯特的道尔顿制。

**三、论述题**

1.如何理解教师职业是一种需要人文精神的专业性职业？其专业性表现在哪里？其人文精神又表现在哪里？★★★★
2.接受学习和发现学习各有何特点？应当怎样处理二者的关系？★★★★
3.试述蔡元培关于"养成共和国民健全之人格"的思想，分析它对民国初年教育方针的制定及学制改革的影响。★★★★★
4.试论述夸美纽斯在西方教育史上的贡献。★★★★★

# 2016 年杭州师范大学 333 教育综合真题

**一、名词解释**

| 1.《民主主义与教育》 | 2.班级授课制 | 3.美育 | 4.隐性课程 |
| 5.教师专业发展 | 6.思维定势 | | |

**二、简答题**

1.简述宋元时期蒙学教材的种类、特点与影响。
2.简述德育过程中的"平行教育影响原则"思想。
3.简述英国的《1944 年教育法》。
4.简述斯腾伯格的成功智力理论。

**三、论述题**

1.在欧美教育思想"六三三"制的影响下，分析我国教育制度改革的经验与不足，说说其对我国现代教育改革的启示。★★★★
2.论述马克思关于人的全面发展学说以及劳动与教育相结合的意义。★★★
3.在新课程改革的背景下，教师应该树立什么样的课程观？★★★★
4.元认知是什么？举例说明元认知策略的运用对学习的促进作用。★★★

# 2017 年杭州师范大学 333 教育综合真题

## 一、名词解释

1. 班级授课制      2.《爱弥儿》      3. 综合课程      4. 教育目的

5. 学习定势      6. 形式教育论与实质教育论

## 二、简答题

1. 如何正确看待学校教育中的惩罚问题？ ★★★★

2. 简述启发性教学原则。

3. 简述古希腊雅典教育的特点。

4. 简要分析《白鹿洞书院揭示》以及书院教育宗旨。 ★★★

## 三、论述题

1. 教师劳动的特殊性表现在哪些方面？教师劳动的特殊性会对教师提出什么样的要求？ ★★★★

2. 创造性与智力并非简单的线性关系，阐述二者的种种关系，并结合实际谈谈如何培养学生的创造性。 ★★★★

3. 试论述赫尔巴特教育学思想的心理学基础。

4. 试论述陈鹤琴的儿童教育思想。

# 2018 年杭州师范大学 333 教育综合真题

## 一、名词解释

1.《论语》      2. 义务教育      3. 教学方法      4. 特朗普制

5. 学制      6. 教育行动研究

## 二、简答题

1. 简述你对校园欺凌的看法。 ★★★★

2. 简述美国的"返回基础"教育运动。

3. 简述陶行知的儿童创造教育思想。

4. 简述维果茨基的"最近发展区"带给我们的教育启示。 ★★★★

## 三、论述题

1. 论述中国古代教育家的教师观及其"尊师重道"的思想。 ★★★★

2. 论述卢梭的儿童教育观。

3. 论述科尔伯格的道德发展阶段论。

4. 论述课程和教师的关系，以及开发校本课程需要教师具有怎样的教师素养。 ★★★★

# 2019 年杭州师范大学 333 教育综合真题

## 一、名词解释

1. 终身教育      2. 认知风格      3. 全面发展教育      4. 儿童中心论

5. 课程资源      6. 教育现代化

## 二、简答题

1. 简述信息技术对教育的影响。

2. 简述尝试错误学习理论对教学的启示。 ★★★

3. 简述孔子的"学而优则仕"思想及其历史影响。

4.简述要素主义教育思想的主要观点。

### 三、论述题

1.从教育的词源分析入手谈中西教育的差异。★★★
2.联系实际谈谈促进迁移的有效教学策略。★★★★
3.论述蔡元培对近代中国教育发展的贡献。★★★★★
4.评述洛克的绅士教育思想。★★★★★

# 2020年杭州师范大学333教育综合真题

### 一、名词解释

1.产婆术　　　　2.虚拟教学　　　　3.教师专业发展　　　　4.教育方针
5.练习的高原时期　6.学校教育制度

### 二、简答题

1.简述《费里法案》。
2.简述晏阳初的乡村教育思想。
3.简述态度与品德的关系。
4.简述基础性课程与拓展性课程的关系。★★★

### 三、论述题

1.论述新课程中"自主、合作、探究"的学习方式。★★★
2.分析论述"讲授法会造成机械性学习"的观点。★★★
3.论述赫尔巴特的道德教育理论。
4.论述1922年"新学制"。

# 2021年杭州师范大学333教育综合真题

### 一、名词解释

1.布鲁纳的《教育过程》　2.教育均衡发展　　　3.壬戌学制
4.教学设计　　　　　　　5.平行教育影响原则　6.正规教育与非正规教育

### 二、简答题

1.试举一例你所熟悉的校本课程，从校本课程内涵的角度加以简要评述。★★★
2.当今中小学进行心理健康教育的基本途径有哪些？★★★
3.简述夸美纽斯的教育适应自然的原则。
4.简述"朱子读书法"。

### 三、论述题

1.结合中小学教育实际，谈谈如何更好地发挥德育隐性课程的作用。★★★
2.影响问题解决的因素有哪些？据此谈谈如何在教学实践中提高学生的问题解决能力。★★★
3.试论述陶行知的"生活教育思想"。
4.试论述永恒教育思潮的主要观点。

# 2022 年杭州师范大学 333 教育综合真题

## 一、名词解释
1. 新教育运动　　2. 全人生指导　　3. 教学评价　　4. 道尔顿制
5. 课程方案　　　6. 学习动机

## 二、简答题
1. 简述洋务运动的学堂类型。
2. 简述西欧中世纪世俗学校的类型。
3. 简述问题的含义以及如何培养问题解决能力。
4. 简述人的发展规律性及其内涵。

## 三、论述题
1. 论述罗杰斯自由学习的原则。
2. 论述改造主义理论。
3. 论述我国的教育目的及其基本精神。
4. 论述《学记》中的基本原则。

# 山东师范大学

# 2010 年山东师范大学 333 教育综合真题

## 一、名词解释
1. 教育目的　　2. 教学　　　3. 教育制度　　4. 学校管理
5. 最近发展区　6. 精细加工策略

## 二、简答题
1. 简要回答《大学》中"三纲领""八条目"的内容及含义。
2. 简述人文主义教育的主要特征。
3. 简述问题解决的过程。
4. 简要分析罗杰斯的学习理论。★★★

## 三、论述题
1. 有人认为"近墨者黑",有人认为"近墨者未必黑"。请联系相关理论和个体实践谈谈你对这一问题的看法。★★★
2. 中国当前的教育不公平主要表现在哪几个方面?请你选择某一方面并分析其产生的原因,尝试提出解决的对策。★★★★
3. 试论述陶行知"生活教育"理论的主要内容。
4. 试论述杜威的教育本质论。

# 2011 年山东师范大学 333 教育综合真题

## 一、名词解释

1. 教育目的　　　　2. 教育的社会变迁功能　　　3. 学校管理　　　4. 教学　　　5.《理想国》

## 二、简答题

1. 简述先秦时期私学的兴起及意义。
2. 简述杜威关于教育本质的认识。
3. 简述夸美纽斯在教育史上的贡献。
4. 简述清末的四次留学。
5. 简述教育的经济功能。
6. 简述晏阳初关于"四大教育"的思想。

## 三、论述题

1. 依据你所掌握的教育理论和自身的教育实践，谈谈我们新一轮基础教育改革对教师提出了哪些新的要求。★★★★
2. 论述影响问题解决的因素，以及教学实际中问题解决能力的培养。★★★★

# 2012 年山东师范大学 333 教育综合真题

## 一、名词解释

1. 课程　　　2."三纲领八条目"　　　3. 苏格拉底方法　　　4. 修道院学校　　　5. 德育

## 二、简答题

1. 简要叙述稷下学宫的性质与特点。
2. 简述教育的政治功能。
3. 简述裴斯泰洛齐的"教育心理学化"理论。
4. 简要分析影响自我效能感形成的因素。
5. 简述陶行知生活教育的主要内容。
6. 简述皮亚杰的认知发展阶段理论。

## 三、论述题

1. 中国当前的教育不公平主要表现在哪几个方面？请您选择某一方面并分析其产生的原因，尝试提出解决的对策。★★★★
2. 什么是教育的社会制约性和相对独立性？怎样协调二者的关系？★★★

# 2013 年山东师范大学 333 教育综合真题

## 一、名词解释

1. 中体西用　　　2. 朱子读书法　　　3. 京师同文馆　　　4. 导生制　　　5. 学习风格

## 二、简答题

1. 简述北宋的三次兴学及其结果。
2. 简述学生的学习特点。
3. 简述人文主义教育的主要特征。
4. 简述要素主义教育学派的理论。

5. 简述教学过程的性质。

6. 简述问题解决的含义及心理过程。

### 三、论述题

1. 结合实际谈谈教师应具备哪些素质。应该怎样培养？ ★★★★

2. 评价教育目的价值取向中的个人本位论和社会本位论。 ★★★

## 2014 年山东师范大学 333 教育综合真题

### 一、名词解释

1. 综合实践活动　　　2. 学园　　　3. 骑士教育　　　4. 潜伏学习

### 二、辨析题

1. 人的身心发展的不平衡要求教育要循序渐进。

2. 学习可以引起个体的行为发生变化，因此，一个人行为发生了变化可以判定发生了学习。

3. 促进学生的全面发展与培养学生的个性发展是相对立的。

4. 卡特尔认为，流体智力是在实践中获得的，因此人的一生流体智力都是在生长的。

### 三、简答题

1. 简述政治经济制度对教育的影响。

2. 简述教师劳动的特点。

3. 简述清朝末期的教育改革。

4. 简述《国防教育法》的主要内容及意义。

5. 简述改造主义流派的主要观点。

6. 在维果茨基的理论中，低级心理机能向高级心理机能的转化主要表现在哪几个方面？

### 四、论述题

1. 在教学过程中，如何正确处理直接经验和间接经验的关系？ ★★★★

2. 论述孟子和荀子的教育思想的异同。 ★★★★★

## 2015 年山东师范大学 333 教育综合真题

### 一、名词解释

1. 个人本位论　　　2. 三舍法　　　3. 学在官府　　　4. 智者

### 二、辨析题

1. "近朱者赤，近墨者黑"，所以说明环境在人的身心发展中起决定作用。

2. 教师劳动具有专业性。

3. 法家的绝对"性恶论"否定了教育的价值。

4. 经典性条件反射和操作性条件反射没有实质性的区别。

### 三、简答题

1. 简述现代教育的特征。

2. 简述学科课程的特点。

3. 简述汉代"独尊儒术"的文教政策。

4. 简述《巴特勒教育法》。

5. 简述奥苏伯尔的认知同化理论。

6. 简述规范学习的心理过程。

**四、论述题**

1. 如何理解教学中的掌握知识与发展智力的关系？★★★
2. 对卢梭的自然主义教育进行述评。★★★★★

# 2016 年山东师范大学 333 教育综合真题

**一、名词解释**

1. 活动课程　　　2. 致良知　　　3. 大学区制　　　4. 自我效能感

**二、辨析题**

1. 教育目的是人制定的，所以是主观的。
2. 教师在教学过程中担任多种角色。
3. 新教育运动是 19 世纪末 20 世纪初兴起于美国的教育革新运动。
4. 场独立型的人适合学习人文知识，场依存型的人适合学习数理知识。

**三、简答题**

1. 简述教育的政治功能。
2. 简述教学的任务。
3. 简述"九品中正制"。
4. 简述基督教教育的特点。
5. 简述严复的"三育论"。
6. 简述明治维新的教育改革。

**四、论述题**

1. 论述教师主导与学生主动性的关系。★★★
2. 联系实际说明促进学习迁移的措施。★★★★

# 2017 年山东师范大学 333 教育综合真题

**一、名词解释**

1. 教学评价　　　2. 上位学习　　　3. 成就动机　　　4. 教育准备说
5. 苏湖教法　　　6. 平民教育思潮

**二、辨析题**

1. 课程内容即教材内容。
2. 智力水平高的人创造力也高。
3. 蔡元培在改革北大时提出的指导思想"思想自由，兼容并包"指所有的思想无所不包。

**三、简答题**

1. 简述教师角色冲突的主要表现。
2. 简述文化对教育的制约与影响。
3. 课程目标有哪几种基本表述方式？
4. 简述有意义学习的条件。
5. 简述夸美纽斯的教育内容。

**四、论述题**

1. 根据下面的材料，说明教育对人的发展作用。★★★★
材料大体是：北大哲学系博士肖清在他的博士论文《放牛娃和博士》中，写了关于他从一个放牛娃到博士的历程。

　　2. 述评苏格拉底法。★★★★★

# 2018 年山东师范大学 333 教育综合真题

## 一、名词解释

　　1. 教育中介系统　　2. 正迁移　　　　3. 庚款兴学　　　　4. 课程内容

　　5. 认知风格　　　　6. 社会本位论

## 二、辨析题

　　1. 人的发展不总是按照相同的速度直线发展，这表明人的发展具有阶段性。

　　2. 法国教育体系是中央集权。

　　3. 负强化就是惩罚。

## 三、简答题

　　1. 简述直接经验与间接经验的关系。

　　2. 简述中世纪大学的意义。

　　3. 简述影响问题解决的因素。

　　4. 简述永恒主义教育的原则。

　　5. 简述察举制与九品中正制的异同。★★★

　　6. 简述理论联系实际的原则。

## 四、论述题

　　1. 论述教师的素质。

　　2. 论述王守仁的儿童教育思想。

# 2019 年山东师范大学 333 教育综合真题

## 一、名词解释

　　1. 教育规律　　2. 教学策略　　3. "六艺"　　4. 鸿都门学　　5. 品德不良　　6. 智者派

## 二、辨析题

　　1. 所有接受学习都是机械的。

　　2. 教师专业性最突出的特征是教师资格证。

　　3. 朱熹关于小学教育的目的是培养"圣贤坯璞"。

## 三、简答题

　　1. 简述孔子的德育内容及方法。

　　2. 简述《费里教育法》。

　　3. 简述学习知识与发展智力的关系。

　　4. 简述加里培林关于智力技能的发展阶段。

　　5. 简述启发式教学原则的要求。

　　6. 简述环境对人的发展的作用。

## 四、论述题

　　1. 试论述个别教学、班级授课制、分组教学的优缺点。★★★★

　　2. 论述洪堡的教育改革。

## 2020 年山东师范大学 333 教育综合真题

### 一、名词解释

1. 双轨制　　　　2. 先行组织者　　　　3.《大学》　　　　4.《爱弥儿》
5. 进步主义教育理论　　6. 逆向迁移

### 二、辨析题

1. 学校管理没有育人功能。
2. 组织策略和计划策略同属于认知策略。
3. 公学就是公立学校。

### 三、简答题

1. 简述教育目的的社会本位论。
2. 简述直观性教学原则。
3. 简述孔子的教学方法。
4. 简述要素主义理论。
5. 简述归因理论及其对学习动力培养的作用。
6. 简述教师角色。

### 四、论述题

1. 试述德育原则中的理论与实际相结合的原则。
2. 试述蔡元培改造北京大学的实践。

## 2021 年山东师范大学 333 教育综合真题

### 一、名词解释

1. 形成性评价　　2. 结构不良领域知识　　3. 精细加工策略　　4. "七艺"
5.《学记》　　　　6.《莫雷尔法案》

### 二、辨析题

1. 教育内容即课程、教科书、参考资料中的内容。
2. 负迁移就是逆向迁移。
3. 赫尔巴特提出了"五段教学法"。

### 三、简答题

1. 简述现代教育的主要特征。
2. 简述活动课程的特点。
3. 简述当代学校管理的发展趋势。
4. 简述学习动机与学习效果的关系。
5. 简述革命根据地教育的基本经验。
6. 简述斯宾塞教育科学化思想的主要内容。

### 四、论述题

1. 如何理解和贯彻德育的教育影响一致性与连贯性原则？★★★★
2. 试论述陶行知的生活教育理论及其现实意义。★★★★★

# 2022 年山东师范大学 333 教育综合真题

## 一、名词解释

1. 书院　　　　　2. 产婆术　　　　　3. 骑士教育　　　　　4. 品德

5. 附属内驱力　　6. 诊断性评价

## 二、辨析题

1. 学生认识的主要任务是学习直接经验。

2. 晏阳初的平民教育主张以文艺教育攻愚，培养知识力。

3. 奥苏伯尔的有意义学习和罗杰斯的有意义学习的本质相同。

## 三、简答题

1. 简述贯彻德育影响的一致性和连贯性原则的基本要求。

2. 简述活动课程和学科课程的区别与联系。

3. 简述教育的社会制约性。

4. 简述柏林大学的办学理念。

5. 简述赫尔巴特的教育性教学原则。

6. 结合动机理论，简述学习动机的培养及激发策略。

## 四、论述题

1. 论述班级授课制的局限性及改进策略。★★★★

2. 论述魏晋玄学教育思潮的主要特点。★★★

# 西北师范大学

# 2010 年西北师范大学 333 教育综合真题

## 一、名词解释

1. 班级　　　　　2. 研究法　　　　　3. 勤工俭学运动　　　　　4. 学习策略

5. 监生历事制度　　6.《国防教育法》

## 二、简答题

1. 教育对生产力发展的作用表现在哪些方面？

2. 环境在人身心发展中的作用是什么？

3. "百日维新"中教育改革的主要措施是什么？

## 三、论述题

1. 为什么教育在人的身心发展中起着重要作用？

2. 论述黄炎培的职业教育理论。

3. 试论述杜威的"从做中学"。

4. 试论述马斯洛的需要层次理论。

# 2011年西北师范大学333教育综合真题

**一、名词解释**

    1. 教育学        2. 课程标准        3. 研究教学法        4. 德育

    5. "六艺"教育    6. "七艺"教育

**二、简答题**

    1. 简述我国教育目的的基本要求（精神）。

    2. 简述教学过程中直接经验与间接经验的关系。

    3. 简述"百日维新"中的教育改革措施。

    4. 简述行为主义的教育理论。

**三、论述题**

    1. 论述教师应具备的素养。

    2. 论述《学记》中的主要教学原则。

    3. 论述结构主义教育的代表人物及主要思想。

    4. 试论述自我效能感理论及其对学习活动的意义。★★★★

# 2012年西北师范大学333教育综合真题

**一、名词解释**

    1. 教育目的        2. 发现法        3. 课程        4. 骑士教育

    5. 教师专业发展    6. 朱子读书法

**二、简答题**

    1. 简述马斯洛的需要层次理论。

    2. 简述教育的文化功能。

    3. 简述学校教育制度确立的依据。

    4. 简述"百日维新"中的教育改革措施。

**三、论述题**

    1. 有研究根据教师的领导方式将教师分为强制专断型、仁慈专断型、放任自流型和民主型。假如你是一名教师，你会选择哪种领导方式对待学生？为什么？★★★★

    2. 论述贺拉斯·曼的教育思想。

    3. 《学记》中的主要教学原则有哪些？试对其进行简述。

    4. 说明建构主义的基本观点及其对教育改革的意义。★★★★★

# 2013年西北师范大学333教育综合真题

**一、名词解释**

    1. 学校教育制度    2. 谈话教学法    3. 课程标准    4. 教师专业发展

    5. 《白鹿洞书院揭示》    6. "六艺"教育    7. 骑士教育

**二、简答题**

    1. 简述教师劳动的特点。

    2. 简述全面发展教育各组成部分的关系。

3. 简述观察学习理论并对其进行评论。★★★★
4. 隋唐时产生的科举制度的积极意义是什么？
5. 举例说明洋务学堂的类型。

### 三、论述题

1. 有人认为教学的目标是传授知识，有人认为教学的目标是发展学生的智力。关于这一问题谈谈你的看法。★★★
2. 影响道德品质的因素有哪些？学校应该采取哪些方式培养学生的道德品质？★★★★
3. 论述贺拉斯·曼的教育思想。

## 2014 年西北师范大学 333 教育综合真题

### 一、名词解释

1. 学校教育制度　　2. 课程标准　　3. 有效教学　　4. 隐性教学
5. 学习策略　　　　6. 泛智教育　　7. 要素教育　　8. 创造性

### 二、简答题

1. 列举教育学独立时期的 10 位代表人物及其著作。
2. 学校教育在个体发展中有什么特殊的价值？实现这些价值需要什么条件？
3. 简述"百日维新"中教育改革的主要措施。
4. 简述美国《国防教育法》的主要内容。
5. 简述《中小学心理健康教育指导纲要（2012 年修订）》规定的心理健康教育的总目标。
6. 简述教育与认知发展的关系。★★★

### 三、论述题

1. 党的十八大政策提到"单独生二胎"，请谈谈人口和教育的关系是什么。★★★
2. 论述蔡元培北大改革的措施并对其进行评价。★★★★★
3. 论述日本明治维新时期的教育改革措施。

## 2015 年西北师范大学 333 教育综合真题

### 一、名词解释

1. 课程标准　　　　　　　2. 德育　　　　3. 分斋教学法　　4. 生活教育理论
5. 导生制（贝尔－兰卡斯特制）　　　　6. 恩物　　　　7. 元认知
8. 品德

### 二、简答题

1. 中小学常用的教学方法有哪些？
2. 学校管理的发展趋势是什么？
3. 简述《学记》中的教育教学原则及其含义。
4. 简要陈述颜元学校改革的思想。
5. 简述文艺复兴时期人文主义教育的基本特点。
6. 简述夸美纽斯在教育史上的贡献和地位。
7. 联系实际，谈谈教师如何激发学生的学习动机。
8. 简述《中小学心理健康教育指导纲要（2012 年修订）》提出的学校开展心理健康教育的途径。

### 三、论述题

1. 依据以下资料说说一名合格的教师应该具备什么样的专业素养。★★★★

2014年9月10日，依兰县高级中学高二年级17班的学生没有给科任老师赠送礼物，班主任对此极为不满，上课时公然向学生索要教师节礼物，对学生进行辱骂。随后班长组织同学集资花费296元，购买了六箱牛奶，分别送给冯群超等6名授课老师。

2. 请论述教育对人的发展起什么作用，为什么？★★★★

# 2016年西北师范大学333教育综合真题

**一、名词解释**

　　1. 素丝说　　　　　2. 班级授课制　　　　3. 最近发展区　　　　4. 自我效能感
　　5. 快乐之家　　　　6. 六等黜陟法　　　　7. 义务教育　　　　　8. 公学

**二、简答题**

　　1. 简述洛克的体育教育思想。
　　2. 简述斯宾塞的科学教育思想。
　　3. 简述1922年"新学制"的特点。
　　4. 简述资源管理策略。
　　5. 简述现代教育的发展趋势。
　　6. 简述"熙宁兴学"。
　　7. 简述影响知识理解的因素。

**三、论述题**

　　1. 论述中小学班主任工作的主要内容及班集体建设。
　　2. 为什么要坚持教师的主导作用和学生的积极性相结合？★★★★

# 2017年西北师范大学333教育综合真题

**一、名词解释**

　　1. 教育目的　　　2. 公学　　　3. 分支型学制　　　4. 要素教育　　　5. 罗森塔尔效应

**二、简答题**

　　1. 简述教师劳动的特点。
　　2. 简述德育的途径。
　　3. 简述晏阳初的农村教育实验。
　　4. 简述国民政府时期的教育方针。
　　5. 简述教育对人的主导作用。
　　6. 简述促进知识迁移的措施。
　　7. 简述学习动机和学习效率的关系。

**三、论述题**

　　1. 材料大意：印度虽然有许多劳动力，但没有解决吃饭问题，然而印度有很多高等学校，并且极为重视教育。
　　（1）论述教育对经济的影响。
　　（2）论述经济对教育的影响。
　　2. 比较斯巴达教育和雅典教育的特点。★★★

# 2018年西北师范大学 333 教育综合真题

**一、名词解释**

1. 综合实践活动　　2. 学校教育制度　　3. 学校德育　　4. 五段教学法
5. 普雷马克原理　　6. 稷下学宫

**二、简答题**

1. 简述影响知识理解的因素。
2. 简述学科课程与活动课程的关系。★★★
3. 简述王阳明的"致良知"及其意义。
4. 简述支架式教学与最近发展区的关系。★★★
5. 简述乌申斯基的民族性教育及对中国的意义。★★★

**三、论述题**

材料：王老师是一名班主任，平时对学生十分严格，不许学生乱扔垃圾。但自己时不时就在课堂上说脏话，烟头也随手扔到讲桌底下。他经常教育学生要改掉那些坏习惯，可是学生一点也没有改变，王老师很无奈。

（1）结合材料分析王老师所教的班级为什么会出现这种现象。试分析其原因。★★★
（2）作为班主任，如何才能达到好的教育效果？★★★

# 2019年西北师范大学 333 教育综合真题

**一、名词解释**

1. 终身教育　　2. 教学策略　　3. "三舍法"　　4. 八股文
5. 乌托邦　　6. 客体永恒性　　7. 学习迁移

**二、简答题**

1. 教育的独立性主要体现在哪些方面？
2. 简述教育的启发性原则及其要求。
3. 简述教学过程中常见的教学评价种类。
4. 简述裴斯泰洛齐的要素教育思想。
5. 简述卢梭的自然主义教育思想。
6. 动机归因的方式有哪些？教师如何教育学生进行正确归因？
7. 简述奥苏伯尔的有意义学习及其条件。
8. 简述稷下学宫的性质与影响。

**三、论述题**

1. 试述教学过程中掌握知识与发展智力的关系。
2. 试述王守仁的儿童教育思想的内容及其意义。

# 2020年西北师范大学 333 教育综合真题

**一、名词解释**

1. 终身教育　　2.《巴特勒教育法》　　3. "三纲领八条目"　　4. 程序性知识
5. 校本培训　　6. 发现学习　　7. 长善救失原则　　8. 深造自得

## 二、简答题

1. 简述《国防教育法》。

2. 简述前运算阶段儿童思维发展的特点。

3. 简述韩愈《师说》中的教育思想。

4. 杜威的"教育即生长"与斯宾塞的"教育是为未来生活做准备"存在不同，你认为哪个正确？你认为教育与生活的关系是怎样的？★★★★★

5. 简述教学过程的性质。

6. 简述自我效能感及其影响因素。

7. 简述《学记》的教育教学原则。

## 三、材料分析题

材料大意：有个学生叫包梦辰，有段时间她家里出事了，所以上课也不认真，老是睡觉，整天迷迷糊糊的。老师就当着全班学生的面嘲笑她，说："上课天天睡觉，怪不得你叫梦辰呢！"

（1）材料中老师的做法对吗？你认为应该怎么做？★★★

（2）在教育教学过程中，教师应该怎样和学生交往？★★★

## 四、论述题

述评赫尔巴特的教育思想。★★★★★

# 2021年西北师范大学333教育综合真题

## 一、名词解释

1. 分支型学制　　2. 德育过程　　3.《国防教育法》　　4. 图式

5. 贝尔－兰卡斯特制　　6. 心智技能

## 二、简答题

1. 简述赫尔巴特的教学阶段论。

2. 简述朱熹的读书法并对其进行评价。★★★

3. 简述裴斯泰洛齐的要素主义。

4. 简述教学的基本原则。

## 三、论述题

1. 中小学常见的教学方法有哪些？谈谈网络对教学方法改革的影响。★★★

2. 论述班主任工作的内容，以及如何进行创新管理。★★★

3. 论述1922年"新学制"的特点并对其进行评价。★★★★

4. 论述建构主义的基本观点及其对教育实践的意义。★★★★★

# 2022年西北师范大学333教育综合真题

## 一、名词解释

1. 教育中介系统　　2. 教育的质的规定性　　3. 学园　　4.《莫雷尔法案》

5. 认知内驱力　　6. 学习策略

## 二、简答题

1. 简述教学过程中应当处理好的关系。

2. 简述中世纪大学在教育史上的地位及影响。

3. 简述凯兴斯泰纳的劳作学校理论及影响。

4.简述隋唐学校教育制度的特点。

**三、论述题**

1.论述班杜拉的观察学习理论及影响。
2.论述王守仁的儿童教育思想。
3.论述教育应当具备的素养及如何培养。
4.有人认为当代年轻一代是垮掉的一代，有人认为当代年轻一代有担当，请结合教育学知识评述。★★★★

# 天津师范大学

## 2010 年天津师范大学 333 教育综合真题

**一、名词解释**

1.教育目的　　　　2.课程　　　　　　3.守恒　　　　　4.成就动机
5.苏格拉底方法　　6.《1988 年教育改革法》

**二、简答题**

1.简述人的身心发展的一般规律。
2.简述人文主义教育的特征。
3.简述美国公立学校运动的主要内容。
4.简述宋朝历史上三次著名的兴学运动。

**三、论述题**

1.试论述掌握知识与发展智力的关系。
2.联系实际分析学校管理的发展趋势。★★★
3.分析论述蔡元培的大学教育思想和对北大的改革。★★★★★
4.举例说明加里培林的智慧技能按阶段形成的理论。★★★★

## 2011 年天津师范大学 333 教育综合真题

**一、名词解释**

1.教育制度　　　　2.教学策略　　　　3.校本课程　　　4."六艺"
5.中体西用　　　　6.自我效能感

**二、简答题**

1.简述教学过程中应处理好的教学关系。
2.简述我国教育目的的基本教育精神。
3.简述我国 20 世纪 20 年代新文化运动时期的教育思潮。
4.简述欧洲文艺复兴人文主义教育的基本特征。

**三、论述题**

1.论述教师劳动的特点。
2.论述孔子的道德修养思想及其现实意义。★★★★★

3. 论述终身教育思潮以及影响。
4. 如何培养学生的学习动机?

# 2012 年天津师范大学 333 教育综合真题

**一、名词解释**

1. 范例教学模式　　　2. 因材施教原则　　　3. 自我效能感　　　4. 学习策略
5. 科举制度　　　6. 苏格拉底

**二、简答题**

1. 浅析课程实施的概念及其运行结构。
2. 简述陶行知的"生活教育"思想。
3. 简述赫尔巴特的教学阶段论。
4. 简述杜威教学方法的五个阶段。

**三、论述题**

1. 如何看待普通中小学的性质与任务? ★★★
2. 如何理解教师专业发展的内涵及发展途径?
3. 说明班杜拉的观察学习过程及其对教学工作的启示。★★★★
4. 论述蔡元培"五育"并举的教育方针。

# 2013 年天津师范大学 333 教育综合真题

**一、名词解释**

1. 教学模式　　　2. 课程标准　　　3. 元认知策略　　　4. 技能
5. 《学记》　　　6. 教育性教学原则

**二、简答题**

1. 简述教育与文化的关系。
2. 简述建立良好师生关系的途径与方法。
3. 简述书院教育的特点。
4. 简述美国"八年研究"主要涉及的问题。

**三、论述题**

1. 如何看待班级授课制? ★★★★
2. 论述陈鹤琴"活教育"思想体系。
3. 评述结构主义教育及其影响。★★★★
4. 如何提高学生解决问题的能力?

# 2014 年天津师范大学 333 教育综合真题

**一、名词解释**

1. 京师同文馆　　　2. 朱子读书法　　　3. 道尔顿制　　　4. 教育心理学化
5. 最近发展区　　　6. 成功智力理论

**二、简答题**

  1. 简述教育与政治制度的关系。

  2. 简述课程内容的设计。

  3. 简述掌握知识和发展智力的关系。

  4. 简述德育的途径与方法。

**三、论述题**

  1. 论述教师应具备的基本素养。

  2. 论述陶行知"生活教育"的理论体系。

  3. 评述赫尔巴特的课程理论。★★★★★

  4. 论述学习动机的培养与激发。

# 2015 年天津师范大学 333 教育综合真题

**一、名词解释**

  1.《颜氏家训》  2. 绅士教育  3. 学习策略  4. 有意义学习

  5. 学校教育制度  6. 德育过程

**二、简答题**

  1. 简述孔子的教学思想。

  2. 简述泰勒的课程原理理论。

  3. 简述教学过程的实质。

  4. 简述教师的权利和义务。

**三、论述题**

  1. 论述蔡元培的教育思想与实践。

  2. 论述环境、教育、遗传素质在人的身心发展中的作用。

  3. 论述创造性及其培养措施。

  4. 论述杜威关于教育本质的教育理论。

# 2016 年天津师范大学 333 教育综合真题

**一、名词解释**

  1. 互联网＋教育  2. 恩物  3. 昆西教学法  4. 孔子的"六经"

  5. 课程设计  6. 苏湖教学法

**二、简答题**

  1. 简述认知发展与教学的辩证关系。★★★

  2. 简述德育过程的特点。

  3. 简述卢梭的自然教育理论。

  4. 简述教学的基本环节。

  5. 简述教师劳动的特点。

**三、论述题**

  1. 论述教育的社会变迁功能。

  2. 论述促进知识应用与迁移的措施。

  3. 比较杜威和陶行知的教育思想理论。★★★★★

## 2017年天津师范大学333教育综合真题

### 一、名词解释

1. 学校教育      2. 产婆术      3. 活动课程      4. 程序教学

5. 稷下学宫      6. 观察学习

### 二、简答题

1. 简述"三纲领八条目"。
2. 简述德育的基本原则。
3. 简述杜威的五步教学法。
4. 简述文艺复兴时期人文主义教育的特征。

### 三、论述题

1. 论述赞科夫的发展性教学原则。
2. 如何提高学生的问题解决能力？
3. 论述教师的角色冲突及解决方法。★★★★
4. 教育应如何适应个体的身心发展规律？★★★

## 2018年天津师范大学333教育综合真题

### 一、名词解释

1. 课程标准      2. 德育原则      3. 结构主义教育      4. 学习策略

5. 多元智能理论      6. 创造性      7. 智力多因素论

### 二、简答题

1. 简述教育的生态功能。
2. 简述我国教育目的的基本精神。
3. 简述王守仁的儿童教育思想。
4. 简述新时代教师的基本素养。

### 三、论述题

1. 论述选择教育方法的依据。★★★
2. 论述孔子的教育内容和教学方法。
3. 论述赫尔巴特的教育思想。
4. 论述皮亚杰的认知发展阶段理论及其对教育的启示。★★★★

## 2019年天津师范大学333教育综合真题

### 一、名词解释

1. 课程      2. 教育目的      3. 产婆术      4. 心智技能

5. 循序渐进原则      6. 学习动机

### 二、简答题

1. 简述教学方法选择的依据。
2. 简述科尔伯格的道德理论。
3. 简述中小学德育的培养途径。

4. 简述《学记》中的教育教学原则。

### 三、论述题

1. 论述教师的职业道德素养。
2. 论述建构主义学习理论。
3. 论述杜威的教育本质论与教育目的论。
4. 论述个体能动性在人身心发展中的作用。

## 2020 年天津师范大学 333 教育综合真题

### 一、名词解释 （当年未考名词解释）

### 二、简答题

1. 简述教育的质的规定性。
2. 简述班主任的基本素养。
3. 简述裴斯泰洛齐的教育心理学化。
4. 简述蒙学教材的分类及特点。
5. 简述创造性的含义及培养。

### 三、论述题

1. 分析论述学生学习知识的两种方式。★★★
2. 论述德育的过程。
3. 论述苏霍姆林斯基的教育理论。
4. 论述陶行知的生活教育理论。
5. 论述应如何激发和培养学生的学习动机。

## 2021 年天津师范大学 333 教育综合真题

### 一、名词解释

1. 教学评价　　　　2. 苏格拉底方法　　　　3. 教育目的　　　　4. 最近发展区
5. 元认知　　　　　6. 朱子读书法

### 二、简答题

1. 简述教学过程中应当处理好的几种关系。
2. 简述德育的途径和方法。
3. 简述教育的经济功能和政治功能。
4. 简述蔡元培的教育实践和教育思想。

### 三、论述题

1. 论述教师的素养。
2. 论述布鲁纳的认知—发现说。
3. 论述赫尔巴特的道德教育理论。
4. 论述书院的产生与发展及其特点。

## 2022 年天津师范大学 333 教育综合真题

**一、名词解释**

1. 骑士教育　　　　2. 形成性评价　　　　3. 社会性发展　　　　4. 教育的相对独立性
5. 设计教学法　　　6. 先行组织者

**二、简答题**

1. 简述培养班集体的方法。
2. 简述梁启超的教育思想。
3. 简述操作技能的训练要求。
4. 简述人格发展的一般规律。

**三、论述题**

1. 论述孔子的道德教育思想。
2. 论述结构主义教育思想。
3. 教师在教学过程中应如何认识和处理掌握知识与发展智力的关系？★★★
4. 结合实例，论述德育原则中的说服法。★★★

# 曲阜师范大学

## 2010 年曲阜师范大学 333 教育综合真题

**一、简答题**

1. 为什么说学校教育在人的身心发展中起主导作用？
2. 简述文化对教育的影响和制约作用。
3. 简述教师专业化的内涵。
4. 1958 年美国《国防教育法》的基本内容和意义是什么？
5. 简述裴斯泰洛齐的要素教育论。

**二、论述题**

1. 试论述教育的优先发展战略。★★★★
2. 评述陶行知的"生活教育"理论。★★★★★
3. 有人说："现在是建构主义学习时代了，结构主义学习理论落后了。"试评析此观点。★★★★

## 2011 年曲阜师范大学 333 教育综合真题

**一、名词解释**

1. 教育　　　　　2. 教育目的　　　　3. 学校教育制度　　　　4. 监生历事制度
5. 设计教学法　　6. 学习策略

## 二、简答题

1. 影响人发展的基本因素是什么?
2. 简述教师劳动的特点。
3. 简述苏格拉底方法。
4. 简述建构主义的理论取向。

## 三、论述题

1. 论述世界各国课程改革发展的趋势。
2. 论述科举制的历史影响。
3. 论述结构主义教育思想的主要内容。
4. 结合实际,谈谈学生创造性的培养措施有哪些。★★★

# 2012 年曲阜师范大学 333 教育综合真题

### 论述题

1. 试述教育与文化的关系。
2. 试述教育研究中定量研究与定性研究的特点。
3. 试述全纳教育的观念与主要议题。★★★★
4. 论述要素主义的核心内容及其在当代的意义。★★★★

# 2013 年曲阜师范大学 333 教育综合真题

## 一、名词解释

1. 教育制度　　　2. 说服教育　　　3. 元认知　　　4. 学习策略　　　5. 学科课程

## 二、简答题

1. 简述马克思主义全面发展教育的主要内容。
2. 简述创造性的基本结构。
3. 简述赫尔巴特的教学阶段理论。
4. 简述人本主义的教学意义。

## 三、论述题

1. 论述孔子的教学方法及其现代意义。★★★★★
2. 论述班级授课制。
3. 论述杜威实用主义教育思想的主要内容。

# 2014 年曲阜师范大学 333 教育综合真题

## 一、名词解释

1. 教育　　　2. 课程　　　3. "四书五经"　　　4. 1922 年"新学制"
5. 学习动机　　　6. 学习策略

## 二、简答题

1. 教师的素养有哪些?
2. 简述学校心理健康教育的基本途径。

3. 简述福禄培尔的教育思想的主要内容。
4. 简述建构主义学习理论的主要内容。

### 三、论述题

1. 论述教育对人的发展的重要作用。
2. 论述教学过程的性质。
3. 论述孟子的教育思想。
4. 论述夸美纽斯的教育思想。

# 2015 年曲阜师范大学 333 教育综合真题

### 一、名词解释

1. 教育目的　　2. 教学方法　　3. 学习动机　　4. 学习策略
5. 知识　　　　6. 技能

### 二、简答题

1. 简述教育学的研究对象和研究任务。
2. 简述福禄培尔的教育思想的主要内容。
3. 影响问题解决的因素有哪些?
4. 简述蔡元培的教育思想的主要内容。

### 三、论述题

1. 论述教育对人的发展的重大作用。
2. 论述教师劳动的特点。
3. 论述孔子的教育思想。
4. 论述夸美纽斯的教育思想。

# 2016 年曲阜师范大学 333 教育综合真题

### 一、名词解释

1. 教育目的　　2. 教育制度　　3. 自我效能感　　4. 短时记忆
5. 书院　　　　6. 自然后果法

### 二、简答题

1. 简述教育的相对独立性。
2. 简述奥苏伯尔有意义学习的实质和条件。
3. 简述皮亚杰认知发展的实质及阶段。
4. 简述孔子"性相近，习相远"的教育思想。

### 三、论述题

1. 论述人的未完成性与教育的关系。★★★
2. 论述教师的基本素养。
3. 论述 1922 年"新学制"的特点并进行评价。★★★★
4. 评述赫尔巴特的教育性教学原则。★★★★★

# 2017 年曲阜师范大学 333 教育综合真题

**一、名词解释**

1. 个体发展　　　2. 学校教育制度　　　3. 元认知　　　4. 道尔顿制
5. 学习　　　　　6. 赫尔巴特的教育性教学原则

**二、简答题**

1. 简述孔子"有教无类"的主张。
2. 简述杜威的教育本质思想。
3. 简述心理健康的标准。
4. 简述教学中应该处理的几对关系。

**三、论述题**

1. 现代教师应具备怎样的专业素养?
2. 影响我国课程改革的主要因素有哪些?
3. 评述陶行知的生活教育理论。★★★★★
4. 论述教育中应如何培养学生的问题解决能力。

# 2018 年曲阜师范大学 333 教育综合真题

**一、名词解释**

1. 教育　　2. 品德　　3. 教学　　4. 学习动机　　5. 学习策略　　6. 学习

**二、简答题**

1. 简述夸美纽斯的教育思想。
2. 简述影响问题解决的因素。
3. 简述蔡元培的教育思想和教育实践。
4. 简述教师劳动的特点。

**三、论述题**

1. 试述德育过程的规律。
2. 试述教育对人的作用。
3. 试述孔子的教育思想。
4. 试述杜威的教育思想。

# 2019 年曲阜师范大学 333 教育综合真题

**一、名词解释**

1. 地方课程　　　2. 苏格拉底法　　　3. 先行组织者　　　4. 精细加工策略
5. 设计教学法　　6. 教学评价

**二、简答题**

1. 简述癸卯学制的内容及意义。
2. 简述环境对人的发展的作用。
3. 简述个人本位教育目的论。
4. 简述中小学德育的途径。

**三、论述题**

1. 论述教师的责任与义务。
2. 评析卢梭的教育思想。★★★★★
3. 评析《学记》的教育管理教育原则。★★★★★
4. 论述皮亚杰的认知发展阶段理论。

# 2020 年曲阜师范大学 333 教育综合真题

**一、名词解释**

1. 陶冶法          2. 活教育          3. 白板说

**二、简答题**

1. 简述马克思关于人的全面发展学说。
2. 简述影响学习动机的因素。
3. 简述教师的基本素养。
4. 简述我国现代教育制度的发展趋势。

**三、论述题**

1. 论述赫尔巴特的教学阶段论。
2. 论述朱子读书法的内容和对现代的意义。★★★
3. 论述攻击行为产生的原因和解决办法。

# 2021 年曲阜师范大学 333 教育综合真题

**一、名词解释**

1. 学制          2. 骑士教育          3. 课程方案          4. 白板说
5. 最近发展区          6. 操作技能

**二、简答题**

1. 简述实验教育学的观点。
2. 简述个体活动在人的发展中的作用。
3. 简述陈鹤琴的"活教育"思想。
4. 简述马克思主义关于人的全面发展学说。

**三、论述题**

1. 述评结构主义教育思想。★★★★★
2. 试述王守仁的教育思想。
3. 论述学习动机的影响因素及培养措施。
4. 论述教师的素质。

# 2022 年曲阜师范大学 333 教育综合真题

**一、名词解释**

1. 走班制          2. 布卢姆的教育目标分类学          3. 生活教育

4. 绅士教育          5. 功能固着          6. 概念同化

## 二、简答题

1. 简述人的发展规律。
2. 简述班主任工作的主要内容。
3. 简述孔子的教育思想。
4. 简述永恒主义教育。

## 三、论述题

1. 试述学校教育传承的科学文化知识对人的影响。
2. 试比较荀子和孟子的教育思想。★★★★★
3. 试述文艺复兴时期人文主义教育的特征。
4. 试述班杜拉自我效能感的主要内容。

# 辽宁师范大学

# 2010 年辽宁师范大学 333 教育综合真题

## 一、名词解释

1. 课程标准          2. 班级授课制          3. 苏格拉底法          4. 导生制
5. 创造性          6. 图式

## 二、简答题

1. 什么是教育目的？我国教育目的的基本精神是什么？
2. 简述《学记》关于教育教学原则的思想。
3. 简述培养和激发学习动机的措施。
4. 如何矫正品德不良的学生？

## 三、论述题

1. 举例说明学生的身心发展规律有哪些。教育应怎样适应？★★★
2. 评论蔡元培的大学教育思想和对北京大学的改革。★★★★★
3. 苏霍姆林斯基在《给教师建议》中说："我深信只有能够激发学生进行自我教育的教育才是真正的教育。"这段话体现了德育过程的哪一规律？并进行分析。★★★★
4. "我认为我们由于给儿童太突然地提供了许多与这种社会生活无关的专门科目，如读、写和地理等，而违背了儿童的天性，并且使最好的伦理效果变得难以实现了，因此学校科目相互联系的真正中心，不是科学，不是文学，不是历史，不是地理，而是儿童本身的社会活动。"
这是《学校与社会·明日之学校》中的话，试以这段话为例评述杜威的课程与教学思想。★★★★★

# 2011 年辽宁师范大学 333 教育综合真题

## 一、名词解释

1. 价值澄清法          2. 多元文化教育          3. 有教无类          4. 癸卯学制

5.《国防教育法》    6. 教育性教学

## 二、简答题

1. 什么是个性？教育促进人的个性发展主要表现在哪些方面？★★★
2. 简述朱子读书法。
3. 简述陶行知"生活教育理论"的基本内涵，并分析其历史价值和现实意义。★★★★★
4. 影响问题解决的因素有哪些？如何培养学生解决问题的能力？

## 三、论述题

1. 现代教育有哪些基本特征？在这些特征中，你能看出当前中国教育有哪些亟待改革和发展的方面？试提出解决的对策。★★★
2. 什么是教学评价？教学评价有哪些类型？分析我国目前教学评价中存在的问题。★★★★
3. 法国教育家卢梭曾写道："问题不在于教他各种学问，而在于培养他有爱好学问的兴趣，而且在这种兴趣充分成长起来的时候，教他以研究学问的方法，毫无疑问，这是一切良好的教育的一个基本原则。"
请结合这段话评述卢梭的自然教育理论，并谈谈对目前教育改革的启示。★★★★★
4. 人们通常不会把学生在写字时能熟练控制自己的手部运动，称为动作技能的学习。
（1）请你对何时才会出现动作技能的学习做出确认。
（2）就动作技能获得的阶段及其影响因素逐一做描述。

# 2012 年辽宁师范大学 333 教育综合真题

## 一、名词解释

1. 学校教育制度    2. 启发性原则    3. 壬戌学制    4. 苏湖教法
5. 发现学习    6. 学习策略

## 二、简答题

1. 简述教育的社会功能。
2. 简述教学模式的基本特点。
3. 简述我国基础教育课程改革的六大具体目标。
4. 简述斯宾塞的课程论思想。

## 三、论述题

1. 论述德育过程的基本规律。
2. 论述孔子的道德教育思想观点，并列出反映其思想的四条至理名言。★★★★★
3. 阐述夸美纽斯教育思想体系的构成，并分析其历史贡献。★★★★★
4. 论述建构主义的知识观、教学观、学生观，并谈谈对教育的影响。★★★★★

# 2013 年辽宁师范大学 333 教育综合真题

## 一、名词解释

1. 教育制度    2. 教学评价    3. 贝尔－兰卡斯特制    4. 白板说
5. 学习动机    6. 元认知策略

## 二、简答题

1. 现代教育有哪些基本特征？
2. 简述隋唐时期科举制对社会和教育发展的影响。
3. 何谓创造力？其培养模式有哪些？

4. 简述自我效能感理论。

### 三、论述题

1. 论述德育过程的知、情、意、行统一规律。
2. 评述陶行知生活教育理论的基本内容及现实启示。★★★★★
3. 论述杜威的教育思想及现实意义。★★★★★
4. 就以下案例谈谈你对教师教学观与学生观的看法。★★★★

案例 1：一位老师下课后很沮丧地对办公室的老师说："这些学生真是没法教了，我反复讲了几遍就是不会，笨死了。"

案例 2：一位刚入学的小学生，每天放学回家都高兴地跟妈妈说："我今天上课又发言了。"妈妈担心地说："你不怕说错吗？""不怕，老师说了，教室就是出错的地方。"

# 2014 年辽宁师范大学 333 教育综合真题

### 一、名词解释

1. 课程标准　　　2. 学校管理人性化　　　3. 稷下学宫　　　4.《学记》
5.《莫雷尔法案》

### 二、简答题

1. 简述孔子的"有教无类"及其现实意义。★★★★★
2. 简述北宋的三次兴学。
3. 简述建构主义学习理论。
4. 简述严格要求与尊重学生相结合的原则。

### 三、论述题

1. 有的教师没有学过教育学，却培养了一代又一代的学生。孔子没有学过教育学，却为万世师表。用教育学原理分析以上观点。★★★★
2. 论述重视发展智力的重要性以及掌握知识与发展智力的关系。
3. 论述卢梭自然教育理论及其现实意义。★★★★★
4. 有的学生努力学习却往往事倍功半，用教育心理学分析此观点。★★★

# 2015 年辽宁师范大学 333 教育综合真题

### 一、名词解释

1. 教育的社会流动功能　　2. 教育制度　　　3. 课程设计　　　4. 学校德育
5. 自我效能感　　　6. 最近发展区

### 二、简答题

1. 简述教学评价的原则和方法。
2. 简述教师职业常见的角色冲突及其解决方法。
3. 简述夸美纽斯关于班级授课制的设想。
4. 简述晏阳初的"四大教育"和"三大方式"。

### 三、论述题

1. 论述现代学校管理的发展趋势。
2. 论述朱子读书法及其现实意义。★★★
3. 论述创造性人格特质及创造性的培养措施。

## 2016 年辽宁师范大学 333 教育综合真题

**一、名词解释**

1. 教育制度
2. 学校管理
3. 最近发展区
4. 发现学习
5. 朱子读书法
6. 癸卯学制

**二、简答题**

1. 简述科学性与思想性统一的选择。
2. 简述学习动机的强化理论。
3. 简述赫尔巴特的教育性教学原则。
4. 简述问题解决能力的培养。

**三、论述题**

1. 论述孔子的教育思想。
2. 结合实例谈谈教师劳动的价值。★★★
3. "出自造物主之手的东西，都是好的，而一到了人的手里，就全变坏了。"
   评述卢梭的自然教育理论，谈谈对现代教育改革趋势的影响。★★★★★
4. 论述德育过程是提高自我教育能力的过程。★★★★

## 2017 年辽宁师范大学 333 教育综合真题

**一、名词解释**

1. 课程设计
2. 最近发展区
3. 学校管理
4. 教学评价
5. 教育制度
6. 社会规范内化

**二、简答题**

1. 简述中世纪大学的特点。
2. 简述清末新政中的教育措施。
3. 简述活动课程的特点。
4. 简述学校德育的基本原则。

**三、论述题**

1. 论述书院的特点及现实意义。★★★★
2. 论述卢梭的自然教育思想及影响。
3. 论述影响问题解决的因素和培养方法。
4. 论述教育的社会流动功能及对人的影响。

## 2018 年辽宁师范大学 333 教育综合真题

**一、名词解释**

1. 学校管理体制
2. 相对性评价
3. 昆西教学法
4.《莫雷尔法案》
5. 创造性思维
6. 资源管理策略

**二、简答题**

1. 简述教育的社会流动功能和现实意义。★★★
2. 简述教育目的的结构层次。

3. 简述自我教育能力的内容和作用。

4. 请简述唐代的学校管理制度。

## 三、论述题

1. 请论述教育对人的重大作用。

2. 述评杨贤江的马克思主义教育理论。★★★

3. 论述昆体良的教育思想。

4. 根据中外学者的研究阐述人的品德发展的实质。★★★

# 2019 年辽宁师范大学 333 教育综合真题

## 一、名词解释

| 1. 教育目的 | 2. 课程标准 | 3. 学校管理 | 4. 教学评价 |

5. 发现学习    6. 创造性思维

## 二、简答题

1. 简述教育的政治功能。

2. 简述直接经验和间接经验的关系。

3. 简述朱子读书法。

4. 简述卢梭的自然教育思想。

## 三、论述题

1. 论述德育为什么能够培养学生的知、情、意、行。★★★

2. 论述陶行知的生活理论教育的基本内涵，并分析其历史价值和现实意义。★★★★

3. 论述夸美纽斯的教育思想体系，并分析其历史贡献。★★★★

4. 谈一谈建构主义的知识观、学习观、学生观，并分析其对教育的影响。★★★★

# 2020 年辽宁师范大学 333 教育综合真题

## 一、名词解释

| 1. 课程设计 | 2. 学校管理体制 | 3. 相对性评价 | 4. 启发性原则 |

5. 角色扮演法    6. 学习策略

## 二、简答题

1. 简述学生品德不良行为的矫正。

2. 如何培养问题解决能力？

3. 简述杜威的教育思维和教学理论。

4. 简述孔子的教学原则及影响。

## 三、论述题

1. 结合实际论述学校德育如何促进学生知、情、意、行的发展。★★★

2. 试论述 1922 年"新学制"的产生背景、内容及对现代教育的影响。★★★

3. 什么是人的发展？有什么规律？教育对人的发展有什么作用？

4. 论述赫尔巴特的教学理论及对当代教育的影响。★★★★

# 2021年辽宁师范大学 333 教育综合真题

**一、名词解释**

1. 课程方案　　　　　2. 稷下学宫　　　　　3.《巴尔福法案》　　　　　4. 中世纪大学
5. 教师劳动的创造性　　6. 科学教育思潮

**二、简答题**

1. 简述韩愈的教师观。
2. 简述人格发展的一般规律。
3. 简述教育的经济功能。
4. 简述蔡元培"五育"并举的教育思想。

**三、论述题**

1. 结合实际说说德育原则。★★★★
2. 论述学生学习的特点，并说说考取研究生之后应怎样学习。★★★
3. 阅读下面一段材料，说明其反映的思想和启示。（原材料无法复原，凯程新整理了材料）★★★★★

"把教育看作为将来作预备，错误不在于强调为未来的需要作预备，而在于把预备将来作为现在努力的主要动力。为不断发展的生活作预备的需要是巨大的，因此，应该把全副精力一心用于使现在的经验尽量丰富，尽量有意义，这是绝对重要的。于是，随着现在于不知不觉中进入未来，未来也就被照顾到了。"

——杜威《民主主义与教育》

4. 课程内容设计应符合哪三对逻辑？

# 2022年辽宁师范大学 333 教育综合真题

**一、名词解释**

1. 教学评价　　　　　2. 课程方案　　　　　3. 美育　　　　　4. 班级授课制
5. 最近发展区　　　　6. 自我效能感

**二、简答题**

1. 简述教育的社会流动功能。
2. 简述教育目的的社会制约性。
3. 简述宋代书院教育的发展及其特点。
4. 简述文艺复兴时期人文主义教育的特征。

**三、论述题**

1. 基于对教师职业特点的理解，论述如何更好地促进教师的专业发展。
2. 试述科尔伯格的道德发展阶段理论和启示。★★★★
3. 试述陶行知生活教育思想体系的主要内容及其启示。★★★★★
4. 试述结构主义教育的主要特点及影响。

# 哈尔滨师范大学

## 2010 年哈尔滨师范大学 333 教育综合真题

**一、名词解释**

1. 教育目的　　　2. 义务教育　　　3. 教育制度　　　4. 学校管理
5. 课程目标　　　6. 新教育运动

**二、简答题**

1. 简述教育的功能。
2. 简述问题解决的过程。
3. 简要分析罗杰斯的学习理论。★★★★
4. 简述教师专业化的内涵。

**三、论述题**

1. 有人认为"近墨者黑",有人认为"近墨者未必黑"。请联系相关理论和个体实践谈谈你对这个问题的看法。★★★
2. 中国当前的教育不公平主要表现在哪几个方面?请你选择某一方面并分析其产生的原因,尝试提出解决的对策。★★★★
3. 试述陶行知"生活教育"理论的主要内容。
4. 试述评杜威的教育本质论。★★★★★

## 2011 年哈尔滨师范大学 333 教育综合真题

**一、名词解释**

1. 学校教育　　　2. 美育　　　3. 遗传素质　　　4. 因材施教
5. 课的结构　　　6. 实习作业法

**二、简答题**

1. 简述建构主义理论的基本观点。
2. 教师如何上好一堂课?★★★
3. 简述"百日维新"中教育改革的内容。
4. 简述智者派的教育实践与教育主张。

**三、论述题**

1. 试论述促进知识迁移的措施。
2. 结合实际谈谈德育在工作中如何实施严格要求与学生相结合的原则。★★★★
3. 论述《学记》中"豫、时、孙、摩"的教学原则。
4. 论述近代科学革命兴起的根源。

## 2012 年哈尔滨师范大学 333 教育综合真题

**一、名词解释**

1. 教育学　　　　2. 教学　　　　3. 课程　　　　4. 德育

5. 教育目的　　　6. 学校教育制度

**二、简答题**

1. 简述教学过程中应当处理好的几种关系。

2. 简述孔子的道德教育思想。

3. 简述古希腊教育的传播对古罗马教育的影响。★★★

4. 简述学习策略教学的条件。

**三、论述题**

1. 联系实际论述教育应如何适应年轻一代身心发展的客观规律。★★★

2. 试论卢梭的自然主义教育观。

3. 试述蔡元培的完全人格教育思想。

4. 试述皮亚杰的认知发展阶段理论及其对教学的启示。★★★★

## 2013 年哈尔滨师范大学 333 教育综合真题

**一、名词解释**

1. 教育　　　　　2. 教学方法　　　3. 陶冶　　　　4. 课程标准

5. 体育　　　　　6. 教学原则

**二、简答题**

1. 简述教师劳动的特点。

2. 简述《颜氏家训》的家庭教育思想。

3. 简述斯巴达的教育特点。

4. 简述创造性的影响因素和培养措施。

**三、论述题**

1. 举例论述榜样法。★★★

2. 论述黄炎培的职业教育思想。

3. 论述班杜拉的社会学习理论。

4. 论述斯宾塞的教育科学化。

## 2014 年哈尔滨师范大学 333 教育综合真题

**一、名词解释**

1. 狭义的教育　　2. 课程　　　　3. 德育　　　　4. 教科书

5. 教学手段　　　6. 讨论法

**二、简答题**

1. 简述学校教育对人的身心发展的作用。

2. 简述布鲁纳的发现学习理论。

3. 简述卢梭的自然主义教育。

4. 抗战时期国民政府"战时须作平时看"的政策说明了什么？★★★

### 三、论述题

1. 论述教师应具备的基本素养。
2. 论述皮亚杰的儿童认知发展理论。
3. 论述第斯多惠的教育观。
4. 论述张之洞"中学为体，西学为用"的教育思想及其对制定"癸卯学制"的影响。★★★

# 2015 年哈尔滨师范大学 333 教育综合真题

### 一、名词解释

1. 广义的教育　　　2. 课程　　　3. 智育　　　4. 班级授课制　　　5. 教学模式　　　6. 谈话法

### 二、简答题

1. 简述人的身心发展的重要特点及对教育的制约作用。
2. 简述学生学习的特点。
3. 简述学校产生的条件及东方古文明国家的学校类型及教学方法。
4. 简述稷下学宫在中国教育史上的影响。

### 三、论述题

1. 论述教育和各种社会现象的关系。★★★
2. 如何培养学生的创造性？
3. 论述苏格拉底的教学方法及对当代教育的启示。★★★★
4. 论述清末书院的改革。

# 2016 年哈尔滨师范大学 333 教育综合真题

### 一、名词解释

1. 广义的教育　　　2. 教育目的　　　3. 教师　　　4. 课程标准　　　5. 学生　　　6. 演示法

### 二、简答题

1. 简述班级授课制的主要特征。
2. 简述学习的复述策略。
3. 简述文艺复兴时期的人文主义特征。
4. 简述书院讲学、研究及组织结构特点。

### 三、论述题

1. 论述影响人的发展诸因素及其作用。
2. 阅读材料并结合实际论述如何进一步激发学生的学习动机。（材料缺失）★★★
3. 论述夸美纽斯的教育思想及对当今教育实践的作用。★★★★★
4. 论述蔡元培"思想自由，兼容并包"的大学办学思想及其实践。

# 2017 年哈尔滨师范大学 333 教育综合真题

### 一、名词解释

1. 教育学　　　2. 教育　　　3. 教育手段　　　4. 学校管理
5. 教学组织形式　　　6. 说服法

## 二、简答题

1. 简述柏拉图的教育思想。
2. 简述教学工作的基本环节。
3. 简述维果茨基的心理发展标志。
4. 简述《国防教育法》。

## 三、论述题

1. 论述问题解决的措施。
2. 论述孔子的教师观。
3. 论述荀子关于教师作用与地位的思想。
4. 用德育过程的规律分析我国德育的现状。★★★★

# 2018 年哈尔滨师范大学 333 教育综合真题

## 一、名词解释

1. 教育学　　　　2. 教育目的　　　　3. 学制　　　　4. 德育
5. 教师　　　　　6. 锻炼法

## 二、简答题

1. 简述德育途径。
2. 简述儿童友谊发展的阶段。
3. 简述进步主义教育运动的特征。
4. 简述宋代书院的特点。

## 三、论述题

1. 论述教育的社会制约性。
2. 材料大意：关于异分母分数加减法运算，一个老师总结了一个填空题，让学生通过填空来掌握运算方法，并且认为学会做这个填空题就能学会如何做这类运算。
结合程序性知识的获得和迁移理论进行分析。★★★★
3. 论述古罗马百科全书派教学活动的特点。
4. 论述唐代教育制度的特点。

# 2019 年哈尔滨师范大学 333 教育综合真题

## 一、名词解释

1. 教育学　　　　2. 课程　　　　3. 教育内容　　　　4. 班级授课制
5. 榜样法　　　　6. 教学方法

## 二、简答题

1. 简述古代教育的特点。
2. 简述皮亚杰的认知发展因素。
3. 简述德国的实科中学。
4. 简述稷下学宫的办学特点。

## 三、论述题

1. 论述教育的社会变迁功能及启示。★★★
2. 论述建构主义。

3. 论述马丁·路德的义务教育思潮。

4. 论述孔子教育内容的特点。

# 2020 年哈尔滨师范大学 333 教育综合真题

## 一、名词解释

1. 教育学　　　　　2. 课程　　　　　3. 德育　　　　　4. 班级授课制

5. 教学手段　　　　6. 陶冶法

## 二、简答题

1. 简述教师的素养。

2. 简述科尔伯格的道德发展阶段理论。

3. 简述昆体良的教育思想。

4. 简述陈鹤琴的教育目的论。

## 三、论述题

1. 结合中小学实际，论述启发性教学原则。★★★

2. 论述蔡元培的教育方针的内涵及影响。

3. 论述教育心理学化运动。

4. 论述加德纳的多元智力理论。

# 2021 年哈尔滨师范大学 333 教育综合真题

## 一、名词解释

1. 因材施教的德育原则　2. 教学方法　　　3. 活动课程　　　4. 受教育者

5. 京师同文馆　　　　　6. 先行组织者

## 二、简答题

1. 简述世界各国基础教育课程改革的趋势。

2. 简述《学记》中的教学原则。

3. 简述要素主义教育的主要观点。

4. 简述加涅的学习结果分类。

## 三、论述题

1. 试述马克思关于人的全面发展学说的现实意义。★★★★

2. 试述康有为《大同书》中的教育思想。

3. 试述东方文明古国的教育特点。

4. 试述审美化的教学设计。★★★

# 2022 年哈尔滨师范大学 333 教育综合真题

## 一、名词解释

1. 学校教育　　　　2. 谈话法　　　　3. 教学质量管理　　4. 课程设计

5. 教学原则　　　　6. 教育制度

**二、简答题**

1.简述影响个体身心发展规律的因素。
2.简述宋代书院的教学特点。
3.简述裴斯泰洛齐的教育心理学化的基本主张。
4.简述布鲁纳的结构教学理论。

**三、论述题**

1.论述教育的社会功能。
2.论述孔子的道德教育思想。
3.论述《巴特勒教育法》的基本内容。
4.论述学生创造性的影响因素和培养措施。

# 江苏师范大学

## 2010 年江苏师范大学 333 教育综合真题

**一、名词解释**

| 1.教育学 | 2.教学评价 | 3.有教无类 | 4.学在官府 |
| 5.骑士教育 | 6.加德纳的多元智能理论 | | |

**二、简答题**

1.简析班级授课制的优势与局限。
2.简析《学记》中的"道而弗牵，强而弗抑，开而弗达"的思想。
3.简述孔子学思结合的教育思想。
4.简述建构主义学习理论的基本观点。

**三、论述题**

1.怎样认识义务教育的先导性、全局性、基础性地位？★★★
2.分析间接经验与直接经验的关系。
3.试论杜威的教育本质观。
4.论述学生品德不良的成因及其矫正策略。

## 2011 年江苏师范大学 333 教育综合真题

**一、名词解释**

| 1.教育制度 | 2.教育策略 | 3.《学记》 | 4.中学为体，西学为用 |
| 5.苏格拉底教学法 | 6.洛克的绅士教育 | | |

**二、简答题**

1.简析教育是一种社会现象。★★★
2.简析荀况的教师观。

3. 简述科举考试制度对学校教育的影响。★★★★
4. 简述人本主义学习理论的基本观点。

## 三、论述题

1. 试论教学过程的性质。
2. 联系实际，分析教育影响的一致性和连贯性原则的意义及实施要求。★★★
3. 论述终身教育思想及其对当今学习型社会建设的意义。★★★★
4. 论述影响创造力发展的主要因素与开发培养策略设计。★★★★

# 2012 年江苏师范大学 333 教育综合真题

## 一、名词解释

| 1. 教育目的 | 2. 教学原则 | 3. 稷下学宫 | 4. 学而优则仕 |
| 5. 夸美纽斯 | 6. 美国的《国防教育法》 | | |

## 二、简答题

1. 简析教师劳动的特点。
2. 简析荀况的"闻见、知、行"的学习观。
3. 简述陶行知的生活教育思想。
4. 简述加涅的信息加工学习理论。

## 三、论述题

1. 试论教育与人的发展的关系。
2. 推进教育公平是《国家中长期教育改革与发展规划纲要（2010—2020 年）》提出的重大任务之一。谈谈你对教育公平的理解和实施策略的构想。★★★★
3. 试论卢梭的自然主义教育思想。
4. 试论影响问题解决的因素与问题解决能力的培养。

# 2013 年江苏师范大学 333 教育综合真题

## 一、名词解释

| 1. 德育原则 | 2. 学校管理 | 3. 性相近，习相远 | 4. 陶行知的"教学做合一" |
| 5. 认知策略 | 6. 社会建构主义 | | |

## 二、简答题

1. 简析综合实践活动课程的基本特征。
2. 简析王守仁的道德教育观。
3. 简析蔡元培的教育独立思想。
4. 简析斯宾塞的教育科学化思想。

## 三、论述题

1. 试论知识的价值。
2. 试述怎样才能有效发挥学校教育在个体发展中的作用。★★★
3. 试述 1957 年"人造卫星事件"与西方教育改革的关系。★★★
4. 分析导致中小学生品德不良的原因及其矫正策略。

## 2014 年江苏师范大学 333 教育综合真题

### 一、名词解释

1. 疏导原则　　2. 相对性评价　　3. 有教无类　　4. 陶行知的"教学做合一"
5. 最近发展区　　6. 流体智力

### 二、简答题

1. 简述苏格拉底的教育作用观。
2. 简述文艺复兴时期人文主义的"全人"理想。
3. 简述杜威的五步探究教学法。
4. 简析直接经验和间接经验的关系。

### 三、论述题

1. 论述个人本位论。
2.《国家中长期教育改革和发展规划纲要（2010—2020 年）》提出"教育家办学"。请运用教育学原理，阐述你对该政策的理解。★★★★
3. 试述问题解决的基本过程。
4. 论述科举考试制度对学校教育的影响。★★★★

## 2015 年江苏师范大学 333 教育综合真题

### 一、名词解释

1. 启发性原则　　2. 人的发展的整体性　　3. 素丝说　　4. 实验教育学
5. 夸美纽斯　　6. 同化

### 二、简答题

1. 简述洋务学堂。
2. 简述朱子读书法及其意义。
3. 简述泰勒原理。
4. 简述皮亚杰的认知发展阶段论及其对教育的启示。★★★★

### 三、论述题

1. 分析论述我国中小学生课业负担过重的表现和原因。★★★★
2. 分析论述教师劳动的特点及其对教师素质的要求。
3. 论述杜威的教育本质论和教育目的论以及对我国的教育启示。★★★★★
4. 论述韦纳的成败归因理论以及教师如何对获得成功的学生进行归因。★★★

## 2016 年江苏师范大学 333 教育综合真题

### 一、名词解释

1. 课程计划　　2. 学校教育　　3. 最近发展区　　4. 元认知
5. 学校制度　　6. 学习动机

### 二、简答题

1. 简述布鲁纳的发现学习的步骤。
2. 简述遗传素质的含义及其在个体身心发展中的作用。

3.简述人文主义教育的特征。

4.简述科举制度的影响。

## 三、论述题

1.试述私学产生的原因及其对教育发展的贡献。★★★

2.论述杜威对教育本质的认识，并解析其儿童观。★★★★★

3.论述启发性教学原则及其在教学中运用的基本要求。★★★★

4.论述教学过程的特点。

# 2017 年江苏师范大学 333 教育综合真题

## 一、名词解释

1.教师劳动的复杂性　　2.教育目的的层次结构　　3.美德即知识　　4.自然后果律

5.心理过程　　6.观察学习

## 二、简答题

1.简述教育的政治功能。

2.简述与儒家相比较，墨家教育方法的特点有哪些？★★★★

3.简述终身教育思想。

4.简述需要层次理论。

## 三、论述题

1.结合事例，论述严格要求与尊重信任相结合的原则。★★★

2.论述多元智力理论及其现实启示。★★★★

3.论述孔子对教师素质的要求及其当代意义。★★★★★

4.论述我国基础课程改革对教学过程的要求。

# 2018 年江苏师范大学 333 教育综合真题

## 一、名词解释

1.探究教学　　2.陶冶　　3.有意义学习　　4.学习动机

5.六等黜陟法　　6.绅士教育

## 二、简答题

1.如何上好一堂课？★★★★

2.简述孔子"有教无类"的思想。

3.简述杜威的教育无目的论。

4.简述朱子读书法。

## 三、论述题

1.自古以来，对教师的角色有许多隐喻，如"教师是蜡烛，燃烧自己、照亮别人""教师是人类灵魂的工程师，塑造着学生的精神世界"等。请从"蜡烛论"和"工程师论"中任选一种教师角色的隐喻分析其蕴含的意义。★★★★

2.我国新基础教育课程改革中的"六大目标"是什么？如何在课堂中落实？★★★★

3.论述赫尔巴特的"教育性教学"在实际教育中的应用。★★★★★

4.怎样提高学生解决问题的能力？

## 2019 年江苏师范大学 333 教育综合真题

**一、名词解释**

1. 鸿都门学
2. 壬戌学制
3. 自然主义教育思想
4. 顿悟说
5. 文纳特卡制
6. 课程方案

**二、简答题**

1. 简述德育过程的疏导原则及其要求。
2. 简述陶行知的生活教育思想。
3. 简述自然主义教育思想。
4. 简述科尔伯格的道德认知理论。

**三、论述题**

1. 论述新时期教育的生态功能。
2. 我国古代著名教育家墨子认为"染于苍则苍，染于黄则黄，所入者变，其色亦变"。请指出这种思想所代表的教育观念，并进行评述。★★★★
3. 论述杜威的教育无目的论。
4. 论述课程和教学的辩证关系。★★★★

## 2020 年江苏师范大学 333 教育综合真题

**一、名词解释**

1. 教育的社会流动功能
2. 读书指导法
3. 小先生制
4. 致良知
5. 自我效能感
6. 社会规范学习

**二、简答题**

1. 简述个体能动性对个体发展的作用。
2. 简述书院教育的特点。
3. 简述陈鹤琴的"活教育"目的论。
4. 简述杜威的教育本质论。

**三、论述题**

1. 论述分科课程和综合课程的关系以及基础教育课程改革的趋势。★★★★
2. 有人说："教学有法，教无定法。"谈谈你的理解。★★★★
3. 论述清朝洋务运动和日本明治维新的实践指导思想和具体实施的差别。★★★
4. 材料大意：学生张海学习不好，老师了解到他自幼父母离异，一直跟着奶奶生活，基础薄弱，学习习惯不好，好高骛远，不做基础题，专挑附加题做，这样就有"不会做题"的借口而不做作业。
（1）用学习动机的理论分析材料。★★★
（2）如何培养学习动机?

## 2021 年江苏师范大学 333 教育综合真题

**一、名词解释**

1. 积分法
2. 元认知
3. 品德不良
4. 教学做合一
5. 螺旋式课程
6. 生计教育

**二、简答题**

1. 简述教育的社会流动性。

2. 简述布鲁纳的结构教学观。

3. 简述杜威的思维与教学方法。

4. 简述创造性心理。

### 三、论述题

1. 试述基础教育中新课改对教师提出的要求，结合你的感受谈一谈。★★★

2. 试述中小学教育中自我教育在德育中的地位和作用。★★★

3. 试比较梁漱溟与晏阳初的教育思想。★★★★

4. 论述期望—价值理论。

## 2022 年江苏师范大学 333 教育综合真题

### 一、名词解释

1. 长善救失原则　　2. 教育的相对独立性　　3. 山海工学团　　4. 学、问、思、辨、行

5. 发现学习　　6. 亲社会行为

### 二、简答题

1. 简述德育、智育、体育、美育、劳动教育的关系。

2. 简述颜元的"义利合一"。

3. 简述晏阳初的"四大教育"和"三大方式"。

4. 简述赫尔巴特的教育性教学思想。

### 三、论述题

1. 材料：家庭教育研究专家赵忠心在接受《中国教育报》采访时曾说："有一些家长，孩子上了大学，上了清华、北大、哈佛、牛津，就把功劳都记录在自己的功劳簿上。这不是实事求是的态度。单靠哪一个家长就能把孩子送入大学？别听他们说得头头是道的，哪个孩子考上大学，主要还不是靠各级学校、各位老师的辛苦和智慧！这种贪天功为己有的做法，真不知让人说什么好。我就不信哪个孩子不靠学校，只靠家长能考上大学！"

请用相关教育理论分析材料反映了什么问题。★★★

2. 材料大意：班上来了个插班生，连"7+1"都不会算，在老师一遍又一遍帮助下似乎学会了，但当遇到"8+1""9+1"的时候还是不会，老师越想越生气，不明白为什么。

试根据加涅的学习层次理论，就如何改善这位学生的数学学习情况给该老师提出建议，并思考此教学案例带来的启示。★★★

3. 试述"双减"政策背景下，如何通过课堂教学变革促进教育过程公平。★★★

4. 结合我国基础教育改革背景，论述杜威的教育观及其现实意义。★★★★

# 江西师范大学

## 2010 年江西师范大学 333 教育综合真题

### 一、名词解释

1. 教育目的　　2. 学校教育制度　　3. 课程标准　　4. 教学评价

5. 心理健康　　6. 创造力

二、**简答题**

1. 教师应当具备怎样的素养？
2. 如何认识教学过程中教师的主导作用与学生的主动性的关系？
3. 简述中国古代科举制度的影响。
4. 文艺复兴时期人文主义教育有哪些特征？

三、**论述题**

1. 结合实际论述班主任培养班集体的方法。★★★
2. 阐述陶行知的"生活教育"。★★★
3. 论述自然主义教育理论及其影响。★★
4. 论述问题解决能力的培养措施。★★★

## 2011年江西师范大学333教育综合真题

一、**名词解释**

| | | | |
|---|---|---|---|
| 1. 教育（狭义） | 2. 教育目的 | 3. 班级授课制 | 4. 教学 |
| 5. 京师同文馆 | 6. 昆体良 | | |

二、**简答题**

1. 教育学的产生与发展分为哪几个阶段？
2. 教师劳动有哪些特点？
3. 简述加德纳的多元智力理论。
4. 简述《学记》中的教育思想。

三、**论述题**

1. 论述影响人的发展的基本因素。
2. 论述陶行知的生活教育思想体系。★★★
3. 评述赫尔巴特的教育理论。★★★

## 2012年江西师范大学333教育综合真题

一、**名词解释**

| | | | |
|---|---|---|---|
| 1. 学校教育 | 2. 教育目的 | 3. 课程 | 4. 人的发展 |
| 5. 学习动机 | 6. 学习策略 | | |

二、**简答题**

1. 简述我国教育目的的精神。
2. 试比较社会本位论和个人本位论两种不同的教育价值取向。★★★★★
3. 简述陶行知"生活教育"的主要观点。
4. 简述斯宾塞的主要教育思想。

三、**论述题**

1. 运用"人的发展的基本影响因素"原理分析现实生活中的"坏学生"是如何被制造的。★★★★★
2. 结合教学实际，评述奥苏伯尔的"有意义接受说"。★★★
3. 评价杜威的教育观。★★★★
4. 论述孟轲和荀况的人性论和教育观，分别说明其对现实教育的影响。★★★★★

# 2013 年江西师范大学 333 教育综合真题

## 一、名词解释
1. 德育（广义）      2. 教学      3. 学科中心课程论      4. 元认知
5. 学制      6. 多元智能理论

## 二、简答题
1. 请说明教学过程中应处理好的几种关系。
2. 结合当前课程改革实际，谈谈课程实施的主要影响因素。
3. 简述蔡元培的教育思想与实践。
4. 试析柏拉图的教育思想。

## 三、论述题
1. 教育寓言分析：一只乌鸦口渴了，到处找水喝。乌鸦看见一个瓶子里有水，可是瓶子很高，瓶口又小，里面的水不多，它喝不到，怎么办呢？
假设你是乌鸦的老师，请你设想运用哪些教学方法可以让乌鸦喝到水。★★★★★
2. 结合当前中国的教育现实评析卢梭的自然教育观。★★★★★
3. 评述建构主义学习理论的基本观点。
4. 简要评述孔子的教育实践与教育思想。★★★

# 2014 年江西师范大学 333 教育综合真题

## 一、名词解释
1. 教学      2. 社会本位论      3. 潜在课程      4. 班级管理
5. 《学记》      6. 稷下学宫

## 二、简答题
1. 简述影响知识理解的因素。
2. 简述素质教育的含义。
3. 当代教师应具备什么样的职业道德素养？
4. 简述进步教育运动的发展过程。

## 三、论述题
1. 结合实际，阐明启发性教学原则的含义和贯彻要求。★★★
2. 评析陶行知的生活教育理论。★★★
3. 试述建构主义学习理论。
4. 论述蒙台梭利的幼儿教育思想及其对当前学前教育的指导意义。★★★★★

# 2015 年江西师范大学 333 教育综合真题

## 一、名词解释
1. 道尔顿制      2. 班级授课制      3. 活动课程      4. 学校教育制度
5. 朱子读书法      6. 教育目的

## 二、简答题
1. 简述陶行知的生活教育理论。
2. 简述教育行动研究的一般过程。

3. 如何培养学生的问题解决能力?
4. 简述德育过程的规律。
5. 联系实际谈谈你对教师专业技能和素养的认识。

### 三、论述题

1. 论述影响人发展的因素及对人的具体作用。
2. 论述学习动机的培养和激发。★★★
3. 论述杜威的教育思想。★★★

# 2016 年江西师范大学 333 教育综合真题

### 一、名词解释

1. 教育目的      2. 教育行动研究      3. 认知发展阶段      4. 班级授课制

### 二、简答题

1. 简述建构主义的观点。
2. 简述"活教育"的观点。
3. 简述教育心理学化。
4. 列举五种提高教育实验效度的方法。★★★

### 三、论述题

阅读材料,按要求作答。

小学三年级语文老师卢红梅执教的两个班,90% 的学生是外来务工人员子女。在日常教学中,卢老师发现,这些孩子大多握笔姿势不正确、不善于与人交流、知识面窄。为了进一步了解外来务工人员子女在学习上面临的困难及其原因,卢老师对部分学生进行了家访,并就相关问题询问了本年级其他科任教师。结果显示:与本市居民子女相比,外来务工人员子女在学习上存在一定差距,其中英语学习差距最大,语文学习次之,数学学习差别不大。为了探索提高这些外来务工人员子女语文学习成绩的有效策略,卢老师打算在这两个班进行以"扩展课外阅读"为自变量的实验研究。但是,学校科研顾问认为采取行动研究方式更为适当。卢老师陷入困惑,不能确定采用何种方式展开研究。

(1)案例中卢老师在发现和确定研究问题的过程中使用了哪些研究方法?
(2)针对卢老师的困惑,请为她选择一种研究方式,并从研究目的、研究过程、研究主体三个方面阐述作出这种选择的理由。★★★★★

# 2017 年江西师范大学 333 教育综合真题

### 一、名词解释

1. 学校教育      2. 稷下学宫      3. 活动课程      4. 骑士教育
5. 学习迁移      6. 学习动机

### 二、简答题

1. 简述教育的相对独立性。
2. 简述学校管理的基本环节及其联系。
3. 简述王守仁的儿童教育思想及其意义。
4. 简述夸美纽斯的泛智思想及其现实意义。

### 三、论述题

1. 论述德育过程是教师引导下学生能动的活动过程。★★★
2. 分析杜威关于教育本质的思想及其现实意义。★★★★★

3.运用记忆的规律分析教学实际中出现的"错一罚十"现象。★★★★★

4.材料大意：卡耐基小时候被认为是坏孩子，他的父亲说他是附近最坏的孩子。但继母相信他很聪明，有潜力，在继母的引导下，他获得了巨大成功。

你如何理解"好孩子"和"坏孩子"？这个材料对你有什么启示？★★★★★

# 2018 年江西师范大学 333 教育综合真题

**一、名词解释**

1.师生关系　　　　2.教师专业化　　　　3.有意义学习　　　　4.发现学习

5.班级授课制　　　　6.支架式教学

**二、简答题**

1.简述教育现代化的基本内涵。

2.简述昆西教学法。

3.简述教学中应处理好的几种关系。

4.简述朱子读书法。

**三、论述题**

1.论述马克思关于人的全面发展说。★★★

2.结合教学实例谈谈如何激发学生的内部动机。★★★

3.试评述中国教育史上两位教育家的教育思想。★★★★★

4.试述马卡连柯的教育思想。★★★

# 2019 年江西师范大学 333 教育综合真题

**一、名词解释**

1.课程　　　　2.学制　　　　3.苏格拉底法　　　　4.学习策略

5."六艺"教育　　　　6.上位学习

**二、简答题**

1.简述班集体的培养措施。

2.简述综合实践活动的性质。

3.简述孟子的教育思想及影响。

4.简述影响人身心发展的基本因素。

**三、论述题**

1.论述卢梭的自然主义教育思想及影响。★★★

2.论述陶行知的生活教育思想及当代价值。★★★

3.论述创造性的培养措施，并结合教学实践举例。★★★

4.新课改主张启发式教学。有的老师认为讲授法是注入式教学，应尽量减少讲授法在课堂中的使用。请评述这种观点。★★★★★

# 2020 年江西师范大学 333 教育综合真题

**一、名词解释**

1.学在官府　　　2.德育过程　　　3.教学　　　4.宫廷学校　　　5.元认知　　　6.最近发展区

**二、简答题**

1. 简述蔡元培的教育独立思想。
2. 简述班级授课制的优点。
3. 简述学校管理的发展趋势。
4. 简述教师劳动的特点。

**三、论述题**

1. 论述赫尔巴特的教育思想及影响。★★★
2. 论述问题解决措施并结合实例进行分析。★★★★★
3. 论述陈鹤琴的"活教育"思想。★★★
4. 论述班主任所具备的素质。

# 2021 年江西师范大学 333 教育综合真题

**一、名词解释**

1. 班级授课制　　　　2. 设计教学法　　　　3. 素丝说　　　　4.《莫雷尔法案》(《赠地法案》)
5. 教育制度　　　　　6. 学科课程

**二、简答题**

1. 简述"为迁移而教"的策略。★★★
2. 简述选择与运用教学法的依据。
3. 简述启发式教学原则的含义及要求。
4. 简述要素主义教育思想。

**三、论述题**

1. 论述凯洛夫《教育学》的理论体系、价值、主要问题以及对我国教育的启发。★★★★★
2. 论述材料中所蕴含的教育思想、存在的问题及其改进措施。（原材料无法复原，凯程新做材料）★★★★★
材料：小夏是教育学专业的学生。在专业课的学习当中，她非常认同老师要关心、尊重并且平等地对待每一个学生。可是当她成为一名教师时，她却发现，在教学中她不自觉地就会关注那些学习成绩优异、与她积极互动的学生，那些成绩中下等、在课堂上缺乏与她互动的学生常常被她无意识地忽略掉了，为此，她感觉很苦恼。
3. 论述生活教育理论。★★★
4. 论述为培养学生的创造力需采取的措施。★★★

# 2022 年江西师范大学 333 教育综合真题

**一、名词解释**

1. 分组教学　　　　2. 学校教育　　　　3. 学习动机　　　　4. 白板说
5. 小先生制　　　　6. 泛化

**二、简答题**

1. 简述德育过程的基本规律。
2. 简述教育的人口功能。
3. 简述韩愈的"性三品"说和教育作用。
4. 简述教师劳动复杂性的具体表现。

**三、论述题**

1. 论述夸美纽斯的普及教育思想及其影响。★★★

2. 论述黄炎培的职业教育思想及其影响。★★★

3. 请举例论述不良品德行为的矫正。★★★★

4. 备课是教学的基本环节，有人说，备课是只备教材、备教案，是提高教学质量的保障。请运用教育学原理对此观点进行评析。★★★★★

# 广西师范大学

## 2010 年广西师范大学 333 教育综合真题

**一、名词解释**

1. 教育活动的基本要素    2. 教育目的的价值取向    3. 特朗普制    4. 动机
5. 气质

**二、简答题**

1. 怎样理解教学过程是一种特殊的认识过程？
2. 简述学科课程论的基本观点。
3. 说明学生掌握知识的基本阶段。
4. 教师如何激发学生的内在学习动机？

**三、论述题**

1. 简述人本主义学习观及其对教学改革的意义。★★★★★
2. 联系实际谈谈如何培养学生问题解决的能力。★★★

## 2011 年广西师范大学 333 教育综合真题

**一、名词解释**

1. 教学过程    2. 课程标准    3. 苏格拉底法    4. 发现学习
5. 心智技能    6.《学记》

**二、简答题**

1. 简述教师的基本素养。
2. 简述陶行知的生活教育思想。
3. 简述卢梭的自然教育理论。
4. 简述马斯洛的需要层次理论。

**三、论述题**

1. 试述教育的社会流动功能及其意义。
2. 试述文艺复兴时期人文主义教育的特征。★★★
3. 试述加德纳的多元智力理论及其启示。★★★
4. 试述掌握知识与发展智力的关系。★★★

# 2012 年广西师范大学 333 教育综合真题

## 一、名词解释

1. 教育的负向功能　　2. 培养目标　　　3. 教学设计　　　4. 课程内容
5. 有意义学习　　　　6. 陈述性知识

## 二、简答题

1. 在信息时代，如何认识学校教育的主导作用？
2. 如何理解发展智力与掌握知识的关系？
3. 简述加德纳的多元智力发展理论。
4. 简述建构主义理论的核心观点。

## 三、论述题

1. 论述分科课程与综合课程的关系及其对我国基础教育课程改革的启示。★★★★★
2. 论述创造性思维的培养方法。★★★

# 2013 年广西师范大学 333 教育综合真题

## 一、名词解释

1. 教学目标　　2. 教学模式　　3. 课程标准　　4. 发展思维　　5. 高原现象

## 二、简答题

1. 简述教学过程的基本环节。
2. 简述教育的文化功能。
3. 说明智力因素和非智力因素的关系。
4. 简述反馈的作用。

## 三、论述题

1. 论述我国基础教育课程改革的目标。
2. 分析影响能力形成的原因和条件。★★★★★

# 2014 年广西师范大学 333 教育综合真题

## 一、简答题

1. 简述人本主义教学理论。
2. 简述皮亚杰的认知发展阶段理论。
3. 简述多元智力理论的教育意义。
4. 简述生活教育理论的基本内容。

## 二、论述题

1. 分析基础教育课程改革面临的瓶颈及其对策。★★★★★
2. 评述杜威的教育本质观。★★★

## 2015 年广西师范大学 333 教育综合真题

**一、简答题**

1. 简述教育的生态功能。
2. 简述教育目的的"个人本位论"。
3. 简述陶行知的生活教育理论。
4. 简述苏格拉底的"产婆术"。
5. 简述奥苏伯尔的有意义学习理论。

**二、论述题**

1. 联系实际教学,阐述学生学习动机的培养。★★★★★
2. 联系实际教学,论述问题解决能力的培养。★★★★★

## 2016 年广西师范大学 333 教育综合真题

**一、名词解释**

1. 教育的社会流动功能　　　2. "六艺"　　　3. 遗传

**二、简答题**

1. 简述智力因素与非智力因素的关系。
2. 简述夸美纽斯的教育思想。
3. 简述布鲁纳的认知—发现说。
4. 简述建构主义。

**三、论述题**

1. 论述个人本位论。★★★
2. 论述人格差异与教育。★★★★★
3. 论述陈鹤琴的"活教育"。★★★

## 2017 年广西师范大学 333 教育综合真题

**一、简答题**

1. 简述夸美纽斯的教育思想。
2. 简述黄炎培的职业教育。
3. 简述文化对教育的影响。
4. 简述教育的生态功能。
5. 简述影响知识理解的因素。

**二、论述题**

1. 论述教育的本质特点。
2. 论述认知方式的差异及其教育含义。

# 2018 年广西师范大学 333 教育综合真题

**一、名词解释**

    1. 微课        2. 教学效能感        3. 讲授法

**二、简答题**

    1. 简述影响学生发展的因素。
    2. 简述朱子读书法。
    3. 简述斯宾塞的科学教育思想。
    4. 简述教师权威的构成和来源。

**三、论述题**

    1. 根据记忆遗忘规律论述促进记忆和保持知识的方法。★★★
    2. 根据法律法规和教育理论，分析未成年人保护应遵循的原则。★★★★★

# 2019 年广西师范大学 333 教育综合真题

**一、名词解释**

    1. 德育        2. 教师期待效应        3. "三纲领八条目"

**二、简答题**

    1. 简述我国中小学的教学原则。
    2. 简述孔子的教学思想。
    3. 简述皮亚杰的认知发展理论。
    4. 简述赫尔巴特的教学思想。
    5. 简述陶行知教学思想和杜威教学思想的比较。

**三、论述题**

    1. 论述教育学的产生和发展。
    2. 论述蔡元培的教育思想和实践对中国近代教育的贡献和影响。★★★★★

# 2020 年广西师范大学 333 教育综合真题

**一、名词解释**

    1. 有教无类        2. 教学环境        3. 同化        4. 图式

**二、简答题**

    1. 简述宋代书院在教学和管理方面的特点。
    2. 简述自然主义教育理论。
    3. 简述教育起源的几种理论。
    4. 简述美国《国防教育法》的主要内容。
    5. 简述心智技能与运动技能的关系。

**三、论述题**

    1. 结合实际论述教育的社会功能。★★★
    2. 论述教育心理学化运动的形成、发展与影响。★★★★★

# 2021 年广西师范大学 333 教育综合真题

**一、名词解释**

1. 活动课程　　　　2.《新教育大纲》　　　　3. 学习动机

**二、简答题**

1. 简述启发性教学原则。
2. 简述裴斯泰洛齐的教育思想。
3. 简述"中体西用"的教育思想。
4. 简述同化性迁移、顺应性迁移、重组性迁移。
5. 简述班杜拉观察学习的四个过程。

**三、论述题**

1. 结合教育的三大要素谈谈智能时代的教育发展。★★★★★
2. 论述陈鹤琴的"活教育"思想及对当代教育的价值和启示。★★★★★

# 2022 年广西师范大学 333 教育综合真题

**一、名词解释**

1. 教育　　　　2. 稷下学宫　　　　3. 道尔顿制　　　　4. 知识

**二、简答题**

1. 简述奥苏伯尔的有意义学习的实质和条件。
2. 简述夸美纽斯的教育思想。
3. 简述教师劳动的特点。
4. 简述自我效能感的影响因素。
5. 简述晏阳初的"四大教育"。
6. 简述教育目的的个人本位论和社会本位论。

**三、论述题**

比较赫尔巴特和杜威的教育思想。★★★★★

**四、材料题**

1. 结合教育与人的发展关系谈谈对"双减"政策的看法。★★★★★
2. 结合教育和社会的发展关系谈谈对"双减"政策的看法。★★★★★
3. 谈谈"双减"政策如何落实。★★★★★

# 四川师范大学

# 2010 年四川师范大学 333 教育综合真题

**一、名词解释**

1. 人的发展　　　　2. 学校教育制度　　　　3. 课程　　　　4. 骑士教育

5. 三舍法　　　　　　6. 耶克斯－多德森定律

## 二、简答题

1. 简述斯宾塞的知识价值论。
2. 简述晏阳初的"四大教育"与"三大方式"。
3. 简述罗杰斯的自由学习原则。
4. 简述韦纳的归因理论及其在教学中的应用。

## 三、论述题

1. 论述教育的社会制约性。
2. 在教学过程中应当处理好哪些关系？并联系实际加以论述。★★★
3. 试述道家、墨家、法家教育作用观的异同。★★★★★
4. 述评杜威的实用主义教育思想。★★★

# 2011年四川师范大学333教育综合真题

## 一、名词解释

1. 儿童中心论　　　2. 形成性评价　　　3. 学习动机　　　4. 知识
5. 监生历事制度　　6. 分斋教学法

## 二、简答题

1. 简述柏拉图的教育思想。
2. 简述中世纪早期世俗教育的主要形式。
3. 评析美国公立学校运动的产生及其历史意义。
4. 简述现代学校教育制度的发展趋势。

## 三、论述题

1. 试论教育的文化功能。
2. 试述教育对人类地位提升的促进作用。★★★★★
3. 试论述品德培养的主要策略。★★★★★
4. "虽有嘉肴，弗食，不知其旨也；虽有至道，弗学，不知其善也。是故学然后知不足，教然后知困。知不足，然后能自反也；知困，然后能自强也。故曰：教学相长也。"
请问此段话出自哪位教育家？并分析其教育主张。★★★★★

# 2012年四川师范大学333教育综合真题

## 一、名词解释

1. 三舍法　　　　　2. 苏格拉底法　　　3. 白板说　　　　4. 心理发展
5. 原型启发　　　　6. 自我效能感

## 二、简答题

1. 简述墨家的教育实践与教育思想。
2. 简述梁漱溟的乡村建设理论。
3. 简述维果茨基的文化历史发展理论。
4. 简述影响知识理解的因素。

## 三、论述题

1. 试论文化对教育的影响和制约。

2.试论杜威的教育思想。★★★
3.结合实际论述现代德育过程的特点。★★★
4.结合实际论述教学过程中应当处理好的几种关系。

# 2013 年四川师范大学 333 教育综合真题

## 一、名词解释
1.教育　　2.合作学习　　3.教学相长　　4.苏格拉底法
5.多元智力　　6.学习动机

## 二、简答题
1.简述孔丘的教学思想。
2.简述历史上关于教育起源的代表性观点。
3.简述影响创造性的主要因素。
4.简述建构主义学习理论的基本观点。

## 三、论述题
1.试述教育的社会制约性。
2.试述当前我国基础教育课程改革的具体目标。
3.在教学过程中应当处理好哪些关系？并联系实际加以论述。★★★★★
4.试述陶行知生活教育理论的基本内容及其与杜威的理论的关系。★★★★★

# 2014 年四川师范大学 333 教育综合真题

## 一、名词解释
1.课程　　2.班级授课制　　3.苏格拉底法　　4.有教无类
5.最近发展区　　6.知识

## 二、简答题
1.简述陶行知的"生活教育"理论。
2.简述皮亚杰的认知发展阶段理论。
3.简述桑代克的学习定律。
4.简述卢梭的自然教育理论及其影响。

## 三、论述题
1.为什么教育对人的发展有重大作用？
2.试述现代教育制度改革的趋势。★★★★★
3.结合实际试述基本教学组织形式以及辅助组织形式。★★★★★
4.试述西方教学理论在中国的传播。★★★★★

# 2015 年四川师范大学 333 教育综合真题

## 一、名词解释
1.知识　　2.苏格拉底法　　3.学习策略　　4.教学相长
5.班级授课制　　6.中体西用

## 二、简答题

1. 简述终身教育思潮。
2. 简述维果茨基的最近发展区理论。
3. 简述建构主义的观点。
4. 简述教育对人发展的重要作用。

## 三、论述题

1. 论述孔子的教学方法。★★★★★
2. 论述政治经济制度对教育的制约。
3. 论述教学的基本组织形式和辅助组织形式。★★★★★
4. 论述陶行知和杜威在教育观和学校观上的比较。★★★★★

# 2016年四川师范大学333教育综合真题

## 一、名词解释

| 1. 教育 | 2. 教学 | 3. "六艺" | 4. 白板说 |

5. 学习动机　　6. 问题解决

## 二、简答题

1. 简述孔子的教学思想。
2. 简述陶行知的教育体系。
3. 简述建构主义教学理论的基本观点。
4. 简述科尔伯格的道德发展阶段理论。

## 三、论述题

1. 论述教育的社会制约性。
2. 论述杜威的教育思想。★★★
3. 论述培养和提高教师素养的主要途径。★★★★★
4. 教学过程应该处理好哪几种关系？

# 2017年四川师范大学333教育综合真题

## 一、名词解释

| 1. 教育目的的价值取向 | 2. 现代学校教育制度 | 3.《大教学论》 | 4. "三纲领八条目" |

5. 元认知　　6. 发现学习

## 二、简答题

1. 简述教育的相对独立性的表现。
2. 简述埃里克森的心理社会发展理论。
3. 简述德育过程的特点以及在现实中如何提高学生的德育素质。
4. 简述学习动机和学习效果的关系。

## 三、论述题

1. 论述蔡元培的"循思想自由原则，取兼容并包主义"的办学方针。★★★
2. 论述教师素养的要求。
3. 比较孔子和苏格拉底的启发式教学。★★★★★
4. 论述杜威的教育本质观，并对其进行评价。★★★

# 2018 年四川师范大学 333 教育综合真题

**一、名词解释**

1.《学记》　　　2. 苏湖教学法　　　3. 教育目的　　　4. 心理发展
5. 教学评价　　　6. 骑士教育

**二、简答题**

1. 简述教育的社会流动性功能及意义。
2. 简述影响问题解决的因素。
3. 简述学校管理的趋势。
4. 简述人文教育的基本特征。

**三、论述题**

1. 论述教学原则并选择其中一个举例。★★★★★
2. 论述"中体西用"的局限和作用。
3. 论述赫尔巴特和杜威的教学阶段。★★★★★
4. 论述学习动机的激发与培养。★★★

# 2019 年四川师范大学 333 教育综合真题

**一、名词解释**

1. 教育制度　　　2. 课程标准　　　3. 苏格拉底法　　　4. 三舍法
5.《国防教育法》　　6. 有教无类

**二、简答题**

1. 简述我国教育目的的基本精神。
2. 简述品德形成的因素。
3. 简述陈鹤琴的"活教育"。
4. 简述科举制的影响。

**三、论述题**

1. 论述文化对教育的制约和影响。
2. 论述卢梭的自然教育理论及影响。★★★
3. 论述建构主义的学习理论的观点及启示。★★★

# 2020 年四川师范大学 333 教育综合真题

**一、名词解释**

1. 义务教育　　　2. 活动课程　　　3. 九品中正制　　　4. 要素教育论
5. 设计教学法　　　6. 京师同文馆

**二、简答题**

1. 简述教育的政治功能。
2. 简述问题解决能力的培养措施。
3. 简述陶行知生活教育的主要内容。
4. 简述书院教育的特点。

### 三、论述题

1. 试论述需要层次理论以及对中小学教师工作的启示。★★★★★
2. 试论述教学过程的性质特点。
3. 试论述西方教育史上教育与生产劳动相结合的主张。★★★★★
4. 试论述教师劳动的特点和价值。★★★

## 2021年四川师范大学333教育综合真题

### 一、名词解释

1. 终身教育　　　2. 班级授课制　　　3. 鸿都门学　　　4. "活教育"
5. 要素主义教育　　6.《莫雷尔法案》

### 二、简答题

1. 简述人的发展规律性及其在教学中的作用。
2. 简述教育的政治功能。
3. 简述赫尔巴特的教学阶段论。
4. 简述维果茨基的教学与认知发展的关系。

### 三、论述题

1. 试述中国古代教育史的人性论及教育的作用。★★★★★
2. 试述西方教育史上的自然主义教育的产生和发展。★★★★★
3. 结合实际教学谈谈"为迁移而教"。★★★★★
4. 论述德育原则及其要求。

## 2022年四川师范大学333教育综合真题

### 一、名词解释

1. 教育目的　　　2. 分组教学制　　　3. 壬戌学制　　　4.《1944年教育法》
5. 学习动机　　　6. 心智技能

### 二、简答题

1. 简述德育过程的特点。
2. 简述美国进步主义教育的发展历程。
3. 简述影响自我效能感形成的因素。
4. 简述家庭教育对儿童品德发展的影响。

### 三、论述题

1. 论述全面发展教育的主要内容，并谈谈对"五育"融合的看法。★★★★★
2. 举例谈谈如何贯彻教学中的科学性和思想性相统一的原则。★★★★★
3. 论述黄炎培的职业教育思想及其对我国现在职业教育的启示。★★★★★
4. 比较赫尔巴特和杜威的课程思想。★★★★

# 安徽师范大学

## 2010 年安徽师范大学 333 教育综合真题

**一、名词解释**

1. 实验教育学　　　2. 学校教育　　　3. 媒介素养　　　4. 教育目的
5. 学生非正式群体

**二、简答题**

1. 现代型学校的特质主要表现在哪些方面？★★★
2. 当代学生观的更新体现在哪些方面？★★★
3. 简述教学与信息技术的关系。★★★
4. 如何创建富有生命气息的班级文化？
5. 怎样发挥学校对家庭教育的指导与促进作用？
6. 新型教师的基础性素养主要包括哪些方面？

**三、论述题**

1. 结合自身实际，谈谈学习教育对教师专业成长的价值。★★★
2. 试述当代中国学校教育价值取向更新的基本走向。★★★★★
3. 结合教学实际，论述你对教学评价改革的看法。★★★★★

**四、案例分析题**

试用相关教育理论评析案例中"无人监考"活动的教育思想、教学方法及育人效果。（案例缺失）★★★★★

## 2011 年安徽师范大学 333 教育综合真题

**一、名词解释**

1.《大教学论》　　2. 内发论　　　3. 高等教育大众化　　4. 癸卯学制
5. 个人本位论　　6. 义务教育

**二、简答题**

1. 简述学校教育在人的身心发展中的作用。
2. 简述"六艺"教育的内容和特征。
3. 试比较欧洲的新教育运动和美国的进步教育运动。★★★★★
4. 简述学生品德不良产生的原因及其矫正措施。

**三、论述题**

1. 论述教师专业发展的内涵及途径。
2. 评述赫尔巴特的教学阶段理论。★★★
3. 评述陶行知的生活教育理论。★★★
4. 结合我国基础教育课程改革，谈谈建构主义学习理论的知识观、学生观、学习观对教学实践的作用。★★★★★

## 2012年安徽师范大学333教育综合真题

**一、名词解释**

1. 教育　　　　2. 教育目的　　　　3. 学校教育制度　　　　4. 教学组织形式

5. 道尔顿制　　6. 学习策略

**二、简答题**

1. 简述掌握知识与发展智力的关系。
2. 在对学生进行思想品德教育时，如何贯彻"严格要求与尊重学生相结合"的原则？
3. 当代学校管理的发展趋势是什么？
4. 杜威关于教育的本质与目的的基本观点是什么？
5. 我国古代书院教育的特点是什么？
6. 简述终身教育思潮的基本观点。

**三、论述题**

1. 联系社会实际论述教育社会流动功能的含义及在当代的教育意义。★★★★★
2. 论述陶行知的"生活教育"思想体系。★★★
3. 联系教学实际论述学习动机的培养与激发。★★★

## 2013年安徽师范大学333教育综合真题

**一、名词解释**

1. 美育　　　　2. 学校管理目标　　　　3. 要素主义　　　　4. 课程标准

5. 教学模式　　6. 最近发展区

**二、简答题**

1. 简述杜威关于教育本质与目的的理论。
2. 共产党领导下的革命根据地教育的基本经验包括哪些方面？
3. 简述卢梭的自然教育理论及其影响。
4. 为什么说德育过程是培养学生知、情、意、行的过程？
5. 世界各国课程改革的趋势是什么？
6. 简述社会规范学习的心理过程。

**三、论述题**

1. 论述黄炎培的职业教育思想及其当代教育价值。★★★
2. 论述在基础教育改革中如何体现"以人为本"这一理念。★★★★★
3. 论述班杜拉的观察学习理论及其教育应用。★★★

## 2014年安徽师范大学333教育综合真题

**一、名词解释**

1. 课程目标　　2. 陶冶教育　　　　3. 永恒主义　　　　4. 工读主义教育思潮

5. 骑士教育　　6. 道尔顿制

**二、简答题**

1. 简要说明解决问题分哪几个阶段。
2. 简述教育的生态功能。

3. 我国教师必须承担的责任和义务是什么?

4. 孔子关于道德教育理论的基本观点是什么?

5. 简述新民主主义教育方针的形成过程及其内涵。

6. 如何贯彻启发性教学原则?

### 三、论述题

1. 论述杜威教育思想的主要观点及其影响。★★★

2. 联系教学实际论述认知建构主义学习理论与应用。★★★

3. 党的十八届三中全会通过的《中共中央关于全面深化改革若干重大问题的决定》提出:全面贯彻党的教育方针,坚持立德树人,加强社会主义核心价值体系教育,完善中华优秀传统文化教育,形成爱学习、爱劳动、爱祖国活动的有效形式和长效机制,增强学生社会责任感、创新精神、实践能力。

结合基础教育实际论述加强社会主义核心价值体系教育的意义及其举措。★★★★★

## 2015 年安徽师范大学 333 教育综合真题

### 一、名词解释

1. 教育目的(狭义)　　2. 长善救失原则　　3. 活动课程　　4. 生活教育

5. 癸卯学制　　6. 教学模式

### 二、简答题

1. 简述蔡元培关于教育方针的基本理论。

2. 问题解决能力的培养措施有哪些?

3. 为什么要把教育摆在优先发展的战略地位?

4. 简述朱熹的"朱子读书法"。

5. 洛克的道德教育方法主要包括哪些内容?

6. 简述教师角色的冲突及其解决措施。

### 三、论述题

1. 试述夸美纽斯的学校改革思想及其对近代教育的影响。★★★★★

2. 联系教育实际论述人格发展理论及其教育含义。★★★★★

3. 结合我国目前教育发展与改革实际,论述依法治教的意义及其途径。★★★★★

## 2016 年安徽师范大学 333 教育综合真题

### 一、名词解释

1. 实验教育学　　2. 潜在课程　　3. 有意义学习　　4. 元认知策略

5. 苏格拉底法　　6. 生活准备说

### 二、简答题

1. 教学活动中如何处理智力活动和非智力活动的关系?

2. 简述德育与其他各育的关系。

3. 学校管理过程包括哪些基本环节?

4. 卢梭自然教育理论的基本观点是什么?有何积极意义?

5. 简述我国隋唐时期教育制度的特点。

6. 简述张之洞的"中体西用"教育思想。

### 三、论述题

1. 美国教育家杜威提出"做中学"的教育信条，我国教育家陶行知倡导"教学做合一"的主张。请你在分析两种观点的基础上，结合实际论述它们对我国基础教育改革的理论价值和实际意义。★★★★★

2. 运用多元智力理论论述学习方式的多样性。★★★★★

3. 运用教育社会功能理论论述教育在我国全面建成小康社会进程中的作用。★★★★★

## 2017 年安徽师范大学 333 教育综合真题

### 一、名词解释

1. 教育制度　　2. 校本管理　　3. 程序性知识　　4. 观察学习

5. 自然教育　　6. 公学

### 二、简答题

1. 教育应如何适应学生的身心发展规律？

2. 在教学评价中，如何处理好教师评价与学生自评的关系？

3. 简述学校美育过程中应遵循的基本原则。

4. 韩愈的《师说》提出了哪些主要的教育观点？

### 三、论述题

1. 试述终身教育思想的提出对学习型社会的意义。★★★★★

2. 结合实际论述自我效能感及其培养途径。★★★

3. 试论革命根据地教育经验的现代价值。★★★★★

### 四、案例分析题

在苏联著名教育家苏霍姆林斯基当校长时，曾发生过这样一个感人的故事：校园里开出了几朵很大的玫瑰花，每天都会吸引很多学生来看。一天早晨，苏霍姆林斯基看见一个小女孩摘下了一朵玫瑰花，他便问小女孩是什么原因让她摘花，小女孩羞愧地告诉他，奶奶病得很重，她不相信校园里有这么大的玫瑰花，摘下来是想让奶奶看看自己说的没错。听了小女孩的回答，苏霍姆林斯基立即摘下了两朵玫瑰花对小女孩说："这一朵是奖给你的，因为你是一个懂得爱的孩子；这一朵是送给你奶奶的，感谢她养育了你这样好的孩子。"

在案例中苏霍姆林斯基面对这位摘花的小女孩不但没有粗暴地批评，而且另摘了两朵花送给她，为什么？如果是你，你会怎么做？请运用有关教育理论进行分析。★★★★★

## 2018 年安徽师范大学 333 教育综合真题

### 一、名词解释

1. 课程标准　　2. 发现法　　3. 最近发展区　　4. 先行组织者

5. "七艺"　　6. 要素主义教育

### 二、简答题

1. 简述教学是德育的基本途径。

2. 简述陈述性知识和程序性知识的区别和联系。

3. 王守仁的儿童教育思想的主张有哪些？

4. 简述斯宾塞的智育论。

### 三、论述题

1. 论述我国教育目的的基本精神。

2. 论述社会规范学习心理过程的三个阶段。★★★

3.论述"五四"新文化运动对国人教育观念转变的影响。★★★★

**四、案例分析题**

1972 年，联合国教科文组织教育发展委员会主席埃德加·富尔在《学会生存——教育世界的今天和明天》的报告中指出："多少世纪以来，特别在发动产业革命的欧洲国家，教育的发展一般是在经济增长之后发生的。现在，教育在全世界的发展正倾向先于经济的发展，这在人类历史上大概还是第一次。"有人因此而提出疑问，在现代社会里，社会物质生产与教育的关系是不是已经颠倒过来？即由教育决定社会物质生产，而不是由社会物质生产决定教育？

请回答你对这个问题的看法，并用教育学的理论进行分析。★★★★★

# 2019 年安徽师范大学 333 教育综合真题

**一、名词解释**

| 1.双轨制 | 2.锻炼法 | 3.下位学习 | 4.藏息相辅的教学原则 |
| 5.精细加工策略 | 6.教育无目的 | | |

**二、简答题**

1.简述教学过程的几种关系。
2.简述颜之推的儿童教育思想。
3.影响知识理解的因素。
4.简述永恒主义教育思潮。

**三、论述题**

1.马克思主义关于人的全面发展学说的主要内容及现实意义。★★★
2.加涅的学习过程阶段以及信息加工理论对课堂教学的启示。★★★★★
3.论述陈鹤琴教育思想的启示及其现实价值。★★★

**四、案例分析题**

随着全球化、信息化时代与知识社会的来临，各国综合国力竞争开始加剧，以经济发展为核心，致力于公民素养的提升，已成为世界各国发展的共同主题。那么，现代公民应该具备哪些最基本、最重要的知识、能力与情感态度，才能更好地促进个人自我实现与成功地生活，继而更好地推动社会的良好运转与健康发展等问题已转化为当下世界各国基础教育课程改革中无法规避的核心问题。21 世纪培养的学生应该具备哪些最基本、最重要的知识、能力与情感态度？怎样才能更有效地培养学生使其具备这些知识、能力和情感态度？针对这些问题，21 世纪以来，世界各国包括一些重要的国际组织都纷纷启动了对学生"核心素养"的研究，并在此基础上开启了新一轮基础教育课程改革。

结合材料与现实，谈谈你对当前世界基础教育课程改革发展新趋势的认识。★★★★★

# 2020 年安徽师范大学 333 教育综合真题

**一、名词解释**

| 1.特殊迁移 | 2.认知内驱力 | 3.形成性评价 | 4.掌握学习 |
| 5.长善救失原则 | 6.教育的相对独立性 | | |

**二、简答题**

1.简述情境陶冶法的内涵及要求。
2.简述存在主义教育思想的主要观点。
3.简述蔡元培的"五育"并举。
4.简述促进迁移的教学原则。

### 三、论述题

1. 论述教育的社会功能及其有效发挥的条件。★★★
2. 试论述马卡连柯的劳动教育思想及其当代意义。★★★
3. 试论述颜元的"实学""真学"和"习行"的内容及启示。★★★

### 四、材料分析题

材料：关于"研学旅游"的文件颁布等信息。（材料具体内容缺失）
谈谈你对研学旅行的认识和理解。（可从内涵、类型、价值和实施等方面来论述）★★★★★

# 2021年安徽师范大学333教育综合真题

### 一、名词解释

1. 尊德性　　　2. 素丝说　　　3. 组织策略　　　4. 酝酿效应
5. 表现目标　　6. 明理教育法

### 二、简答题

1. 简述稷下学宫的性质和特点。
2. 简述1922年"新学制"的特点。
3. 简述循序渐进原则的基本要求。
4. 简述改造主义教育的基本观点。

### 三、论述题

1. 论述教学过程的性质。★★★
2. 论述1958年美国《国防教育法》的主要内容及时代要求。★★★
3. 论述实际教学中学生问题解决能力的培养。★★★

### 四、材料分析题

材料大意为关于2020年3月20日关于加强劳动教育的文件摘要。试分析你对劳动教育的认识。★★★★★

# 2022年安徽师范大学333教育综合真题

### 一、名词解释

1. 教育制度　　　2. 教育目的　　　3. 图式　　　4. 课程
5. 德育过程　　　6. 有意义学习

### 二、简答题

1. 简述学习的实质。
2. 简述教学过程的几对关系。
3. 简述创造性认知品质的概念和内容。
4. 简述新文化运动对教育观念的影响。★★★★★

### 三、论述题

1. 论述陶行知的生活教育理论及其现代意义。★★★★★
2. 论述20世纪60年代以来终身教育的演变和启示。★★★★★
3. 论述人本主义教育的特征和启示。★★★★★
4. 请从马克思主义关于人的全面发展理论角度论述教育评价改革。★★★★

# 福建师范大学

## 2010 年福建师范大学 333 教育综合真题

**一、名词解释**

1. 教育制度　　　2. 学校德育　　　3. "五育"并举　　　4. 教学做合一
5. 角色扮演法　　6. 形式训练说

**二、简答题**

1. 简述教育的社会流动功能的含义及其在当代的意义。
2. 实施教学评价应该遵循哪些基本原则?
3. 简述产婆术。
4. 在现代社会变迁中,教师角色体现出哪些发展趋势?

**三、论述题**

1. 试述新一轮基础教育课程改革的具体要求,并说明课程改革的发展趋势。★★★★★
2. 评述北宋的三次兴学。★★★
3. 评述赫尔巴特的课程理论。★★★
4. 试述马斯洛需要层次理论的主要内容,并分析其教育的启示意义。★★★

## 2011 年福建师范大学 333 教育综合真题

**一、名词解释**

1. 教育的社会流动功能　2. 课程标准　　　3. 贝尔－兰卡斯特制　　4. 昆西教学法
5. 《颜氏家训》　　　　 6. 中体西用

**二、简答题**

1. 简析现代教育的发展趋势和特点。
2. 简析自我教育能力的构成要素及在德育过程中的作用。
3. 什么是课程内容? 课程内容的组织应处理好哪些逻辑组织形式的关系?
4. 简述奥苏伯尔有意义学习的实质与条件。

**三、论述题**

1. 请结合你的教育经历,试从一个教师的劳动特点,谈谈做一名班主任的素质要求。★★★★★
2. 试析裴斯泰洛齐的"教育心理学化"思想。★★★
3. 评述 1922 年"新学制"(壬戌学制)。★★★
4. 评述在教育实践中如何培养学生的创造性。★★★

## 2012 年福建师范大学 333 教育综合真题

**一、名词解释**

1. 学习策略　　　2. 角色扮演法　　　3. 智者派　　　4. 壬戌学制
5. 性善论　　　　6. 要素教育论

## 二、简答题

1. 简述人的身心发展的规律及意义。
2. 简述课程内容的逻辑规定及课程内容组织编排时要处理好的逻辑组织形式关系。
3. 简述现代学校教育的发展特点。
4. 简述教学中的讨论法及其应用要求。

## 三、论述题

1. 联系我国的中小学教育现状，论述现代中小学教育制度改革的要求。★★★★★
2. 阐述教学中培养学生问题解决能力的方法。★★★
3. 论述中世纪大学的特征及意义。
4. 论述福建船政学堂及其意义。

# 2013年福建师范大学333教育综合真题

## 一、名词解释

1. 朱子读书法　　2. 全人生指导　　3. 先行组织者　　4. 形式训练说
5. 助产术（产婆术）　　6. 导生制

## 二、简答题

1. 人的身心发展的规律。
2. 学生管理的内容和要求。
3. 简述学校教育制度的概念及我国现行学校教育制度改革的方向。
4. 教学评价的种类。

## 三、论述题

1. 论述学校德育的特征，举例说明教师如何运用"奖惩"这一德育方法。★★★★★
2. 中世纪大学的特点和意义。
3. 论述清末新政时期的"庚款兴学"。
4. 论述需要层次理论及对教育的意义。★★★★★

# 2014年福建师范大学333教育综合真题

## 一、名词解释

1. "三纲领八条目"　　2. 苏湖教法　　3. 骑士教育　　4.《巴尔福法案》
5. 自我效能感　　6. 移情

## 二、简答题

1. 简述班级授课制的优缺点。
2. 简述学生在教学中接受学习的基本阶段。
3. 简述知识对人的发展的价值。
4. 简述长善救失德育原则的内涵和要求。

## 三、论述题

1. 论述现代教师角色发展的趋势。★★★
2. 论述五四运动中的平民教育思潮和科学教育思潮。★★★
3. 论述杜威的"做中学"理论。★★★
4. 分析影响问题解决的主要因素。★★★

# 2015 年福建师范大学 333 教育综合真题

**一、名词解释**

1. 遗传素质　　　2. 教育的社会流动功能　　3. 课程方案　　　4. 发展性原则
5. 学校德育　　　6. 校本管理

**二、简答题**

1. 简述教学评价的原则。
2. 简述严复教育救国的"三育论"。
3. 简述自我效能感的定义及其影响因素。
4. 简述卢梭的自然教育论及其影响。

**三、论述题**

1. 论述教学的意义和任务。
2. 论述唐代官学的教育管理制度。★★★★★
3. 结合教学实践谈谈如何培养学生的创造性。★★★
4. 论述进步主义教育运动的产生、发展及影响。★★★

# 2016 年福建师范大学 333 教育综合真题

**一、名词解释**

1. 狭义的教育　　　2. 教育的社会流动功能　　3. 综合实践活动　　4. 学校教育制度
5. 课程标准　　　6. 形成性评价

**二、简答题**

1. 简述启发性教学原则的内容及要求。
2. 简述东林书院的讲会制度。
3. 简述人文主义情感取向的道德理论。
4. 简述美国 1958 年《国防教育法》的主要内容。

**三、论述题**

1. 试述我国中小学班主任的素质要求。★★★
2. 评述民国初年的教育方针及其历史意义。★★★★★
3. 试述马斯洛需要层次理论的主要内容及教育启示。★★★
4. 试述欧洲文艺复兴人文主义教育的特征和影响。★★★

# 2017 年福建师范大学 333 教育综合真题

**一、名词解释**

1. "六艺"教育　　　2. 大学院　　　3. 新教育运动　　　4. 自我效能感
5. 角色扮演法　　　6.《国防教育法》

**二、简答题**

1. 简述环境对人的发展的作用。
2. 简述教育的政治作用。
3. 简述教育制度的特点。

4.简述教师劳动的示范性。

### 三、论述题

1.论述教学原则中循序渐进的含义及基本要求。★★★
2.论述夸美纽斯的教育适应自然原则及对我国基础教育的启示。★★★★★
3.论述影响问题解决的因素。
4.论述幼童留美的历史影响。★★★

# 2018年福建师范大学 333 教育综合真题

### 一、名词解释

1.素丝说　　　2.熙宁兴学　　　3.《国防教育法》　　　4.昆西教学法
5.自我效能感　　6.最近发展区

### 二、简答题

1.评述现代教育的特点。
2.简述我国教育目的的基本精神。
3.简述长善救失原则及基本要求。
4.简述教学目标设计的基本方式。

### 三、论述题

1.结合实际评述我国教师劳动的价值。★★★
2.评述裴斯泰洛齐的要素教育论。★★★
3.论述新文化运动影响下的科学教育发展。★★★
4.结合实际分析影响解决问题的主要因素。★★★

# 2019年福建师范大学 333 教育综合真题

### 一、名词解释

1.个体发展　　　2.绝对性评价　　　3.以吏为师　　　4."五育"并举
5.《理想国》　　6.五步探究教学法

### 二、简答题

1.简述元认知策略的种类。
2.简述知识对人的发展的价值。
3.简述教学评价的意义。
4.简述疏导原则及要求。

### 三、论述题

1.论述唐朝私学的演变。★★★★★
2.论述班级授课制的优缺点。
3.论述加德纳多元智力理论及教育启示。★★★
4.评述现代人文主义教育思想。★★★★★

# 2020 年福建师范大学 333 教育综合真题

## 一、名词解释

1. 课程方案　　2. 诊断性评价　　3. 性恶论　　4. 稷下学宫
5. 导生制　　　6.《莫雷尔法案》

## 二、简答题

1. 简述奥苏伯尔有意义学习的实质和条件。
2. 简述个人本位论及其主要观点。
3. 简述智者学派的观点。
4. 简述斯宾塞的课程论。

## 三、论述题

1. 论述教育的社会流动功能和当代意义。★★★★★
2. 论述德育过程是提高自我教育能力的过程。
3. 论述"五四"新文化运动时期西方教学理论在中国的传播。★★★★★
4. 论述学生不良行为产生的原因及其矫正方法。★★★

# 2021 年福建师范大学 333 教育综合真题

## 一、名词解释

1. 教育　　　2. 教学过程　　3. 古雅典教育　　4. 英国功利主义教育思想
5. 顺应　　　6. 内隐学习

## 二、简答题

1. 简述中小学德育的基本途径。
2. 简述福建船政学堂的课程设置。
3. 简述教学中促进学生陈述性知识迁移的措施。
4. 简述影响自我效能感的因素。

## 三、论述题

1. 评析教育与人的发展。
2. 评析班主任工作的内容和方法。
3. 评析王守仁的教育作用和儿童教育。★★★
4. 评析杜威的教育思想。★★★

# 2022 年福建师范大学 333 教育综合真题

## 一、名词解释

1. 有意义学习　　2. 亲社会行为　　3. 教育制度　　4. 受教育者
5. 快乐之家　　　6. 恩物

## 二、简答题

1. 简述遗传对人的发展的作用。
2. 简述孔子的"有教无类"办学方针。
3. 简述美国的公立学校运动。

4.简述英国的《巴特勒教育法》。

### 三、论述题

1.论述如何培养学生的创造性。★★★
2.论述教育的相对独立性。★★★
3.论述我国现行的教育制度改革。★★★
4.论述京师同文馆的创办及其在中国近代变迁中的意义。★★★★★

 河南师范大学

## 2010 年河南师范大学 333 教育综合真题

### 一、名词解释

1.学校教育　　　2.活动课程　　　3.学在官府　　　4.小先生制
5.苏格拉底方法　6.新教育运动

### 二、简答题

1.教育的经济功能有哪些？
2.简述孔子对教育所做的主要贡献。
3.简述蔡元培"思想自由，兼容并包"的办学方针。
4.学生学习的特点有哪些？

### 三、论述题

1.结合实际，阐述教师劳动的特点。★★★
2.试述教学过程的性质。
3.试论裴斯泰洛齐的"教育心理学化"思想及其现实意义。★★★★★
4.试述创造性的培养措施。★★★

## 2011 年河南师范大学 333 教育综合真题

### 一、名词解释

1.受教育者　　　2.学校教育制度　　　3.有教无类　　　4.苏湖教法
5.五步探究教学法

### 二、简答题

1.教育的功能有哪些？
2.赫尔巴特的教育心理学化思想有哪些？
3.综合中学运动的特征有哪些？
4.加里培林的心智技能形成阶段有哪些？

### 三、论述题

1.结合实际，阐述教师主导作用与学生主动性的关系。★★★

2.试论述班集体的教育功能。★★★
3.试论陶行知的生活教育理论及其现实意义。★★★★★
4.试述影响问题解决的因素。

# 2012年河南师范大学333教育综合真题

## 一、名词解释

1.德育　　　　2.学校教育制度　　　3.鸿都门学　　　4.癸卯学制
5.文雅教育　　6.新教育运动

## 二、简答题

1.我国教育目的的基本精神是什么？
2.简述夸美纽斯在教育史上的主要贡献。
3.杜威的"五步探究教学法"。
4.影响自我效能感的因素有哪些？

## 三、论述题

1.试述现代教育的特点。★★★★★
2.试述教育的生态功能。★★★
3.论述蔡元培的大学教育思想及现实意义。★★★★★
4.试述品德不良纠正和教育的措施。★★★

# 2013年河南师范大学333教育综合真题

## 一、名词解释

1.教育的社会流动功能　2.长善救失原则　　3.稷下学宫　　4."新学制"的标准
5.智者　　　　　　　　6.《国防教育法》

## 二、简答题

1.社会本位论的主要观点有哪些？
2.简述孔子关于教师的主张。
3.简述陈鹤琴的活教育体系。
4.认知发展的一般规律有哪些？

## 三、论述题

1.结合实际论述生产力对教育的制约作用。
2.班级授课制的优点有哪些？
3.试论斯宾塞的主要教育思想及其影响。★★★
4.试述学业求助策略教学的措施。★★★

# 2014年河南师范大学333教育综合真题

## 一、名词解释

1.课程　　　　2.德育过程　　　　　3.《大学》　　　4.科举制
5.学习化社会　6.设计教学法

**二、简答题**

1. 个体发展的规律性表现在哪些方面？
2. 简述斯宾塞的"教育预备说"。
3. 简述杜威的教育本质观。
4. 人格发展的一般规律有哪些？

**三、论述题**

1. 结合实际说明教学的意义。★★★
2. 结合实际说明班主任应该具备哪些素质。★★★
3. 论述蔡元培的主要教育主张。
4. 试述心智技能的培养方法。★★★

# 2015 年河南师范大学 333 教育综合真题

**一、名词解释**

| 1. 终身教育 | 2. 教学组织形式 | 3. "三纲领八条目" | 4. 东林书院 |
| 5. 《费里教育法》 | 6. 结构主义教育 | | |

**二、简答题**

1. 简述古代教育的特点。
2. 简述孔子的教学思想。
3. 简述黄炎培的职业教育思想。
4. 自我效能感的功能有哪些？

**三、论述题**

1. 结合实际说明社会变迁中教师角色发展的趋势。★★★
2. 结合实际说明教育对人的发展的作用。
3. 试论卢梭的年龄分期及其教育。★★★
4. 试述有效问题解决者的特征。★★★

# 2016 年河南师范大学 333 教育综合真题

**一、名词解释**

| 1. 教育学 | 2. 教育目的 | 3. 1912 年的教育方针 | 4. 《学记》 |
| 5. 自然后果律 | 6. 教育基本法 | | |

**二、简答题**

1. 简述教育的经济功能。
2. 简述晏阳初的"四大教育"和"三大方式"。
3. 简述古代书院教育的特点。
4. 简述有意义学习的条件。

**三、论述题**

1. 论述问题解决能力的培养措施。
2. 结合实际，谈谈德育过程就是教师指导下学生能动的学习过程。★★★
3. 论述杜威的课程论及意义。★★★
4. 列举从古代到现代对教育的三种不同的解释及对教育本质的论述。★★★★

# 2017 年河南师范大学 333 教育综合真题

**一、名词解释**

1. 教育制度　　　　2. 班级授课制　　　　3. 有教无类　　　　4.《劝学篇》
5. 骑士教育　　　　6. 昆西教学法

**二、简答题**

1. 教育学的产生和发展经历了哪几个阶段？并列举出每阶段的一本代表性著作。★★★★★
2. 简述裴斯泰洛齐的教育心理学化理论的具体内容。
3. 简述要素主义的主要教育观点。
4. 影响问题解决的因素有哪些？

**三、论述题**

1. 结合实际说明德育过程是提高学生自我教育能力的过程。★★★
2. 结合实际论述班集体有什么教育功能。★★★
3. 试析壬戌学制的特点及意义。
4. 如何针对认知方式的差异进行教育？★★★★★

# 2018 年河南师范大学 333 教育综合真题

**一、名词解释**

1. 学制　　　　　2. 教学评价　　　　3. "四书五经"　　　　4. 癸卯学制
5. "七艺"　　　　6. 恩物

**二、简答题**

1. 简述教育的生态功能。
2. 简述孔子的教育思想。
3. 简述蔡元培的大学教育主张。
4. 简述青少年心理健康教育的途径。

**三、论述题**

1. 结合实际论述我国教育目的的基本精神。
2. 结合十九大精神谈谈如何建设师德师风。★★★★★
3. 论述赫尔巴特的教学形式阶段理论，并对其做简要评价。★★★
4. 论述学习动力的需要层次理论及对教育的启示和意义。★★★

# 2019 年河南师范大学 333 教育综合真题

**一、名词解释**

1. 教育目的　　　　2. 教学　　　　3. 京师同文馆　　　　4. 苏湖教法
5.《爱弥儿》　　　　6.《国防教育法》

**二、简答题**

1. 简述教育的文化功能。
2. 简述杜威的五步教学法。
3. 简述进步教育运动及其实验。

4. 简述加里培林的心智技能形成阶段。

### 三、论述题

1. 列举古今中外三种对教育的不同解释及其对教育本质的论述。★★★★★
2. 结合国务院关于加强教师队伍建设的意见，谈谈如何加强师德师风建设。★★★★★
3. 论述陈鹤琴的活教育思想。★★★
4. 论述个体认知发展规律及如何运用这些规律进行教学。★★★★★

# 2020 年河南师范大学 333 教育综合真题

### 一、名词解释

1. 终身教育　　　　　　2.《福斯特法案》　　　　3. 四段教学法
4. 中国人民抗日军事政治大学　5. 活动课程　　　　　6. 稷下学宫

### 二、简答题

1. 简述孔子关于教师的思想。
2. 简述陶行知的生活教育体系。
3. 简述学习动机的内部影响因素。
4. 简述如何培养班集体。

### 三、论述题

1. 试论述教育的政治功能。
2. 试论述品德不良的内部因素。
3. 试论述如何上好一节好课。★★★★★
4. 论述夸美纽斯的教育原则并结合实际谈谈其在中小学课堂教学中的影响。★★★★★

# 2021 年河南师范大学 333 教育综合真题

### 一、名词解释

1. 教育的社会变迁功能　　2. 教学的形成性评价　　3.《学记》　　　4. 庚款兴学
5.《大教学论》　　　　　6. 人文主义教育

### 二、简答题

1. 如何理解教育的质的规定性？
2. 简述孟子的教育思想。
3. 简述陈鹤琴的教育思想。
4. 简述青少年心理健康教育的主要方法（任意五个）。★★★★★

### 三、论述题

1. 如何贯彻教育影响的一致性、连贯性原则？★★★
2. 论述教育对人的发展的重大作用。
3. 论述卢梭的自然主义教育思想。★★★
4. 如何对学生进行学业求助策略的教学？★★★

# 2022 年河南师范大学 333 教育综合真题

**一、名词解释**

1. 教育制度　　　2. 教学　　　3. "三纲领八条目"　　　4. 三舍法
5. 公学　　　6. 导生制

**二、简答题**

1. 简述现代教育的特点。
2. 简述《学记》中的教育教学原则。
3. 简述新文化运动背景下的教育思潮。
4. 简述元认知策略的教学。

**三、论述题**

1. 论述裴斯泰洛齐的教育思想。★★★
2. 结合实际谈谈德育过程是学生在教师引导下的个体品德的自主建构过程。★★★★★
3. 论述班主任应该具有的素质。★★
4. 选择一个课程内容,运用奥苏伯尔的先行组织者策略设计一节课。★★★★★

# 重庆师范大学

# 2010 年重庆师范大学 333 教育综合真题

**一、名词解释**

1. 教育目的　　　2. 教学策略　　　3. 班级组织　　　4. 学习动机

**二、判断正误**

1. 教育的基本要素包括教育者、学习者和教育影响。(　　)
2. 教育起源于人的心理模仿。(　　)
3.《学记》是我国古代最早也是世界最早的成体系的古代教育学作品。(　　)
4. 夸美纽斯的《大教学论》是第一本现代教育学著作。(　　)
5. 马克思主义关于人的全面发展的学说是我国教育目的的理论基础。(　　)
6. 教学工作是学校教育的中心工作。(　　)
7. 学校生活是教育者依据一定的教育方针,有目的、有计划和有组织地对受教育者进行培养的一种专门化的社会生活。(　　)
8. 班主任是班级的组织者、教育者和指导者。(　　)
9. 根据评价标准的不同,可将学生评价分为诊断性评价、形成性评价和总结性评价。(　　)
10. 教师即研究者。(　　)
11. 国外学者研究表明,教学的效果与教师的智力有明显相关。(　　)
12. 教师的成长就是由教学新手成为教学专家的过程。(　　)
13. 根据学习者是否理解学习的材料,可将学习分为有意义学习和机械学习。(　　)
14. 反馈是影响动作技能学习的唯一因素。(　　)
15. 20 世纪 50 年代以前,学习心理学研究对象主要是动物的学习。(　　)

16.教学目标在教学和教学设计中的作用主要有导教、导学和导测评三种功能。（　　）

17.任务分析作为教学设计的一个环节，其最初的理论基础是行为主义心理学。（　　）

18.根据广义的知识分类，课的类型可分为以陈述性知识为主要目标的课、以程序性知识为主要目标的课和以策略性知识为主要目标的课三种类型。（　　）

19.效度指的是所测量的属性和特征前后一致性的程度。（　　）

20.一般认为我国的课堂教学始于1862年清政府在北京设立的京师同文馆。（　　）

### 三、简答题

1.简述教育的社会功能。

2.简述我国现行学制的改革趋势。

3.简述特殊儿童的主要类型及特征。

4.简述言语信息学习的过程和条件。

5.简述培养学生良好态度与品德的方法。

### 四、论述题

1.试述理想师生关系的基本特征及其构建策略。★★★

2.试述社会改造主义课程论流派的观点，并做简要述评。★★★★★

3.试述加涅的学生素质观及其教育意义。★★★★★

# 2011年重庆师范大学333教育综合真题

### 一、名词解释

1.教学　　　　　　2.结构主义教育　　　　3.《学记》　　　　4.要素教育

5.学习策略　　　　6.问题解决

### 二、简答题

1.简述世界各国课程改革发展的趋势。

2.简述杜威的教育本质观和教育目的论思想。

3.简述晏阳初平民教育思想及乡村教育实验。

4.简述人文主义教育的特征和贡献。

### 三、论述题

1.试析黄炎培的职业教育思想及启示。★★★

2.试析罗杰斯的人本主义学习理论及对教学的启示。★★★

3.依据德育过程包含的基本规律，分析我国中小学德育中存在的主要问题及相应的工作要求。★★★★★

4.联系实际分析教育活动中一个优秀教师应具备的职业素质和扮演的多元角色。★★★★★

# 2012年重庆师范大学333教育综合真题

### 一、单项选择题

1.西方最早的教育著作是（　　）

A.《理想国》　　　　　B.《论演说家的教育》　　　C.《爱弥儿》　　　　D.《大教学论》

2.现代教育派的代表人物是（　　）

A.卢梭　　　　　　　　B.杜威　　　　　　　　　C.赫尔巴特　　　　　D.夸美纽斯

3.狭义的教育主要指（　　）

A.家庭教育　　　　　　B.社会教育　　　　　　　C.学校教育　　　　　D.职业教育

4.《学记》中"古之王者，建国君民，教学为先"说明了教育具有（　）

A. 经济功能　　　　　B. 政治功能　　　　　C. 文化功能　　　　　D. 科技功能

5. 教育现代化主要包括物质层面的现代化、观念层面的现代化和（　）

A. 管理层面的现代化　　　　　　　　　B. 人员层面的现代化

C. 制度层面的现代化　　　　　　　　　D. 教育组织形式层面的现代化

6. 学校教育对人的影响具有（　）

A. 自发性　　　　　B. 随意性　　　　　C. 偶然性　　　　　D. 全面性

7. 影响课程实施最关键的因素是（　）

A. 学校　　　　　B. 教师　　　　　C. 教材　　　　　D. 学生

8. 蔡元培提出的"五育"并举中，处于现象世界与实体世界之间的是（　）

A. 公民道德教育　　　　B. 实利主义教育　　　　C. 军国民教育　　　　D. 美感教育

9. 智者派创立的"三艺"是修辞学、辩证法和（　）

A. 音乐　　　　　B. 天文　　　　　C. 文法　　　　　D. 几何

10. 主张"把一切事物教给一切人"的教育家是（　）

A. 夸美纽斯　　　　　B. 卢梭　　　　　C. 洛克　　　　　D. 维多里诺

11. 人文主义教育与中世纪教育的根本区别是（　）

A. 古典主义　　　　　B. 人本主义　　　　　C. 贵族性　　　　　D. 世俗性

12. 科学教育心理学的创始人是（　）

A. 裴斯泰洛齐　　　　　B. 桑代克　　　　　C. 詹姆斯　　　　　D. 赫尔巴特

13. 科尔伯格研究道德发展的主要方法是（　）

A. 自然观察法　　　　B. 实验室实验法　　　　C. 两难故事法　　　　D. 对偶故事法

14. 皮亚杰提出个体的认知发展的结果是形成（　）

A. 认知结构　　　　　B. 图式　　　　　C. 认知地图　　　　　D. 格式塔

15. "最近发展区"意味着（　）

A. 教学促进发展　　　　B. 教学适应发展　　　　C. 教学跟随发展　　　　D. 教学与发展相互作用

16. 加涅把利用符号与环境相互作用的能力称为（　）

A. 言语信息　　　　　B. 认知策略　　　　　C. 智慧技能　　　　　D. 运动技能

17. 布鲁纳提出的发现学习不具有的优点是（　）

A. 激发内部学习动机　　B. 培养创造性思维　　C. 促进迁移学习　　D. 节省教学时间

18. 马卡连柯教育思想体系的核心是（　）

A. 集体主义教育　　　　B. 社会主义教育　　　　C. 爱国主义教育　　　　D. 自然主义教育

19. 分析教育哲学的主要代表人物是（　）

A. 罗杰斯　　　　　B. 朗格朗　　　　　C. 布卢姆　　　　　D. 索尔蒂斯

20. 中国近代的师范教育始于（　）

A. 京师同文馆　　　　　B. 南洋公学　　　　　C. 京师大学堂　　　　　D. 南通师范学堂

## 二、名词解释

1. 后现代主义课程论　　2. 图式　　　　3. 顺向迁移　　　　4. 新托马斯主义教育

5. 昆体良

## 三、简答题

1. 简述学生的权利。

2. 简述课程评价的功能。

3. 简述合作学习的基本观点。

4. 简述人文主义教育的一般特征。

5. 简述陶行知的生活教育理论。

## 四、材料分析题

1. 试用有关教育理论分析以下现象。★★★★★

1996 年中国青少年研究中心"中国城市独生子女人格发展现状与教育"大型调查发现，在 10～14 岁，相当多的独生子女不做家务或者很少干家务。在调查所列的 5 项劳动技能中，只有 15.5% 的孩子经常购物；11.6% 的孩子经常打扫卫生、整理房间等；8% 的孩子经常洗碗、洗菜等；6.6% 的孩子经常洗衣服；3.9% 的孩子经常做饭。另外，有 69.7% 的孩子明确表示从没有做过或很少做饭；63.2% 的孩子表示从没有洗过或很少洗过衣服；48.1% 的孩子表示从没有做过或很少做过洗碗、洗菜等简单家务劳动；38.6% 的孩子从没有买过或很少买东西；31% 的孩子从没有做过或很少打扫卫生、整理房间。

2. 阅读下述材料，指出做此表述的教育家是谁？阐明的核心观点是什么？并对案例中反映出的观点进行评析。★★★★★

"教育的过程，在它自身以外没有目的，它就是它自己的目的。"

"我们探讨教育目的时，并不要到教育过程以外去寻找一个目的，使教育服从这个目的。我们整个教育观点不允许这样做。"

"因为生长是生活的特征，所以教育就是不断生长；在它自身以外，没有别的目的。"

### 五、论述题

1. 试述维果茨基的认知发展理论及其对教育教学工作的启示。★★★

2. 试析孔子的教师思想及启示。★★★★★

# 2013 年重庆师范大学 333 教育综合真题

### 一、名词解释

1. 课程标准　　　　2. 班级授课制　　　　3. "四书五经"　　　　4. 要素主义教育

5. 自我效能感　　　　6. 内驱力

### 二、简答题

1. 简述我国教育目的的基本精神。

2. 简述教师的权利和义务。

3. 简述《大学》中的"三纲领八条目"。

4. 简述学习动机的培养。

### 三、材料分析题

1. 请分析西方古希腊教育思想与中国孔子教育思想的主要分歧，以及对各自社会和教育发展的历史影响。★★★★★

2. 阅读以下材料，指出做此表述的思想家是谁？阐明的核心观点是什么？并论述此教育家对西方教育发展的历史影响。★★★★★

"出自造物主之手的东西，都是好的，而一到了人的手里，就全变坏了。"

"大自然希望儿童在成人以前就像儿童的样子。"

"要按照你的学生的年龄去对待他。"

### 四、论述题

1. 试述建构主义学习理论及其对现实教育发展的影响。★★★★★

2. 试论述我国第八次新课改的具体目标和基本理念。★★★★★

# 2014 年重庆师范大学 333 教育综合真题

### 一、单项选择题

1. 我国《教师法》规定，教师是履行教育教学职责的（　　）

A. 半专业人员　　　　B. 专业人员　　　　C. 准专业人员　　　　D. 非专业人员

2. "其身正，不令而行；其身不正，虽令而不从。"孔子的这句名言体现的德育方法是（　　）

A. 实践锻炼教育法　　　　B. 榜样示范教育法　　　　C. 陶冶教育法　　　　D. 品德评价教育法

3. 我国古代教育家孔子指出"温故而知新""学而时习之"，这体现的教学原则是（　　）

A. 直观性原则　　　　B. 启发性原则　　　　C. 巩固性原则　　　　D. 因材施教原则

4. 被公认为世界上最早的一部教育专著是（　　）

A.《学记》　　　　B.《论语》　　　　C.《大学》　　　　D.《中庸》

5. 俗话说："十年树木，百年树人。"这说明现代教育具有（　　）

A. 民族性　　　　B. 长期性　　　　C. 世界性　　　　D. 永恒性

6. 学习者中心课程理论主张（　　）

A. 使学生有系统、有计划地学习各门学科　　　　B. 以学习者的兴趣和生活经验为中心组织课程

C. 以广泛的社会问题作为课程内容　　　　D. 培养学生的批判精神和改造社会现实的功能

7. 现代教育制度的核心是（　　）

A. 社会教育制度　　　　B. 家庭教育制度　　　　C. 学业证书制度　　　　D. 学校教育制度

8. 倡导社会本位教育目的论的教育家是（　　）

A. 凯兴斯泰纳　　　　B. 卢梭　　　　C. 杜威　　　　D. 蒙台梭利

9. 根据《基础教育课程改革与发展纲要》，教材编写、教学、评估和考试命题的依据是（　　）

A. 课程大纲　　　　B. 教学大纲　　　　C. 课程标准　　　　D. 教学参考书

10. 双轨制最早产生并大量实行于（　　）

A. 西欧　　　　B. 苏联　　　　C. 美国　　　　D. 中国

11. 提出"兼爱、非攻"主张的是（　　）

A. 孔子　　　　B. 墨子　　　　C. 孟子　　　　D. 老子

12. 我国最早的官办新式学校是（　　）

A. 京师同文馆　　　　B. 京师大学堂　　　　C. 广州同文馆　　　　D. 福建船政学堂

13. 20 世纪的"活教育"实验，是由哪位教育家主持的（　　）

A. 黄炎培　　　　B. 陈鹤琴　　　　C. 晏阳初　　　　D. 梁漱溟

14. 被称为"美国公立学校之父"的是（　　）

A. 杜威　　　　B. 杰斐逊　　　　C. 富兰克林　　　　D. 贺拉斯·曼

15. 在古代斯巴达，城邦为 18 岁的公民子弟接受正规军事教育训练而设立的教育机构是（　　）

A. 角力学校　　　　B. 埃弗比　　　　C. 体操学校　　　　D. 体育馆

16. 19 世纪德国教育家洪堡推动新大学运动，创建了柏林大学办学模式，为大学增添了（　　）

A. 人才培养功能　　　　B. 科学研究功能　　　　C. 社会服务功能　　　　D. 文化传承功能

17. 根据科尔伯格的理论，儿童道德发展的"好孩子定向"阶段属于（　　）

A. 前习俗水平　　　　B. 中习俗水平　　　　C. 习俗水平　　　　D. 后习俗水平

18. 在教育实践中倡导"有意义的自由学习"的教育心理学家是（　　）

A. 布鲁纳　　　　B. 奥苏伯尔　　　　C. 罗杰斯　　　　D. 桑代克

19. 马斯洛需要层次理论中，属于最高层次的需要是（　　）

A. 自我实现的需要　　　　B. 安全的需要　　　　C. 归属的需要　　　　D. 生理需要

20. 学习单词 basket（篮子）有助于学习 basketball（篮球）。这里所产生的迁移是（　　）

A. 顺应性迁移　　　　B. 低路迁移　　　　C. 水平迁移　　　　D. 特殊迁移

## 二、辨析题

1. 教师的基本权利只有教育教学权。

2. 蔡元培倡导的"教育独立"思想，指的是教育经费的独立。

3. 操作性条件反射和经典性条件反射的建立过程基本不同。

4. 稷下学宫与之前的官学和同时代的私学相比都显得独具特色。

## 三、简答题

1. 简述人的身心发展特点及其对教育的制约作用。

2. 班级授课制的特点有哪些？

3. 简述张之洞"中学为体，西学为用"的教育思想。
4. 简述赫尔巴特的教学形式阶段论所包含的四个阶段及基本含义。

**四、论述题**

1. 结合近年教育部颁布的《教师专业标准》和实际，论述作为教师应该具备的基本素质。★★★★★
2. 试阐释四种学习动机理论，并结合实际分析如何在该理论的指导下激发学生的学习动机。★★★★★

# 2015年重庆师范大学333教育综合真题

**一、名词解释**

1. 学校教育制度　　　　2. 综合课程　　　　3. 生活教育理论
4. 赞科夫的发展性教学理论　　5. 规范学习　　　6. 问题解决

**二、简答题**

1. 简述人的全面发展与"五育"并举。
2. 发现学习是有意义的学习，接受学习是机械学习。（辨析题）
3. 简述科举制度与中国学校教育的关系。
4. 在基础教育中，思维与能力的训练优于基础知识和基本技能的学习。（辨析题）
5. 简述进步主义教育与新教育运动的不同。

**三、论述题**

1. 从教师专业发展的角度，结合自身教育经历，分析教师职业道德的重要性及其养成途径。★★★★★
2. 结合中小学（或幼儿）相关学习（或学科）领域，分析学生创造性的培养。★★★★★
3. 结合我国社会发展需要，试论述基础教育对终身教育发展趋势的应对与变革。★★★★★

# 2016年重庆师范大学333教育综合真题

**一、填空题**　（本为选择题，因选项缺失，改为填空题）

1. 我国教育目的的理论基础是_____。
2. "把一切事物教给一切人"的提出者是_____。
3. "美国公立学校之父"是_____。
4. 古埃及没有设立的学校类型是_____。
5. 世界上最早的教育教学著作是_____。
6. 活教育是谁提出的？_____。
7. 教育学正式产生的标志是_____。
8. "以法为教，以吏为师"是谁的思想？_____。
9. 近代中国第一个实行的学制是_____。

**二、辨析题**

1. 动物界也存在教育。
2. 美国的《国防教育法》遵循了儿童的身心发展特点。
3. 建构主义的核心教学模式是程序教学。
4. 稷下学宫具有同时代私学与官学不具有的特点。

**三、简答题**

1. 简述良好师生关系的构建策略。
2. 简述奥苏伯尔有意义学习的条件和实质。

3. 简述陶行知的生活教育思想。

4. 简述校本课程、隐性课程、综合课程和活动课程的含义。

**四、论述题**

1. 论述教师专业发展的内涵以及如何发展。★★★

2. 如何激发学生的学习动机?

# 2017 年重庆师范大学 333 教育综合真题

**一、名词解释**

1. "五育" 并举的教育方针　　2. 自我效能感　　3. 教学目的　　4. 教学设计

5. 新教育运动　　6. 课程标准

**二、简答题**

1. 简述人文主义教育。

2. 简述进步主义教育。

3. 简述 1922 年 "新学制"。

4. 简述当代教学观念发展的趋势。

5. 简述学习策略的教学条件。

6. 简述影响教师威信形成的主观条件。

**三、论述题**

1. 论述构建良好师生关系的基本策略。

2. 论述影响创造力培养的因素。

3. 论述黄炎培职业教育理论的观点及启示。★★★

# 2018 年重庆师范大学 333 教育综合真题

**一、简答题**

1. 简述理想师生关系的基本特征。

2. 简述科举考试制度对学校教育的影响。

3. 简述陶行知的生活教育理论。

4. 简述进步主义教育理论的基本特征。

5. 简述保罗·朗格朗的终身教育思想。

6. 简述影响创造力发展的主要因素。

**二、辨析题**　（题目不全，故仅解释考查的相关知识点）

1. 教育目的选择的个人本位价值和社会本位价值。

2. 个性培养和全面发展。

3. 认知策略和智慧技能。

4. 心理发展中的遗传和环境。

**三、论述题**

论述培养学生的核心素养的必要性和可行性。★★★★★

# 2019 年重庆师范大学 333 教育综合真题

## 一、名词解释

1. 生物起源论　　　　2. 教育目的的个人本位论　　　　3. 自我效能感
4. 卢梭的自然主义教育　　　　5. 最近发展区

## 二、辨析题

1. 蔡元培的教育独立就是教育独立于政治经济。
2. 要素主义注重阅读经典著作。
3. 隐性课程就是校本课程，校本课程就是隐性课程。

## 三、简答题

1. 简述陶行知的生活教育理论。
2. 简述稷下学宫的性质和特点。
3. 简述教师的专业发展途径。
4. 简述美国的《国防教育法》。

## 四、材料分析题

1. 材料：一次作文考试完试卷发下来后，小林说："我这次考得不好，我不会写作文，特别是老师要求的那种作文。"小杨说："我考得不好，要是早知道我考不好，我该早点努力的。"小张说："我运气太好了，我不会写作文，老师还给我了 A，估计是他没认真看吧。"下课后，小张马上出去打篮球，而小杨则认真在座位上分析自己的试卷。

用归因理论分析材料中同学们的行为表现，并且对如何提升小张的动力水平提出建议。★★★★★

2. 材料：关于《雷雨》的教学安排，第一堂课，教师让学生自读，并且就最深刻的一点写 100 字左右的短评。第二堂课，学生分组，然后讨论自己要表演的具体角色，教师指导。第三、四堂课，小组表演，结束后大家一起讨论，教师适当点评，评出最佳演员等奖项，最后教师让学生写一个体会。

用建构主义的知识观、学习观、教学观来分析材料中教师的教学安排。★★★★★

# 2020 年重庆师范大学 333 教育综合真题

## 一、名词解释

1. 教育目的　　　　2. 行动研究　　　　3. 自我效能感　　　　4. 稷下学宫

## 二、辨析题

1. 动物也有教育。
2. 陶行知开展"活教育"实验，提出"生活教育"理论。
3. 课程是指学校开设的学科的总称。

## 三、简答题

1. 简述美国进步主义教育。
2. 简述教育目的的精神实质。
3. 简述孔子行之有效的教学方法。
4. 简述品德培育的方法及其建构。

## 四、论述题

1. 论述良好师生关系的特点和建构策略。★★★
2. 论述知识的价值。★★★
3. 论述人们对知识的认识。★★★★★

4.根据建构主义谈谈随着时代的发展人们应该如何对待知识以及在教学时应怎样做。★★★★★

# 2021 年重庆师范大学 333 教育综合真题

### 一、名词解释

1. 校本课程　　　　2. 道尔顿制　　　　3. 移情　　　　4. 精细加工策略
5. 有教无类

### 二、辨析题

1. 黄炎培的职业教育目的是使无业者有业，使有业者乐业。
2. 19 世纪柏林大学不重视纯学术研究而重视职业技术教育和功利主义教育。
3. 师生关系对学校精神文化建设具有重要作用。

### 三、简答题

1. 简述教育目标表述的要求。
2. 简述学生综合素质评价的内容和方法。
3. 简述纪律形成的内在矛盾。
4. 简述中国共产党在革命根据地中教育与劳动相结合的做法。

### 四、论述题

1. 结合实际，谈谈你对"让课堂焕发出生命活力"的理解。★★★★★
2. 结合实际，谈谈美育与审美教育对个体认知发展的影响。★★★★★

# 2022 年重庆师范大学 333 教育综合真题

### 一、名词解释

1. 教育功能　　　　2. 科举制　　　　3. 学习策略　　　　4. 隐性课程

### 二、辨析题

智育就是教学，教育就是发展人的知识和能力。

### 三、简答题

1. 简述陶行知的生活教育理论。
2. 简述影响人身心发展的因素。
3. 简述赫尔巴特的教育心理学化。
4. 简述教育目的的功能。
5. 简述怎样激发并维持学生的内部学习动机。

### 四、论述题

结合实际，论述教育促进人的发展和社会发展的功能。★★★

### 五、材料分析题

材料：一位纳粹集中营的幸存者，当上了美国一所中学的校长。每当一位新老师来到学校，他就会交给那位老师一封信。信中写道："亲爱的老师，我亲眼看到人类不应当见到的情景：毒气室由学有专长的工程师建造；儿童被学识渊博的医生毒死；幼儿被训练有素的护士杀害。看到这一切，我怀疑教育究竟是为了什么？我请求你帮助学生成长为具有人性的人。只有在使我们的孩子具有人性的情况下，读、写、算的能力才有价值。"

结合材料，反思教育应该培养什么素质的人。★★★★★

**云南师范大学**

# 2010 年云南师范大学 333 教育综合真题

### 教育学原理

**一、名词解释**

1. 个人本位论　　　　2. 非正式群体

**二、简答题**

1. 简要分析教师专业发展。
2. 简述我国基础教育公平中的主要问题。

**三、论述题**

试论信息化时代的学校教育改革。

### 中外教育史

**一、名词解释**

1.《理想国》　　　2. 泛智教育　　　3. 癸卯学制　　　4. 晏阳初

**二、简答题**

1. 简述人文主义教育的主要特征。
2. 简述张之洞"中体西用"教育思想的影响。

**三、论述题**

论述杜威实用主义的教育思想及其影响。

### 教育心理学

**一、简答题**

简述麦基奇等提出的学习策略分类。

**二、论述题**

结合实际分析影响问题解决的主要因素，并谈谈如何培养学生问题解决的能力。★★★

# 2011 年云南师范大学 333 教育综合真题

**一、名词解释**

1. 察举制　　　2. 朱子读书法　　　3. 昆体良　　　4.《爱弥儿》
5. 形成性评价　　　6. 价值澄清模式

**二、简答题**

1. 简要分析知识对人的发展的多方面价值。
2. 简要评述活动课程。
3. 简述唐代学校教育制度的特点。

4. 简述陶行知生活教育的思想。

5. 举例说明什么是下位学习（类属学习）。

6. 举例说明常用的精细加工策略。

### 三、论述题

1. 论述多元文化与当代教育变革的关系。★★★★★

2. 论述终身教育思想及其意义。★★★★★

# 2012 年云南师范大学 333 教育综合真题

### 一、名词解释

1. 社会本位　　2. 双轨制　　3. 学园　　4.《爱弥儿》

5. 有教无类　　6. 京师同文馆

### 二、简答题

1. 简要分析人的发展及其基本特征。

2. 简要评论布鲁纳的教学过程思想。

3. 简述文艺复兴时期人文主义教育思想的主要特征及其对后世的影响。

4. 简述福勒和布朗提出的教师成长阶段的主要内容。

### 三、论述题

1. 结合课堂教学案例，说明掌握知识与发展智力的关系。★★★★★

2. 试论布鲁纳结构课程观及其对我国基础教育课程改革的启示。★★★★★

3. 试述科尔伯格的道德发展阶段理论。★★★

4. 试评述陈鹤琴教育思想的特点及贡献。★★★★★

# 2013 年云南师范大学 333 教育综合真题

### 一、名词解释

1. 教育的内在价值　　2. 直线式课程　　3.《教育漫话》　　4. 习明纳（seminar）

5. "六艺"　　6. 科学教育思潮

### 二、简答题

1. 简要分析信息时代对中小学生素质的要求。

2. 简述教育的相对独立性。

3. 简述夸美纽斯的教学原则及其意义。

4. 简述杨贤江 "全人生指导" 的教育思想。

5. 举例说明什么是概念学习。

### 三、论述题

1. 结合实际论述在课堂教学中如何运用理论联系实际的原则。★★★★★

2. 环境教育的内涵是什么？试论在我国中小学生开展环境教育的意义。★★★★★

3. 结合实际分析华莱士提出的创建过程的 "四阶段论"。★★★★★

# 2014年云南师范大学333教育综合真题

## 一、名词解释

1. 环境的给定性　　　2.《四书集注》　　　3. 双轨制　　　4. 人力资本

## 二、简答题

1. 简析教学的三种水平。
2. 简要述评泰勒的课程观。
3. 简述洋务学堂的特点。
4. 简述斯宾塞科学教育思想的主要观点及其影响。
5. 举例说明什么是表征学习（符号学习）。

## 三、论述题

1. 结合案例论述如何有效地运用榜样的方法培养学生品德。★★★
2. 论述蔡元培的大学教育思想及在中国近现代教育史上的地位。
3. 论述儿童研究运动的实质及其对我国基础教育改革的启示。★★★★
4. 举例说明问题解决策略中的启发式策略。★★★★★

# 2015年云南师范大学333教育综合真题

## 一、名词解释

1. 螺旋式课程　　　2. 学校教育制度　　　3. 癸卯学制　　　4. 全人生指导

## 二、简答题

1. 简要述评杜威的教学过程思想。
2. 简述个体能动性在人的发展中的作用。
3. 简述梁漱溟乡村建设与乡村教育理论。
4. 简述蔡元培"五育"并举的教育方针。
5. 举例说明什么是诱因。

## 三、论述题

1. 论述卢梭的教育思想及其影响。★★★
2. 结合案例，论述在课堂教学中如何合理地运用发展性原则。★★★★★
3. 试论加涅提出的九大教学事件。★★★★★

# 2016年云南师范大学333教育综合真题

## 一、名词解释

1. 学校德育　　　2. 学校管理　　　3. 马礼逊学校　　　4. 经世致用
5. 欧洲新教育运动　　　6.《爱弥儿》

## 二、简答题

1. 简要述评夸美纽斯的教学过程思想。
2. 简要分析教育的政治功能。
3. 简析教育目的的层次结构及其相互关系。
4. 简述中国古代选士和取士制度的沿革。

5. 简要分析新文化运动影响下国家主义教育思潮的主要内涵。
6. 举例说明什么是定势。★★★

### 三、论述题
1. 结合案例，论述如何在美育教育实践中有效运用活动性原则。★★★★★
2. 论述杜威实用主义教育思想的主要观点。★★★
3. 结合实际分析学习策略中的精细加工策略。★★★

## 2017年云南师范大学333教育综合真题

### 一、名词解释
1. 晓庄师范　　2. 学习动机　　3. 课程内容　　4. 教育制度　　5. 不愤不发　　6. 性恶论

### 二、简答题
1. 简述品德发展的一般规律。
2. 简述陈鹤琴活教育的主要观点。
3. 简述荀子性恶论的观点。
4. 简述教育性教学。
5. 简述下位学习。

### 三、论述题
1. 结合实例说明如何理解"教学有法，教无定法"？★★★★★
2. 论述马卡连柯的集体主义教育思想的主要观点和现实意义。★★★
3. 结合实例论述组织策略。★★★

## 2018年云南师范大学333教育综合真题

### 一、名词解释
1. 稷下学宫　　2. 课程设计　　3. 泛智教育　　4. 迁移　　5. 情境陶冶法　　6. 正强化

### 二、简答题
1. 举例说明在教学中如何更好地发挥启发式教学原则。★★★
2. 简述陶行知的生活教育思想。
3. 简述近代人文主义思想的观点。

### 三、论述题
1. 论述保罗·朗格朗终身教育的思想和观点以及引发的教育改革。★★★
2. 论述皮亚杰的认知四阶段理论。
3. 教师如何扮演好多种职业角色？

## 2019年云南师范大学333教育综合真题

### 一、名词解释
1. 教学原则　　2. 西周"六艺"　　3. 学园　　4. 小先生制　　5. 监控策略

**二、简答题**

1. 简述新人文主义教育的特征。
2. 简述朱子读书法的基本内容。
3. 简述校本管理的内涵及工作要点。
4. 简述活动课程的基本特征。
5. 举例说明什么是变化速率强化程序。★★★

**三、论述题**

1. 论述博比特《课程》中的核心观点以及对西方课程理论的影响。★★★★★
2. 论述要素主义教育思潮的主要观点及其贡献和价值。★★★★★
3. 论述罗杰斯的自由学习的原则。★★★

# 2020 年云南师范大学 333 教育综合真题

**一、名词解释**

1. 校本培训　　　2. 学科课程　　　3. 博雅教育　　　4. 最近发展区
5. 化性起伪

**二、简答题**

1. 简述班主任的工作任务。
2. 简述蔡元培"五育"并举的思想。
3. 简述教学质量管理的内容及要求。
4. 简述加涅信息加工的八阶段。
5. 简述进步主义教育运动的特征。

**三、论述题**

1. 论述探究性教学的基本过程需要注意的问题，并举出例子。★★★★★
2. 论述苏格拉底"助产术"的内涵及在实践中的应用。★★★★★
3. 联系实际分析什么是学习动机以及激发学习动机的方法。
4. 论述德育过程的一般规律。
5. 比较学生掌握知识的两种基本模式。★★★★★

# 2021 年云南师范大学 333 教育综合真题

**一、名词解释**

1. 学校教育制度　　　2. 形成性评价　　　3. 智者　　　4. 定县实验
5. 短时记忆

**二、简答题**

1. 简述德育的原则与方法。
2. 简述掌握知识与发展智力的关系。
3. 简述王安石崇实尚用的思想。
4. 简述卢梭的自然主义教育。
5. 简述参与性学习和替代性学习的关系。★★★

**三、论述题**

1. 教师是一个具有人文精神的专业性职业，请结合实际论述教师的人文精神和专业性。★★★★

2.论述教育科学化的内容及影响。★★★★

3.结合实际谈谈如何培养学生的问题解决能力。★★★

# 2022 年云南师范大学 333 教育综合真题

## 一、简答题

1.简述教育的质的规定性。

2.简述教育的社会功能。

3.简述负强化和惩罚的区别。

4.简述学习动机与学习效果的关系。

5.简述黄炎培的职业教育方针中社会化的内涵。

6.简述中世纪大学产生的社会背景。

## 二、论述题

1.结合实际,谈谈你对教师劳动特点的认识。★★★★★

2.举例说明教师对课堂不良行为采取的有效措施。★★★★★

3.谈谈 20 世纪初欧美综合中学运动的发展及其特征。★★★★★

# 山西师范大学

# 2010 年山西师范大学 333 教育综合真题

## 一、名词解释

1.学制　　2.课程标准　　3.课程设计　　4.教学组织形式　　5.教学策略　　6.教学评价

## 二、简答题

1.简述新一轮基础教育课程改革的具体目标。

2.简述我国各级学校课程设置的特点。

3.简述陶行知的生活教育思想。

4.简述夸美纽斯的"泛智教育"思想。

5.简述建构主义学习理论的基本观点。

## 三、论述题

1.管仲说:"仓廪实而知礼节,衣食足而知荣辱。"试用马斯洛的需要层次理论加以分析。★★★★★

2.谈谈你对教学过程中几种基本关系的理解。★★★★★

3.评析赫尔巴特的教学形式阶段理论。★★★

# 2011 年山西师范大学 333 教育综合真题

## 一、名词解释

1.教学监控能力　　2.学习策略　　3.行动研究方法　　4.白板说

5. 设计教学法          6. 教育目的

## 二、简答题

1. 简述陶行知的"生活教育"思想。
2. 简述韩愈在其《师说》中所论述的师道观。
3. 促进学习迁移的教学原则有哪些？
4. 简述荀子关于教学的思想。
5. 简述矫正学生不良品德的措施及其心理学依据。

## 三、论述题

1. 利用班杜拉的观察学习理论，阐述在课堂中应如何应用观察学习。★★★★★
2. 请评述裴斯泰洛齐的教育心理学化思想。★★★
3. 以下是美国教育家杜威关于"教育"的论述，请你做出分析。★★★★★

一切教育都是通过个人参与人类的社会意识而进行的。这个过程几乎是在出生时就在无意识中开始了。它不断地发展个人的能力，熏染他的意识，形成他的习惯，锻炼他的思想，并激发他的感情和情绪。由于这种不知不觉的教育，个人便渐渐分享人类曾经积累起来的智慧和道德的财富。他就成了一个有固有文化的继承者。世界上最形式的、最专门的教育确实不能离开这个普遍的过程。教育只能按照某种特定的方向，把这个过程组织起来或者区分出来。

4. 联系实际论述德育过程是提高学生自我教育能力的过程。★★★

# 2012 年山西师范大学 333 教育综合真题

## 一、名词解释

| | | | |
|---|---|---|---|
| 1. 教育制度 | 2. 教育内容 | 3. 教育目的 | 4. 教学监控能力 |
| 5. 亲社会行为 | 6. 学习动机 | 7. 德育原则 | 8. 班主任工作的基本任务 |

## 二、简答题

1. 简述教学物理环境心理学的主要内容。
2. 简述学习策略的结构。
3. 简述赞科夫的教育思想。
4. 简述陈鹤琴的"活教育"思想。

## 三、论述题

1. 试论述教育与人的发展的关系。
2. 结合实际论述教师应如何完善自我。★★★★★

# 2013 年山西师范大学 333 教育综合真题

## 一、名词解释

| | | | |
|---|---|---|---|
| 1. 教育理论 | 2. 学制 | 3. 教育目的 | 4. 学习策略 |
| 5. 道尔顿制 | 6. 课程方案 | | |

## 二、简答题

1. 简述教育的社会功能。
2. 简述教育的独立性。
3. 简述多元智力理论。
4. 简述活教育思想。

## 三、论述题

1. 论述赫尔巴特的阶段教学论。★★★
2. 分析教师的职业特点、角色以及职业素养。
3. 论述马斯洛的需要层次理论。★★★

# 2014 年山西师范大学 333 教育综合真题

## 一、名词解释

1. 美育    2. 形成性评价    3. 教育结构    4. 教学监控能力
5. 反思    6. 自我效能感

## 二、简答题

1. 简述我国课程编制的原则。
2. 简述教师劳动创造性的含义及表现。
3. 简述荀子关于教学的思想。
4. 简述促进学习迁移的教学原则。
5. 简述维果茨基的教育思想对当前学科教学的影响。
6. 简述当代教育心理学的研究趋势。

## 三、论述题

1. 分析论述保罗·朗格朗的终身教育思想。★★★★★
2. 请运用知识和发展智力的关系原理，谈谈在实际课堂教学过程中应如何进行知识教学。★★★★★
3. 你认为在现实社会、家庭环境和学校教育中，要培养学生的创造性应创造哪些必要的条件？★★★★★

# 2015 年山西师范大学 333 教育综合真题

## 一、名词解释

1. 修养    2. 精细加工策略

## 二、简答题

1. 简述教学过程中的教学原则。
2. 简述教学评价的基本要求。

## 三、论述题

1. 论述孟子的教学思想及对现代教育改革的影响。★★★★★
2. 论述人本主义与认知派有意义学习的思想。★★★
3. 论述建构主义学习理论的核心思想及其在教学中的应用。★★★
4. 论述如何在教学中培养学生问题解决的能力。

# 2016 年山西师范大学 333 教育综合真题

## 一、名词解释

1. 问题发现学习法    2. 德育    3. 新教育运动    4. 酝酿效应
5. 心理发展的年龄特征    6. 行动研究主义

### 二、简答题

1. 简述教师语言表达能力的特征。
2. 简述课程设计的原则。
3. 简述新文化运动前后的实用主义。
4. 简述影响知识理解的因素。

### 三、论述题

1. 分析论述教师指导与学生主动性的关系。
2. 结合实例说明教师应如何培养学生独立思考与逻辑思维的能力。★★★★★
3. 分析论述皮亚杰的认知理论。★★★
4. 论述教师成长与发展的途径。★★★

# 2017 年山西师范大学 333 教育综合真题

### 一、名词解释

1. 精细加工策略　　2. 认知结构　　3. 教育目的的价值取向　　4. 教学设计
5. 教师专业发展

### 二、简答题

1. 简述《学记》。
2. 简述教师发展和培养的途径。
3. 班主任为什么要进行个别教育？
4. 要素主义教育思想的基本观点。

### 三、论述题

1. 试述维果茨基的认知发展理论及其对教学的影响。★★★
2. 试述人文主义教育的主要特征。
3. 试述如何激发学生的学习动机。
4. 对比分析桑代克和巴甫洛夫的观点。★★★★★

### 四、分析题

1. 试析文艺复兴与大学变革的关系。★★★★★
2. 试析终身教育思潮对教育改革的影响。★★★★★

# 2018 年山西师范大学 333 教育综合真题

### 一、名词解释

1. 教育　　2. 课程　　3. 苏格拉底法　　4. 中体西用
5. 学习策略　　6. 自我效能感

### 二、简答题

1. 简述教师的基本素养。
2. 简述教育的社会功能。
3. 简述班杜拉的观察学习法。
4. 简述蔡元培的教育思想及教育实践。
5. 简述陶行知的生活教育理论。
6. 简述卢梭的自然主义教育。

### 三、论述题

1. 十九大强调要优先发展教育，论述为什么要把教育放在优先发展的地位。★★★★★
2. 论述奥苏伯尔的有意义学习。★★★
3. 论述皮亚杰的认知理论及其对教育的启示。★★★

## 2019 年山西师范大学 333 教育综合真题

### 一、名词解释

| | | | |
|---|---|---|---|
| 1. 讲授法 | 2. 教育制度 | 3. 理论联系实际 | 4.《学记》 |
| 5. 要素主义 | 6. 苏霍姆林斯基 | 7. 认知内驱力 | |

### 二、简答题

1. 简述教师的主导性与学生的主体性的关系。
2. 简述维果茨基的心理理论。
3. 简述杜威的教育目的论。
4. 简述如何培养学生问题解决的能力。

### 三、论述题

1. 根据当前的教育现象，分析教育该如何回归生活。★★★★★
2. 论述陈鹤琴的教育理论及其影响。★★★
3. 论述人本主义理论及其贡献。★★★

## 2020 年山西师范大学 333 教育综合真题

### 一、名词解释

| | | | |
|---|---|---|---|
| 1. 癸卯学制 | 2. 赫尔巴特 | 3. 教学设计 | 4. 人的全面发展 |
| 5. 辐合思维 | 6. 共同要素说 | 7. 功能固着 | 8. 教师职业形象 |

### 二、简答题

1. 简述宋元时期蒙学教育的基本经验。
2. 简述黄炎培的职业教育思想。
3. 简述卢梭的自然主义教育理论。
4. 简述激进建构主义教育思潮的基本观点。
5. 简述注意的品质。
6. 简述布鲁纳的认知发现学说。
7. 简述韦纳的成败归因理论，并结合实际分析。

### 三、论述题

1. 运用教育和生活的关系，论述目前学校教育实践中存在的缺陷。★★★★★
2. 结合实际分析学生品德的一般发展过程。★★★
3. 论述皮亚杰的认知发展阶段理论及认知发展机制。★★★

## 2021 年山西师范大学 333 教育综合真题

### 一、名词解释

| | | | |
|---|---|---|---|
| 1. 朱子读书法 | 2. 教育目的 | 3. 课程标准 | 4. "六艺" |

5.最近发展区　　　　　6.元认知策略

**二、简答题**

1.简述建构主义学习理论。

2.简述皮亚杰的道德认知发展理论。

3.简述教育的政治功能。

4.简述颜之推的家庭教育思想。

**三、论述题**

1.结合疫情期间的教育实际，谈谈你对教师素养的看法。★★★★★

2.论述教学过程中需要处理好的几对关系。★★★

3.从教育和生活的角度，比较杜威和陶行知的思想。★★★

4.比较夸美纽斯和卢梭的自然主义思想。★★★★★

# 2022年山西师范大学333教育综合真题

**一、名词解释**

1.学制　　　　2.教学方法　　　　3.书院教育　　　　4.京师大学堂

5.贝尔 – 兰卡斯特制　　6.思维定势

**二、简答题**

1.简述教师应具备的素养。

2.简述朱熹的教育思想。

3.简述夸美纽斯的泛智教育思想。

4.简述蔡元培的教育思想。

5.简述赫尔巴特的教育思想。

6.简述影响中学生品德发展的主要因素。

**三、论述题**

1.论述劳动教育的意义以及如何开展劳动教育。★★★★★

2.论述如何处理掌握知识和发展智力的关系。★★★

3.论述自我效能感理论及其教育启示。★★★★★

# 内蒙古师范大学

# 2010年内蒙古师范大学333教育综合真题

**一、名词解释**

1.教育目的　　　2.学校教育制度　　　3.教学　　　4.榜样示范法

5.苏格拉底法　　　6.《大教学论》

**二、简答题**

1.简述我国基础教育课程改革的三维目标。

2. 简述教师劳动的特点。

3. 简要分析学生学习的特点。

4. 简要回答陶行知的生活教育理论。

**三、论述题**

1. 试述创造性的培养措施。

2. 联系实际论述德育过程是培养学生知、情、意、行的过程。★★★★★

3. 试论述孔子和韩愈的教师观。★★★

4. 试论述杜威教育本质论的主要内容及影响。★★★

# 2011 年内蒙古师范大学 333 教育综合真题

**一、名词解释**

1. 教育学          2. 课程标准          3. 教学评价          4. 德育过程

5.《大教学论》    6. 绅士教育

**二、简答题**

1. 简述全面发展教育的组成部分。

2. 简述教学过程应处理好的几种关系。

3. 简述迈克卡等人关于学习策略和内容的基本主张。

4. 简述蔡元培"五育"并举的教育方针。

**三、论述题**

1. 试分析影响问题解决的主要因素。★★★

2. 试述新一轮基础教育课程改革的具体目标。

3. 论述《学记》中教育教学的原则和方法。

4. 试述《国防教育法》的内容及影响。

# 2012 年内蒙古师范大学 333 教育综合真题

**一、名词解释**

1. 课程标准        2. 教学            3. 教育目的        4. 性善论

5. 道德教育        6. 知识表征        7. 道尔顿制        8. 自我效能感

9. 精细加工策略

**二、简答题**

1. 简述制定教育目的的依据。

2. 简述教育、教学、智育之间的关系。

3. 简述社会本位论与个体本位论。

4. 简述埃里克森的心理社会发展理论及其对教育的启示。★★★

5. 简述认知结构迁移理论的基本观点。

6. 简述影响学习动机的因素。

**三、论述题**

1. 论述德育过程是培养学生知、情、意、行的过程。

2. 如何培养创造性思维?★★★

## 2013 年内蒙古师范大学 333 教育综合真题

### 一、名词解释

1. 教育制度　　　　2. 教学目的　　　　3. 教学原则　　　　4. "六艺"
5. 陶行知　　　　　6. 产婆术　　　　　7. 导生制　　　　　8.《国防教育法》

### 二、简答题

1. 简述文化对教育的影响与制约。
2. 简述教育的政治功能。
3. 简述贯彻因材施教德育原则的基本要求。
4. 简述有意义学习及其条件。
5. 简述教学与发展的关系及理论基础。
6. 简述培养学生创造性的原则。

### 三、论述题

1. 论述美育对教育的价值。★★★
2. 举例说明结构不良问题的解决过程。★★★

## 2014 年内蒙古师范大学 333 教育综合真题

### 一、名词解释

1. 课程　　　　　　2. 学制　　　　　　3. 课外活动　　　　4. 电化教学
5. 教育目的　　　　6.《教育漫话》　　　7.《三字经》　　　　8. 有教无类
9.《民主主义与教育》 10. 程序性知识　　　11. 创造力　　　　　12. 迁移
13. 上位学习

### 二、简答题

1. 简述教育的基本要素。
2. 简述德育的实现途径。
3. 简述问题发现教学。
4. 简述孔子的教学思想。
5. 简述卢梭的自然主义教育思想。
6. 简述自我调节理论。
7. 简述如何加强学习策略的应用。
8. 简述科尔伯格的道德发展观。

### 三、论述题

1. 论述影响人的发展的诸要素及其作用。
2. 论述唐朝科举制度对学校教育制度的影响。
3. 试述科学心理观。★★★
4. 联系实际论述科学发展观。★★★★★

## 2015 年内蒙古师范大学 333 教育综合真题

### 一、名词解释

1. 教育制度　　　　2. 教学策略　　　　3. 课程设计　　　　4.《学记》

5.《大教学论》 6.《爱弥儿》

## 二、简答题

1. 简述教学的任务。
2. 简述教师劳动的特点。
3. 简述孔子关于德育的原则与方法。
4. 简述杜威的教育本质观。

## 三、论述题

1. 如何正确认识教育的相对独立性? ★★★★★
2. 分析书院产生的原因及宋朝书院的特点。★★★
3. 论述建构主义学习理论的基本观点及其主要内容。
4. 阐述自我效能感理论的主要内容。
5. 阐述问题解决的基本过程。
6. 什么是创造性思维? 其主要特征有哪些?
7. 请阐述科尔伯格道德发展阶段理论的主要内容。

# 2016 年内蒙古师范大学 333 教育综合真题

## 一、名词解释

1. 教育目的　　　　2. 学制　　　　3. 教育原则　　　　4. 美育
5. 道尔顿制　　　　6.《新教育大纲》

## 二、简答题

1. 简述教育的基本要素。
2. 简述人的主观能动性对教育的作用。
3. 简述孟子的德育原则。
4. 简述陶行知的生活教育理论。
5. 简述心理发展的一般规律。
6. 简述加德纳的多元智力理论。
7. 简述有意义学习的内容及条件。
8. 简述学习动机的作用。

## 三、论述题

1. 如何把握好教师的主导作用和学生的主动性的关系? ★★★
2. 评述卢梭的自然主义教育。★★★
3. 论述皮亚杰的认知发展阶段理论的内容和特点。

# 2017 年内蒙古师范大学 333 教育综合真题

## 一、名词解释

1. 外铄论　　　　2. 教育　　　　3. 价值澄清模式　　　　4. 文化教育学
5. 元认知策略　　　　6. CIPP 模式

## 二、简答题

1. 简述建构主义教育理论。
2. 简述品德不良的纠正与教育策略。

3. 简述颜之推的家庭教育思想。

4. 简述教学设计的方法。

5. 简述赫尔巴特的道德教育理论。

6. 简述实验教育学。

7. 简述人格差异的教育策略。

8. 简述德可乐利学校及教学思想。

9. 简述赞科夫的发展性教学。

**三、论述题**

1. 论述当前国外课程改革的趋势。★★★★★

2. 论述陶行知的生活教育理论。★★★

# 2018 年内蒙古师范大学 333 教育综合真题

**一、名词解释**

1. 课程方案　　2. 骑士教育　　3. 形成性评价　　4. 设计教学法

5. 观察学习理论　　6. 最近发展区

**二、简答题**

1. 简述教育的社会流动功能和意义。

2. 简述环境在人的发展中的作用。

3. 简述癸卯学制的内容及意义。

4. 如何贯彻教育影响的一致性和连续性原则？

**三、论述题**

1. 论述教师的权利和义务。

2. 论述杜威的实用主义理论。★★★

3. 论述皮亚杰的认知发展阶段理论。★★★

4. 论述《学记》的教育制度和教育管理。★★★

# 2019 年内蒙古师范大学 333 教育综合真题

**一、名词解释**

1. 教育制度　　2. 教育原则　　3.《学记》　　4. 道德情感

5. 学习动机　　6. 自我效能感　　7. 陈述性知识学习　　8. 认知策略

9. 专家型教师

**二、简答题**

1. 我国基础教育教学的主要任务是什么？

2. 简述学校德育的主要途径。

3. 简述董仲舒的三大文教政策。

4. 简述文艺复兴时期人文主义教育的主要特征。

5. 简述夸美纽斯制定的学年制和班级授课制的内容。

6. 分析实验法在教育心理学中的有效性。

7. 简述心理发展观中主动发展观的内容。

8. 简述认知策略的促进条件。

**三、论述题**

1. 在教学过程中如何处理教师的主导作用和学生的主动性的关系？★★★

2. 试述孔子教育论思想的主要内容。★★★

# 2020年内蒙古师范大学333教育综合真题

### 教育学原理与中外教育史

**一、名词解释**

1. 课程实施　　　　　2. 美育　　　　　3. 教育目的

**二、简答题**

1. 简述教育的文化功能。

2. 简述智育的基本任务。

3. 简述隋唐时期的文教政策与汉代的三大文教政策。

4. 简述卢梭的教育适应自然的内涵。

5. 简述夸美纽斯的班级授课制的主要内容。

**三、论述题**

1. 论述现代教师应具备的专业素养。

2. 论述陶行知"生活即教育"的内涵。

### 教育心理学

**一、简答题**

1. 简述有意义学习及其条件。

2. 简述建构主义关于学习的基本观点。★★★

3. 如何激发学生的学习动机？★★★

**二、论述题**

论述加涅的学习理论。★★★

# 2021年内蒙古师范大学333教育综合真题

**一、名词解释**

1. 教育的基本要素　　2. 文化知识的价值　　3.《学记》中的教学原则

4. 朱熹的德育教育　　5. 终身教育　　　　　6. 赫尔巴特的儿童管理方法和策略

7. 赞科夫的一般发展中的教学原则

**二、简答题**

1. 简述问题的类型及问题解决的策略。

2. 简述资源管理策略。

3. 简述知识学习的特点以及分类。

4. 简述德育的途径。

**三、论述题**

1. 论述教师如何处理好教授知识和培养道德的关系。★★★

2. 什么是问题？创造性问题解决的过程及其影响因素是什么？

## 2022年内蒙古师范大学333教育综合真题

**一、简答题**

1. 简述教育的政治功能。
2. 个人本位论是教育目的价值选择上一种典型的主张，简述其主要观点。
3. 简述教学的意义。
4. 简述班级授课制的主要优点。
5. 简述蒙台梭利提出的感官教育的实施原则。
6. 简述苏霍姆林斯基和谐发展教育实施的基本途径。
7. 从教育思想发展史来看，韩愈的《师说》在当时是具有新意的，具体表现在哪些方面？

**二、论述题**

1. 结合实际，谈谈掌握知识和发展智力的关系。★★★
2. 论述朱子读书法的主要内容。★★
3. 维果茨基的发展性教学主张是什么？对教学有何意义？★★★
4. 如何理解学习动机？怎样培养和激发学生的学习动机？★★★
5. 试述促进学习迁移的基本条件，联系实际说明如何促进学习迁移。★★★
6. 结合实例说明家庭和学校对学生品德发展的影响。★★★★
7. 心理健康的意义和标准是什么？请举例说明学校开展心理健康教育的途径。★★★★

# 贵州师范大学

## 2013年贵州师范大学333教育综合真题

**一、名词解释**

1. 学制　　　2. 学校管理　　　3. 导生制　　　4.《学记》　　　5. 技能　　　6. 教育心理学

**二、简答题**

1. 简述中国古代书院的特点。
2. 简述王守仁有关儿童教育的思想。
3. 简述古风时代斯巴达教育与雅典教育的不同之处。
4. 列举杜威的教育思想。

**三、论述题**

1. 请结合教育知识，分别分析下面三个片段的肯定之处与不足之处，以及其体现的教育原理。并结合教师的作用分析教师应如何教学，与学生保持什么样的关系。
（1）有人说教师是人类灵魂的工程师，教师是路标，教师是梯子……
（2）有人说教师是辛勤的园丁，教师是孺子牛，教师是蜡烛……
（3）有人说给学生一碗水，教师要有一桶水，教师是水，不断更新，长流不断。
2. 结合相关知识谈谈你对教学及教学过程的认识。★★★★
3. 结合成败归因理论和自我效能感来分析学生形成品德不良行为的原因，以及如何纠正学生的不良行为。★★★

4. 请论述建构主义学习理论的相关观点。

# 2014 年贵州师范大学 333 教育综合真题

## 一、名词解释

1. 教学　　　　2. 学校管理　　　　3. 学习动机　　　　4. 稷下学宫
5. 白板说　　　6. 苏格拉底法

## 二、简答题

1. 简述影响人的发展的基本因素。
2. 简述陈鹤琴和王守仁的儿童教育思想。
3. 简述北宋的三次兴学。
4. 简述科尔伯格的道德发展阶段理论。

## 三、论述题

1. 结合教育知识，分析判断下面这两段话正确与否，并给出理由。★★★
材料一：教师以民主而不是专制的方式管理学生，鼓励学生表达不同的意见，允许学生在自行探索中发现知识，那么这种教育方式有利于学生创造性的培养。
材料二：汉语拼音的学习产生的影响属于负迁移现象。
2. 教师怎么样才能上好一堂课？如何对教师授课的质量进行评价？★★★★
3. 论述赫尔巴特的教育思想。
4. 请结合师生关系的作用以及新型师生关系的特点对材料加以分析。★★★★★
新入职的张老师对学生的要求十分严格。有一次小明迟到一分钟，张老师不问原因，也不准小明回座位，就让他站在教室后听课一上午。平时学生向张老师礼貌问好，张老师也让学生感觉到不理不睬的，慢慢地，越来越多的学生对张老师敬而远之。有一天，学校组织学生与老师说心里话的活动。小明对张老师说了自己与同学们的感受，张老师进行了深刻的反思，也调整了自己的做法，渐渐地张老师发现学生们发生了许多变化，笑容多了，上课也认真了，连最不爱说话的学生也对张老师有话说了，张老师对自己说"我也进步了"。

# 2015 年贵州师范大学 333 教育综合真题

## 一、名词解释

1. 学校教育制度　　2. 教学　　3. 德育原则　　4.《大学》中的"三纲领"
5. 苏格拉底教学法　6. 反思

## 二、简答题

1.《学记》中的教育原则有哪些？
2. 请简述陶行知"生活即教育"的教育理念。
3. 请简述《国防教育法》的相关立法执行情况。
4. 请简述杜威"做中学"的教育理念。

## 三、论述题

1. 材料：一名学生在日记里写道：我今天特别高兴，因为老师终于给了我回答问题的机会，这可是我进入这个班级以来获得的第一次机会啊！虽然这是老师不经意的一次提问，但我心里有说不出的喜悦。就在这一次，老师终于注意到我的存在，我有了发表意见的机会。
请结合材料谈谈课堂提问应该如何把握正确方向。★★★
2. 材料：最近一项调查结果显示：98.6% 的学生见到老师能主动问好或打招呼，而只有不到 9% 的老师主动跟学生问好或打招呼。

请结合材料谈一谈如何构建和谐的师生关系。★★★★

3.材料：李南是一位刚走上教师岗位的年轻教师。上岗之前，他踌躇满志，想象着教师的那些工作——备课、上课、批改作业等是那样的简单。而且作为物理教师，自己教学生掌握应该学到的物理知识，不用操心思想工作之类，可省去许多麻烦。总之对于自己这个大学毕业的高材生来说，要驾驭教师工作是轻而易举的事。然而，上岗两个月后，李南没有了往日的潇洒，他沮丧到了极点。走进教室，他发现学生比想象中的差多了，有的简直不像学生，对老师没有礼貌，时不时抓住机会向他挑衅。且不说教学内容他们不想听，即使讲轶闻趣事，有些学生也在搞另一套。课堂上还经常出现互骂打架的事情，真叫李南烦不胜烦。李南并不认为是他自己无能，而认为是学生太差。他觉得，与其把时间花在这难见成效的工作上，还不如早点改行。他想辞职去做生意，但是仔细想想，就此离开教育工作，他多少又心有不甘。但如果继续干下去，出路又何在？★★★

（1）李南这名新教师出现这样的问题，原因是什么？并加以分析。

（2）请向李南提出在教学和课堂管理方面的建议和方法。

4.请论述中小学教学的原则。

# 2016年贵州师范大学333教育综合真题

## 一、名词解释

1. 学在官府　　2. 最近发展区　　3. 学习动机　　4. 宫廷教育

5. 班级授课制　　6. 教育目的

## 二、简答题

1. 简述教育与文化的关系。

2. 简述科举制度对古代封建制度的影响。

3. 简述蔡元培的"五育"教育。

4. 简述赫尔巴特的四段教学法。

## 三、论述题

1. 方仲永五岁能作诗，但十二三岁时不如以前，二十岁时和众人一样，用相关教育理论进行评论。★★★★★

2. 一位教师用一条活鱼来引导《鱼》一课，播放关于解剖鱼的相关视频使学生了解鱼的知识。该教师用了什么教学原则？该如何运用此原则？★★★★

3. 如何看待教师"错一罚十、漏一补十"的做法？运用相关记忆规律分析此做法。★★★

4. 一群学生在围观蚂蚁，一位教师怒问："你们在干什么？"学生答："我们在听蚂蚁唱歌。"教师大声斥责："胡说，蚂蚁怎么会唱歌？"

用现代学生观分析该教师的行为。★★★★★

# 2017年贵州师范大学333教育综合真题

## 一、名词解释

1. 学校教育　　2. 教育目的　　3. "六艺"教育　　4. 骑士教育

5. 学习策略　　6. 最近发展区

## 二、简答题

1. 简述教育的相对独立性。

2. 简述孔子教育思想的贡献。

3. 简述现代教育对教师素养的要求。

4. 简述夸美纽斯的泛智教育思想。

## 三、论述题

1. 论述杜威的教育本质论及其现实意义。★★★★★
2. 论述新一轮的课程改革对教师的要求。★★★★
3. 老师提问砖头的作用，小方回答"造房子，造博物馆，铺路"，小明回答"造房子，铺路，打狗，敲钉"。分析二者的回答，你更喜欢谁的回答？用思维的原理进行分析。★★★★★
4. 新班主任周老师刚进班的第一天，就看见教室的黑板上写着"你也下课吧"五个大字，原来这个班在周老师来之前已经换过两个班主任了，因为该班的学生在学习成绩、班级卫生、学校纪律方面表现极差，导致该班班主任评分被扣而取消当班主任的资格。

如果你是周老师，你会怎么做？★★★★

# 2018年贵州师范大学333教育综合真题

## 一、名词解释

| | | | |
|---|---|---|---|
| 1. 教育 | 2. 课程 | 3. 有教无类 | 4. 认知策略 |
| 5. 产婆术 | 6. 问题解决 | | |

## 二、简答题

1. 简述杜威的教育思想。
2. 简述启发性教学原则的基本要求。
3. 简述马克思主义关于人的全面发展的学说。
4. 简述马斯洛的需要层次理论。

## 三、论述题

1. 材料：一位中学教师在谈教育体会时说："现在的中学生太不懂事了，有时候甚至不打他，他就不听话。"这位教师的学生说："我们知道老师是对我们好才严格要求我们，不过他总是把我们当犯人一样看待，从来不相信我们，弄得我们平时只好躲着他。有时明知他是对的，也故意与他作对。"

上述材料体现了什么德育原则？怎样处理？★★★★★

2. 材料：为了丰富班级每周的班会活动，李老师选了一篇课文改成剧本。李老师把她的计划和大家说了，全班同学都很高兴，这时李老师听到小松和同桌小声议论："老师怎么选这篇课文，又长又不好演。""你管呢，让你演什么你就演什么呗。""我可不想演。"听到这儿，李老师的心里咯噔一下。下课后，李老师把小松请到办公室，请他谈谈对演课本剧的想法。小松说："老师，我觉得您选的课文不好，而且您每次都是写好了剧本让我们演，您应该让我们自己来试一试。"小松的话让李老师突然意识到学生们并不希望老师什么都"包办代替"，他们长大了。于是，李老师把导演的任务交给了小松，他高兴地接受了任务，开始和同学商量演哪一课，然后找李老师做参谋，请李老师帮忙做道具。在班会活动上课本剧表演得非常成功，李老师和孩子们一同品尝了成功的喜悦。

上述材料中老师在班级管理上体现了什么样的管理观念？有什么启示？★★★★

3. 论述陶行知的教育思想及其对当前学校教育的启示。★★★★★
4. 论述班杜拉的观察学习理论及其现实意义。★★★★

# 2019年贵州师范大学333教育综合真题

## 一、名词解释

| | | | |
|---|---|---|---|
| 1. 教育目的 | 2. 课程 | 3. 壬寅学制 | 4. 绅士教育 |
| 5. 元认知策略 | 6. 因材施教 | | |

**二、简答题**

1. 简述"五育"并举。
2. 简述颜之推的教育思想。
3. 简述夸美纽斯的教育思想。
4. 简述学校教育在人的发展中的作用。

**三、论述题**

1. 论述建设师德师风的重要性。★★★★
2. 论述卢梭的自然主义教育。
3. 如何培养学生的学习动机？
4. 论述启发式教学及其要求。★★★★★

# 2020 年贵州师范大学 333 教育综合真题

**一、名词解释**

1. 稷下学宫    2. 学习动力    3. 产婆术    4. 班级授课制

**二、简答题**

1. 简述教育对政治的影响。
2. 简述影响遗忘的因素。
3. 简述夸美纽斯的教育思想。

**三、论述题**

1. 论述科举制的利弊及对高考的启示。★★★★
2. 论述教育惩戒的意义。★★★★★
3. 材料：根据 2019 年 11 月颁布的《中小学教师实施教育惩戒规定（征求意见稿）》，教师可采取不超过一堂课教学时间的教室内站立或面壁思过的惩罚方式。★★★★★
   （1）请说说如何界定教育惩戒。
   （2）中小学教师如何进行教育惩戒？

# 2021 年贵州师范大学 333 教育综合真题

**一、单选题**（30个）（缺失）

**二、多选题**（10个）（缺失）

**三、简答题**

1. 简述蔡元培"五育"并举的思想。
2. 简述促进学习迁移的方法。
3. 简述国务院关于教育评价的措施。★★★★
4. 简述教育摆在优先发展的战略位置的理论基础和实践。★★★★

**四、论述题**

针对"停课不停学"的线上教学，谈一谈你的看法。★★★★

# 2022 年贵州师范大学 333 教育综合真题

**一、单选题**（缺失）

**二、多选题**（10个）（缺失）

**三、名词解释**

1. 教师　　　　　2. 书院　　　　　3. 骑士教育　　　　　4. 学习策略

**四、简答题**

1. 简述《中华人民共和国家庭教育促进法》规定的家庭教育应当符合的要求。★★★★
2. 简述如何纠正学生不良行为。

**五、论述题**

材料：新时代中国的教育方针。（材料缺失，可作为参考：2021年4月29日，第十三届全国人民代表大会常务委员会第二十八次会议修正的《中华人民共和国教育法》，将教育方针规定为："教育必须为社会主义现代化建设服务、为人民服务，必须与生产劳动和社会实践相结合，培养德智体美劳全面发展的社会主义建设者和接班人"。将党的教育方针落实为国家法律规范。）

问题：（1）新修订的教育方针的完整表述是什么？★★★★★

（2）教育方针体现了我国教育目的的什么特点？★★★★★

（3）新发展阶段，如何落实和促进新教育方针？★★★★

# 沈阳师范大学

## 2010年沈阳师范大学333教育综合真题

**一、名词解释**

1. 教育目的　　　　2. 学校教育制度　　　3. 教学　　　　4. 榜样示范法
5. 苏格拉底法　　　6.《大教学论》

**二、简答题**

1. 简述我国基础教育新课程改革的三维目标。
2. 简述教师劳动的特点。
3. 阐述陶行知的"生活教育"理论。

**三、论述题**

1. 试论创造性的培养措施。
2. 联系实际论述德育过程是培养学生知、情、意、行的过程。★★★
3. 试论述孔子和韩愈的教师观。
4. 试论述杜威教育本质论的主要内容及影响。★★★★

## 2011年沈阳师范大学333教育综合真题

**一、名词解释**

1. 教育学　　　　2. 课程标准　　　3. 教学评价　　　4. 德育过程
5.《大教学论》　　6. 绅士教育

## 二、简答题

1. 简述全面发展教育的组成部分。
2. 简述教学过程中应处理好的几种关系。
3. 简述迈克卡等人关于学习策略的结构和内容的基本主张。★★★
4. 简述蔡元培"五育"并举的教育方针。

## 三、论述题

1. 试分析影响问题解决的主要因素。
2. 试述新一轮基础教育课程改革的具体目标。★★★★
3. 论述《学记》教育教学的原则和方法。★★★★★
4. 论述《国防教育法》的内容及影响。★★★★

# 2012 年沈阳师范大学 333 教育综合真题

## 一、名词解释

| | | | |
|---|---|---|---|
| 1. 德育原则 | 2. 生活准备说 | 3. 学习 | 4. 建构主义学习观 |
| 5. 全面发展教育 | 6. 学校管理 | | |

## 二、简答题

1. 简述"朱子读书法"。
2. 简述人的身心发展规律对教育的要求。★★★★
3. 简述课程目标设计的基本方式。
4. 简述中小学德育的基本途径。

## 三、论述题

1. 试论陈鹤琴"活教育"的思想体系。
2. 述评科尔伯格的道德发展阶段理论。
3. 论述夸美纽斯建立统一学制系统的内容及影响。
4. 试论班主任应具备的素质要求。★★★★

# 2013 年沈阳师范大学 333 教育综合真题

## 一、名词解释

| | | | |
|---|---|---|---|
| 1. 学校教育制度 | 2. 课程设计 | 3. 教学原则 | 4. 学校管理 |
| 5.《理想国》 | 6. 绅士教育 | | |

## 二、简答题

1. 简述教学工作的基本环节。
2. 简述德育的主要方法。
3. 当代教育心理学研究的基本趋势是什么？
4. 简述孔子的教学方法论。

## 三、论述题

1. 论述教育的社会变迁功能。
2. 评述加里培林的心智技能按阶段形成理论。
3. 论述赫尔巴特的教学形式阶段理论。
4. 试论陶行知的"生活教育"理论体系。

# 2014 年沈阳师范大学 333 教育综合真题

**一、名词解释**

1. 个体发展　　　　2. 中学为体，西学为用　　　　3. 教育中介系统
4. 有教无类　　　　5. 教育目的的价值取向　　　　6. 课程标准

**二、简答题**

1. 简述人格发展的一般规律。
2. 简述人文主义教育的主要特征。
3. 简述学校管理的发展趋势。
4. 简述启发性教学原则。

**三、论述题**

1. 论述马斯洛学习动机的需要层次理论。
2. 论述杜威关于教育本质的主要观点。
3. 论述蔡元培"五育"并举的教育方针。
4. 联系实际论述德育过程是培养学生知、情、意、行的过程。★★★★

# 2015 年沈阳师范大学 333 教育综合真题

**一、名词解释**

1. 教育学　　　　2. 教育目的的个人本位论　　　　3. 教学评价　　　　4. 德育过程
5. "六艺"教育　　　　6. "教学做合一"

**二、简答题**

1. 简述社会经济政治制度对教育的制约。
2. 简述循序渐进的原则。
3. 简述《理想国》的教育思想。
4. 简述观察学习的含义。

**三、论述题**

1. 联系实际论述教学过程中的掌握知识和发展智力的关系。★★★★
2. 试论《学记》的教育教学原则与方法。
3. 试论赫尔巴特的教学阶段理论和意义。
4. 举例说明迁移及其分类。★★★★★

# 2016 年沈阳师范大学 333 教育综合真题

**一、名词解释**

1. 教育者　　　　2. 分科课程　　　　3.《国防教育法》　　　　4. 苏格拉底法
5. 教学方案　　　　6. 教育的社会变迁功能

**二、简答题**

1. 简述人的发展规律。
2. 简述陶行知的生活教育思想。
3. 简述学习动机需要层次理论。
4. 简述集体教育原则。

**三、论述题**

1.结合实际论述教师指导学生的德育过程。★★★★
2.论述杜威的教育思维和教学方法。
3.试论孔子的道德教育论。
4.试论影响问题解决的因素。

# 2017年沈阳师范大学333教育综合真题

**一、名词解释**

1.启发性教学原则　　2.科举制　　　　3.学校教育　　　4.白板说
5.自我效能感　　　　6.校本教育

**二、简答题**

1.简述教育的基本要素和相互关系。
2.简述《师说》的内容。
3.简述昆体良的教育思想。
4.简述促进知识迁移的措施。

**三、论述题**

1.论述人的身心发展的规律性，结合实际说说在教学中的运用。★★★★
2.试述杜威的教育本质并联系实际说明对今天的影响。★★★★★
3.论述孔子的教学思想并进行评价。
4.试述培养创造者的措施。

# 2018年沈阳师范大学333教育综合真题

**一、名词解释**

1.教育　　　　　　2.课程　　　　　　3.长善救失　　　4.因材施教
5.卢梭的自然教育原则　6.有意义的学习

**二、简答题**

1.简述教育的要素及其相互关系。
2.简述荀子的性恶论。
3.简述班级授课制及其优缺点。
4.简述学习动机如何影响学习效果。

**三、论述题**

1.人的发展规律性表现在哪些方面？结合实际，谈谈学校教育工作如何按规律进行。★★★★
2.试述孔子"性相近，习相远"的教育思想。★★★★★
3.苏霍姆林斯基关于个性的全面和谐发展教育观的主要内容是什么？有何现实意义？★★★★★
4.分析人本主义教学观的基本观点，根据这些教学观提出的教学模式是什么？阐述这种教学模式的特征。★★★★

# 2019 年沈阳师范大学 333 教育综合真题

## 一、名词解释

1. 学校教育制度　　　2. 课程标准　　　3. 学校管理的过程　　　4. 孟轲的性善论
5. 《莫雷尔法案》　　6. 创造性

## 二、简答题

1. 如何处理教学过程中的几对关系?
2. 简述建构主义的学生观。
3. 简述杜威的从做中学的思想和课程论。
4. 简述孔子的学思行教学原则。

## 三、论述题

1. 在社会变迁的过程中教师角色转变的趋势有哪些方面? 这意味着什么? 联系实际生活,教师要如何面对这种趋势? ★★★★
2. 谈谈马克思、恩格斯关于人的全面发展与实际相结合的教育思想。
3. 论述陶行知的生活教育理念。
4. 结合实际谈谈科温顿的自我价值理论对我们的教育活动有什么启示。★★★

# 2020 年沈阳师范大学 333 教育综合真题

## 一、名词解释

1. 教育规律　　　　2. 学科课程　　　　3. 班级授课制
4. 孔子的"有教无类"　5. 亚里士多德的自由教育　6. 问题解决

## 二、简答题

1. 人的发展有何特点?
2. 简述书院的教育特点。
3. 简述美国的"返回基础"教育运动的内容。
4. 简述影响学生学习动机的外部条件。

## 三、论述题

1. 论述社会变迁中教师角色发展的趋势。
2. 论述蔡元培"五育"并举的教育方针。
3. 结合实际论述裴斯泰洛齐的"教育与生产劳动相结合"的内容及现实意义。★★★★★
4. 什么是生成性学习模式? 根据这种观点谈谈教师如何促进学生的学习。★★★★

# 2021 年沈阳师范大学 333 教育综合真题

## 一、名词解释

1. 教学要素(教育活动的要素)　　2. 教学评价　　3. 学校管理过程　　4. 杨贤江的全人生指导
5. 英国公学　　　　　　　　　　6. 社会规范的内化

## 二、简答题

1. 简述班集体的组建过程。
2. 简述夸美纽斯普及教育的内容和措施。
3. 简述颜之推儿童教育的原则。

4. 简述心智技能和操作技能的关系。

## 三、论述题

1. 怎样上好一堂课？
2. 论述孔子对教师要求的内容及其现实意义。★★★★★
3. 论述终身教育理论的内容和现实意义。★★★★
4. 论述建构主义的思想渊源和理论取向及如何促进学生的学习。★★★★★

# 2022 年沈阳师范大学 333 教育综合真题

## 一、名词解释

1. 广义的教育　　2. 课程设计　　3. 德育原则中的长善救失原则
4. 韩愈的"性三品"　　5. 苏格拉底法　　6. 有意义学习

## 二、简答题

1. 简述如何理解教学过程。
2. 简述西周时期的"六艺"教育。
3. 简述昆体良的教学理论。
4. 简述程序性知识理解的一般过程。

## 三、论述题

1. 举例说明人的发展顺序性规律，并说明教学中如何应用。★★★★
2. 论述孔子的历史影响。
3. 论述赫尔巴特的教育性教学原则及其现代价值。★★★★★
4. 什么是学业求助策略？教师应如何开展学业求助策略的教学。★★★

 中央民族大学

# 2011 年中央民族大学 333 教育综合真题

## 一、名词解释

1. 课程标准　　2. 最近发展区　　3. "六艺"　　4. 恩物　　5. 因材施教原则

## 二、简答题

1. 简述学校教育在人的发展中的作用。
2. 简述教师专业化的内涵。
3. 简述问题解决的基本过程。

## 三、论述题

1. 论述教育的社会功能。
2. 论述《师说》的教师观。
3. 论述杜威的教育思想。
4. 结合中国的教育改革，谈谈当今很多教育不公平的事件，举例说明它们出现的原因和解决措施。★★★★

## 2012 年中央民族大学 333 教育综合真题

**一、名词解释**

1. "五育"并举　　2. 学校教育　　3. "六艺"教育　　4. 产婆术　　5. 学习动机

**二、简答题**

1. 简述德育途径。
2. 简述蔡元培的"五育"并举。
3. 简述裴斯泰洛齐的教育思想。

**三、论述题**

1. 论述教育的社会功能。
2. 论述《学记》的贡献。
3. 论述加里培林的阶段形成理论。
4. 结合实际论述激发学习动机的方法。★★★★★
5. 论述教育的社会制约性和独立性以及二者的关系。★★★★

## 2013 年中央民族大学 333 教育综合真题

**一、名词解释**

1. 学校教育　　2. 教育目的　　3. 分组教学　　4. 讲授法　　5. 最近发展区

**二、简答题**

1. 简述奥苏伯尔的关于学习的性质和分类。
2. 简述教育研究的一般过程。
3. 列举五种欧美现代教育思潮。

**三、论述题**

1. 论述人的发展特点及其教育学意义。★★★★
2. 论述陶行知的生活教育理论。
3. 论述赞科夫的发展性教学理论。
4. 联系实际论述问题解决能力的培养。★★★★
5. 论述杜威的教育思想。

## 2014 年中央民族大学 333 教育综合真题

**一、名词解释**

1. 学校教育　　2. 心理发展　　3. 人的发展　　4. 教师资格证制度
5. 产婆术　　6. 学习的高原现象

**二、简答题**

1. 简述教育的社会制约性。
2. 简述蔡元培的教育思想。
3. 简述科举制度的影响。

**三、论述题**

1. 论述孔子的教育思想。
2. 论述赫尔巴特的道德教育理论。

3. 论述学生品德不良的成因。

4. 论述陈鹤琴的活教育思想。

5. 如何推进依法治校？★★★

# 2015 年中央民族大学 333 教育综合真题

## 一、名词解释

1. 德育　　　　2. 活动课程　　　　3. 元认知　　　　4. "六艺"

5.《国防教育法》　　6. 先行组织者

## 二、简答题

1. 简述建构主义教学观。

2. 简述 1922 年 "新学制"。

3. 简述苏霍姆林斯基的教育理论。

4. 简述掌握知识与发展智力的关系。

## 三、论述题

1. 教学过程中的教育方法有哪些？

2. 论述科举制的历史发展和影响。

3. 论述创造性的培养。

4. 论述张之洞 "中体西用" 思想的历史性及局限性。★★★★

# 2016 年中央民族大学 333 教育综合真题

## 一、名词解释

1. 学习的迁移　　2. 有教无类　　　3. 公学　　　　4. "五育" 并举

5. 京师同文馆　　6. 义务教育

## 二、简答题

1. 简述疏导原则。

2. 简述书院的特点。

3. 简述奥苏伯尔的认知同化理论。

4. 列举五种欧美现代教育思潮。

## 三、论述题

1. 论述 1922 年 "新学制"。

2. 论述赞科夫的发展性教学。

3. 如何提高学生的学习积极能动性？★★★★

4. 论述教师的素养及角色发展趋势。★★★★

# 2017 年中央民族大学 333 教育综合真题

## 一、名词解释

1. 常模参照测验　　2. "六艺"　　　3.《学记》　　　4. 智者

5. 多元智力理论　　6. 同化

## 二、简答题

1. 简述班主任工作的内容。
2. 简述中小学常用的教学方法。
3. 评述夸美纽斯的班级授课制。
4. 简述布鲁纳的认知发现说。

## 三、论述题

1. 有人说"近墨者黑"，也有人说"近墨者未必黑"。请运用相关理论并结合个体经历谈谈你的看法。★★★★★
2. 论述梁漱溟乡村教育的实施。★★★
3. 论述苏霍姆林斯基的教育思想。
4. 论述激发学习动机的途径与方法。

# 2018 年中央民族大学 333 教育综合真题

## 一、名词解释

1. 榜样法　　　2. 分组教学　　　3. 修辞学校　　　4. 生计教育
5. 自我效能感　6. 程序性知识

## 二、简答题

1. 简述教育的相对独立性及其主要表现。
2. 简述学制制定的依据。
3. 简述教师专业发展的主要内容。
4. 简述洋务学堂的特点。

## 三、论述题

1. 论述加德纳的多元智能理论及其意义。
2. 试述永恒主义教育理论及其对当代世界教育实践的影响。★★★★★
3. 论述颜之推的家庭教育思想。
4. 分析分科课程、活动课程、综合课程的特点，以及我国基础教育课程设置的现状。★★★★

# 2019 年中央民族大学 333 教育综合真题

## 一、名词解释

1. 诊断性评价　2. 教师专业化　3.《学记》　　　4. 三舍法
5. 鸿都门学　　6. 要素教育

## 二、简答题

1. 简述教育的社会功能。
2. 简述活动课程的特点。
3. 简述师生关系的特征。
4. 简述罗杰斯的学生观和教学观。

## 三、论述题

1. 论述教育评价的 CIPP 模式。
2. 试述终身主义教育思潮。
3. 论述归因理论及其教育价值。★★★★
4. 论述洋务运动的教育改革。

# 2020 年中央民族大学 333 教育综合真题

**一、名词解释**

1. 有教无类　　　2. 活动课程　　　3.《颜氏家训》　　　4. 洛克的"白板说"
5. 思维定势　　　6. 贝尔－兰卡斯特制

**二、简答题**

1. 简述奥苏伯尔有意义学习的实质和条件。
2. 简述昆体良的教育思想。
3. 简述西周教育的特点。
4. 简述教师素养。

**三、论述题**

1. 比较杜威和赫尔巴特的教学过程。★★★★★
2. 论述学习动机的影响因素。
3. 论述唐代科举制的作用和影响。★★★★
4. 论述德育过程中知、情、意、行的关系。★★★★

# 2021 年中央民族大学 333 教育综合真题

**一、名词解释**

1. 课程标准　　　2. 学制　　　3. 顺应　　　4. 终身学习
5. 教学评价　　　6.《学记》

**二、简答题**

1. 简述最近发展区。
2. 简述日本明治维新时期的教育改革。
3. 简述现代教育的特征。
4. 简述美国进步主义教育家帕克的昆西教学法。

**三、论述题**

1. 论述蔡元培的教育思想和意义。★★★
2. 如果一个学生自暴自弃，放弃学习，教师应该怎么做？
3. 比较斯巴达和雅典的教育。★★★★★
4. 论述学习动机的培养与激发。

# 2022 年中央民族大学 333 教育综合真题

**一、名词解释**

1. 教育适应生活说　　　2. 个人本位论　　　3. 外铄论　　　4. 筛选假设理论
5. 实验教育学　　　6. 教学模式

**二、简答题**

1. 简述学制建立的依据。
2. 简述《学记》中的教育原则和方法。
3. 简述人文主义教育的基本特征。

4. 简述激发学生学习动机的措施。

### 三、论述题

1. 评析教育是生产力的观点。★★★
2. 阐述心理发展与教育的关系。
3. 阐述夸美纽斯的教育思想和贡献。
4. 阐释科举考试方法的价值。★★★★

# 苏州大学

## 2010 年苏州大学 333 教育综合真题

### 一、名词解释

1. 人的发展　　　　2. 教育的社会流动功能　　　3. 终身教育　　　4. 元认知
5. 骑士教育　　　　6. 有教无类

### 二、简答题

1. 教师角色的冲突有哪些？如何解决？★★★★
2. 比较孟子与荀子的人性观及他们对教育作用的认识。★★★★★
3. 学生认知的差异有哪些表现？为此，教学应注意哪些方面？★★★★
4. 简述卢梭的自然教育思想。

### 三、论述题

1. 教育的相对独立性表现在哪些方面？并就此谈谈你对教育与社会发展的关系的认识。★★★★★
2. 试论隋唐科举制与学校教育的关系，并分析其在历史上的影响。★★★★
3. 论述皮亚杰的道德认知发展理论，并联系实际加以评价。★★★★
4. 论述文艺复兴时期人文主义教育的主要特征、影响及其贡献。

## 2011 年苏州大学 333 教育综合真题

### 一、名词解释

1. 狭义的课程　　　2. 终身教育　　　3. 鸿都门学　　　4. 元认知
5. 白板说　　　　　6. 教育的社会流动功能

### 二、简答题

1. 教师个体专业性发展的内涵包括哪些方面？
2. 简述梁启超"新民"的教育目的观。
3. 简述杜威的道德教育思想。
4. 简述建构主义的学习观。

### 三、论述题

1. 结合现实分析全面发展教育各组成部分的相互关系。

2.论述陶行知"生活即教育"的思想内涵，并联系实际分析其现实意义。★★★★★
3.在外国近现代教育史上，你喜欢哪一位教育家？并就此阐释喜欢的原因。
4.联系当前实际，阐述学生品德不良的成因及其教育策略。★★★★

# 2012年苏州大学333教育综合真题

## 一、名词解释

1.教育　　　　　　2.教学　　　　　　3.学制　　　　　　4.太学
5.恩物　　　　　　6.学习策略

## 二、简答题

1.简述教育目的与教育方针的主要区别。★★★★
2.简述学校管理校本化的基本含义和意义。★★★
3.简述《学记》中"道而弗牵，强而弗抑，开而弗达"的基本含义。★★★★★

## 三、论述题

1.评述孔子"有教无类"的思想。
2.试述永恒主义教育思想的基本内容及其对现代教育的启示。★★★★
3.试述教师专业发展的内涵、意义及主要途径。
4.举例说明你是如何激发学生的学习动机的。★★★★★

# 2013年苏州大学333教育综合真题

## 一、名词解释

1.教育家　　　　　2.双轨制　　　　　3.稷下学宫　　　　4.《爱弥儿》
5.恩物　　　　　　6.倒摄抑制　　　　7.心智技能　　　　8.皮格马利翁效应

## 二、简答题

1.简述欧洲文艺复兴时期人文主义教育的基本特征。
2.简述德育过程的基本特征。
3.简述夸美纽斯的教育思想的基本主张。
4.简述建构主义学习理论的基本观点。
5.简述创造性的心理结构及其培养措施。

## 三、论述题

1.论述教学过程的性质，并结合实际，分析进行教学应处理的一些关系。★★★★★
2.根据教育对社会的发展作用，论述孔子"庶、富、教"的思想。★★★★★

# 2014年苏州大学333教育综合真题

## 一、名词解释

1.《颜氏家训》　　　2."七艺"　　　　3.《莫雷尔法案》　　4.教育目的
5.学习策略　　　　　6.校长负责制

## 二、简答题

1.简述朱熹的道德教育方法。

2. 简述永恒主义教育思想。

3. 简述建构主义学习观的基本观点。

4. 简述德育过程的性质。

### 三、论述题

1. 试述蔡元培在北京大学的改革措施及其影响。

2. 论述马克思关于人的全面发展的教育思想。

3. 评述我国新课程改革的基本理念。

4. 结合实际谈谈如何维护教师的心理健康。★★★★

# 2015 年苏州大学 333 教育综合真题

### 一、名词解释

1. 班级授课制　　　2. 学制　　　3. 课程　　　4. 中世纪大学

5. 教学模式　　　6. 癸卯学制

### 二、简答题

1. 简述教育对人的发展的作用。

2. 简述罗杰斯的人本主义教学观。

3. 简述英国《1944 年教育法》。

4. 简述教学过程的性质。

### 三、论述题

1. 论述洋务学堂的特点、兴起的背景及在近代教育中的作用。

2. 论述卢梭自然主义教育思想的内容及影响。

3. 结合教育的社会流动功能，试分析现阶段我国教育的公平问题。★★★★

4. 结合自身实际，谈谈如何培养和发展学生的创造性思维能力。★★★★★

# 2016 年苏州大学 333 教育综合真题

### 一、名词解释

1. 义务教育　　　2. 庚款兴学　　　3. 最近发展区　　　4. 终结性评价

5. 发现学习　　　6. 要素主义教育

### 二、简答题

1. 简述教师劳动的特点。

2. 简述欧洲人文主义教育的特征和贡献。

3. 简述黄炎培的职业教育思想。

4. 简述精细加工策略的主要内容。

### 三、论述题

1. 论述柏拉图的教育思想。

2. 论述董仲舒的教育思想。

3. 论述学科结构课程的主要观点。

4. 论述学校管理的发展趋势。★★★★

# 2017年苏州大学333教育综合真题

## 一、名词解释

1. 稷下学宫　　　2. 学习动机　　　3. 学制　　　4. 绅士教育
5. 进步主义教育　　　6.《国防教育法》

## 二、简答题

1. 简述19世纪末20世纪初期的教育思潮和教育实验。
2. 简述埃里克森的心理社会发展理论。
3. 简述《大学》的"三纲领八条目"。
4. 简述科尔伯格的道德发展阶段理论。

## 三、论述题

1. 请结合实际论述教育对社会的功能。★★★★★
2. 为什么教育对人的发展起主导作用？试分析教育起主导作用的条件。★★★★★
3. 试述《学记》的教育思想。
4. 试述并评价主要的学习理论。

# 2018年苏州大学333教育综合真题

## 一、名词解释

1. 学习动机　　　2. 教学模式　　　3. 朱子读书法　　　4. 发现学习
5. 义务教育　　　6. 进步主义教育

## 二、简答题

1. 简述教育起源的主要观点。
2. 简述经验主义课程论的代表人物和主要观点。
3. 简述社会本位论的主要观点。
4. 简述影响人的身心发展的主要因素。
5. 简述布鲁纳认知结构教学论的基本原则。

## 三、论述题

1. 教学中应该遵循哪些原则？选择一个你喜欢的举例论证。★★★★
2. 结合人的全面发展的思想，论述中国学生核心素质的构成要素。★★★★★

## 四、材料分析题

1. 教师不管后进生，轻视后进生，而后某后进生十分努力，最后排名班级第一。英语老师怀疑他，在全班同学面前去质疑他。（材料具体内容缺失）
　　自选角度结合教育原理进行分析。★★★★★
2. 材料1：教师问儿童："雪融化了变成什么呢？"孩子说："春天。"教师说："正确答案是水。"
　　材料2：教师问儿童："树梢有5只鸟，开一枪还有几只？"儿童说："3只。"儿童的理由是鸟爸爸死了，鸟妈妈难受地飞走了，就剩3只鸟宝宝了。
　　根据材料谈谈你对教学回归儿童生活世界的理解。★★★★★

# 2019 年苏州大学 333 教育综合真题

## 一、填空题

1. 被誉为"教育心理学之父"的是（　　）。
2. 皮亚杰针对儿童的认知发展提出了四个概念：图示、（　　）、（　　）、平衡。
3. "六艺"的教育内容有礼、乐、射、御、（　　）、（　　）。
4. 俄国教育心理学家（　　）提出了经典性条件反射说。
5. 我国近代首次颁布的学制是（　　）年的（　　）学制。
6. 我国古代第一本专门论述教育问题的著作是（　　）。
7. （　　）时期学校教育的基本内容是"六艺"教育。
8. 新课改的三目标是知识与技能、（　　）、（　　）。
9. 生物起源论的代表人物有（　　）、（　　）。
10. 教育无目的论的代表人物是（　　）。

## 二、名词解释

1. 道尔顿制　　　　2. 三舍法　　　　3. 先行组织者　　　　4. "五育"并举

## 三、简答题

1. 简述夸美纽斯的教学原则。
2. 简述孔子的教师观。
3. 简述科尔伯格的道德发展阶段论。
4. 简述人的身心发展的特点。
5. 简述教育生物起源说的观点。

## 四、论述题

1. 论述赫尔巴特的教学形式四阶段理论。
2. 论述教育的个体功能和社会功能的关系。★★★★

## 五、材料分析题

材料：在对教师的教学结果评价中，十几个学习成绩不好的学生给一位平时对学生严格要求的年轻教师打了低分，而给那些对学生管束松散，上完课就走的老师，打了高分。这位年轻老师负气，带着情绪上课，就这样闹了两个星期，全班学生的成绩都受到了影响。

用教育理论评述材料，并对良好师生关系的建立提出建议。★★★★★

# 2020 年苏州大学 333 教育综合真题

## 一、填空题

1. 梅伊曼和拉伊是（　　）教育学的代表人物。
2. （　　）撰写了《教育史 ABC》。
3. 多元智能理论是由美国心理学家（　　）提出的。
4. 柏拉图认为教育的最高目标是培养（　　）。
5. 孟子的教育目的是（　　）。
6. 古希腊"七艺"的"前三艺"是（　　）、修辞学和辩证法。
7. 在皮亚杰的认知发展理论中，7～11 岁是（　　）阶段。
8. 桑代克的学习律分为准备律、练习律和（　　）。
9. 安德森根据信息加工程度将知识分为陈述性知识和（　　）。
10. 布卢姆将教育目标分为认知目标、情感目标和（　　）。

## 二、名词解释

1. 教师的期望效应　　2. 中体西用　　3. 活动课程　　4. 教育功能

5. 元认知　　6. 同化

## 三、简答题

1. 简述现阶段教育体制的发展趋势。

2. 简述 1958 年美国《国防教育法》的主要内容。

3. 列举《学记》中的教学原则。

4. 列举几个有代表性的德育模式。（至少 4 个）

5. 简述"泰勒原理"的四个基本内容。

## 四、论述题

1. 试论述陶行知的生活教育理论。

2. 试论述卢梭的自然教育阶段及任务。

## 五、材料分析题

1. 小明中考失利，高中不想辜负父母，努力学习，成绩一直保持在中上水平。后来期末考试没考好，寒假发奋学习，仍然不理想，小明因此觉得自己很笨。父母多次批评，教师多次谈话，但没有效果。

利用教育学和心理学知识给予建议。★★★★★

2. 案例 1：宋朝有个神童，名叫方仲永。据说五岁的时候，就能"指物为诗"。同乡的人对此感到惊奇，渐渐请他父亲去做客，有的人还花钱求仲永题诗。他父亲把这种情况看作有利可图，每天拉着仲永四处拜访同乡的人，不让他读书。方仲永到十二三岁时，让他写诗，他写出来的诗已经不能与从前的名声相称。又过了七年，方仲永已经和普通人没有什么两样了。王安石深感惋惜，为此写了一篇文章，叫《伤仲永》。

案例 2：达尔文从小喜欢调皮搞蛋，除了打猎、玩狗、抓老鼠，别的什么都不管，父亲和老师都很头疼。后来达尔文遇到了一位教授，教授带着他探索自然……达尔文最终写出了《物种起源》。

结合事例，说明影响人的身心发展的因素。★★★★

# 2021 年苏州大学 333 教育综合真题

## 一、名词解释

1. 图式　　2. 发现学习　　3. 流体智力　　4. 分科课程

5. 生计教育　　6. 诊断性评价

## 二、简答题

1. 简述崇宁兴学的改革政策。

2. 简述文艺复兴中的人文主义。

3. 简述教育目的和培养目标的区别。

4. 简述加涅对学习结果的分类。

5. 简述赞科夫的教学原则。

## 三、论述题

1. 论述晏阳初的"四大教育"和"三大方式"。

2. 论述建立学制依据的原则。

## 四、材料分析题

材料：某小学三年级学生刘勇因上课迟到被老师罚去打扫卫生，遭到同学讥笑，他非常委屈，也很困惑。从小到大老师和父母都说劳动是件光荣的事，于是他写了日记，第二天交给老师。方老师在课堂上批评他，说："你们还小，很多事不懂。"并且气愤地撕了他的日记。刘勇哭了，看着老师把他的日记撕得粉碎……

材料中教师的做法是否正确？请用常见的德育原则给出建议。★★★★★

# 2022年苏州大学333教育综合真题

## 一、填空题

1. 夸美纽斯的《大教学论》理论论证采用的主要方法是（　　）。
2. 西方最早以教师为职业的人是（　　）。
3. 巴西多建立（　　）。
4. 提出"公其非是于学校"的教育家是（　　）。
5. 斯腾伯格提出三元智力，包括（　　）能力、创造能力和实践能力。
6. （　　）是有意识的、明确的、付出一些心理努力并按照规则作出反应的学习。
7. 阮元创办了（　　）和学海堂。
8. 《人是教育的对象》是（　　）所著。
9. 菲茨与波斯纳的动作技能三阶段是认知阶段、联系阶段和（　　）。
10. 中国古代封建社会对儿童进行教育的场所是（　　）。

## 二、名词解释

1. 形成性评价　　2. 接受学习　　3. 隐性课程　　4. 内发论
5. 学习动机　　6. 晶体智力

## 三、简答题

1. 简述董仲舒的三大文教政策。
2. 简述罗杰斯的师生关系。
3. 简述建构主义学生观。
4. 简述马卡连柯的集体教育。
5. 简述英国《1944年教育法》的主要内容。

## 四、论述题

1. 论述杜威反省思维五步教学法及其在教学当中的应用。★★★★★
2. 比较两种不同课程取向实施中的异同。★★★★

## 五、材料题

请阅读以下材料，回答后面的问题。

材料：我国著名教育家张伯苓，1919年之后相继创办南开大学、南开女中、南开小学。他十分注意对学生进行文明礼貌教育，并且身体力行，为人师表。一次，他发现有个学生手指被烟熏黄了，便严肃地劝告那个学生说："烟对身体有害，要戒掉它。"没想到那个学生有点不服气，俏皮地说："那您吸烟就对身体没有害处吗？"张伯苓对于学生的责难，歉意地笑了笑，立即唤工友将自己所有的吕宋烟全部取来，当众销毁，还折断了自己用了多年的心爱的烟袋杆，诚恳地说："从此以后，我与诸同学共同戒烟。"果然，打那以后，他再也不吸烟了。

结合案例，说明材料中的德育方法，并说明具体的要求。★★★★

# 湖南大学

# 2010年湖南大学333教育综合真题

## 一、简答题

1. 简述教育与生产力水平的关系。

2. 简述教师职业专业化的条件。

3. 简述选择教学方法的依据。

4. 简述皮亚杰的心理发展理论。

5. 简述马斯洛的需要层次理论。

## 二、论述题

1. 试述全面发展教育的基本内容。

2. 试述教师与学生的关系。

3. 试述我国中小学的教学原则。

4. 试述思维的品质及其培养。

5. 试述能力发展的个别差异及其教育。

# 2011 年湖南大学 333 教育综合真题

## 论述题

1. 试论人的身心发展的主要影响因素及其作用。

2. 试论新型师生关系的建设。★★★★

3. 试论书院教育的特点。

4. 试述赫尔巴特的教育思想。

5. 试论述建构主义学习理论的基本观点及其教育启示。★★★★

# 2012 年湖南大学 333 教育综合真题

## 一、名词解释

1. 中国古代教育的"六艺"　　　　2. 西方古代教育的"三艺"

3. 科举制度　　　　　　　　　　4. 苏湖教法

5. 蔡元培的"五育"并举中的"五育"　6. 乌申斯基

## 二、简答题

1. 简述学生心理发展的个别差异及其教育。

2. 简述建构主义学习理论的主要观点及其对教学的启示。★★★★

## 三、论述题

1. 试论教学过程中掌握知识和培养思想品德、掌握知识和培养能力、注重智力因素和非智力因素的关系。

2. 试论教师专业化及其实现途径。★★★★

# 2013 年湖南大学 333 教育综合真题

## 一、名词解释

1. 中学为体，西学为用　　　　　2. 蔡元培的"五育"

3. 陶行知生活教育论的两大主张　　4. 赫尔巴特的教学四阶段论

5. 杜威的教育观　　　　　　　　6. 赞科夫的教学五原则

## 二、简答题

1. 简述多元智力理论。

2. 简述成就动机理论。

**三、论述题**

1. 试述学校教育在人的身心发展中起主导作用。
2. 试述创造性及其培养措施。

# 2014年湖南大学333教育综合真题

**一、名词解释**

1.《学记》　　　　2.三舍法　　　　3.晏阳初　　　　4.欧洲文艺复兴时期人文主义教育的基本特征
5.夸美纽斯的教学原则观　　　　6.爱尔维修

**二、简答题**

1. 简述教育的显性功能和隐性功能。
2. 简述活动课程及其特点。
3. 简述最近发展区的含义。
4. 品德的心理结构包括哪些?

**三、论述题**

1. 在实际教学中，我们该如何处理教师主导与学生主体的关系？ ★★★★
2. 联系实际，论述心理发展的差异与教育。 ★★★

# 2015年湖南大学333教育综合真题

**一、简答题**

1. 简述教育管理的意义表现在哪些方面。 ★★★
2. 比较教育管理体制中中央集权制和地方分权制的异同。 ★★★★
3. 在教职工参与决策的程度上应把握哪三条原则？ ★★★
4. 学校管理者应该如何来抓好教学质量？ ★★★★

**二、论述题**

1. 我国中小学教育中普遍存在片面追求升学率现象，试论述该现象的危害性，并分析其形成的原因。 ★★★★★
2. 结合教学实际情况，谈谈我国中小学行政组织与专业人员的冲突与融合。 ★★★★

**三、案例分析题**

材料：某校新来了一位校长，他的做法和前任校长形成极大的反差，前任校长比较专断，大事小事都一人说了算，而新校长到校后就和四位副校长开会。他说："论教学，我不如老赵；论后勤，我不如老钱；论小学部，我不如老李；论初中部，我不如老孙。今后你们要各司其职，大胆工作，干好了是你们的成绩，出了问题，大家研究。"这时，大家心里都在想，那你校长干什么？三个月后，新校长在细致调查研究的基础上，启动学校整体改革，学校发生了很大的变化。新校长受到了教师的尊敬和好评。

试用所学的教育管理理论，对新校长的管理策略进行分析。 ★★★★

# 2016年湖南大学333教育综合真题

**一、名词解释**

1.最近发展区　　　　2.苏湖教学法　　　　3.进步主义教育　　　　4.赫尔巴特的教育目的
5.自我效能感　　　　6.奥苏伯尔的有意义接受学习

## 二、简答题

1.简述科尔伯格的道德发展阶段理论。
2.简述教育的社会流动功能。
3.简述教师的专业素养。
4.简述百日维新的教育改革。

## 三、论述题

1.论述教学原则及基本要求。
2.论述影响问题解决的主要因素。

# 2017 年湖南大学 333 教育综合真题

## 一、名词解释

| 1.狭义的生理发展 | 2.技能 | 3.顺应 | 4.内部学习动机 |
| 5.成就动机 | 6.遗忘 | | |

## 二、简答题

1.简述"六艺"的教育内容。
2.简述亚里士多德的教育思想。

## 三、论述题

1.论述影响人身心发展的主要因素及其作用。
2.结合实际论述讲授法的有效性。★★★★

# 2018 年湖南大学 333 教育综合真题

## 一、名词解释

| 1."六艺" | 2."四书" | 3."五育"并举 | 4."七艺" |
| 5.人文主义教育 | 6.赫尔巴特教学阶段理论 | | |

## 二、简答题

1.简述教学过程的基本环节。
2.简述问题解决能力的培养。

## 三、论述题

1.论述认知学派的学习理论及其对教育的启示。★★★
2.论述教师专业化及其实现途径。

# 2019 年湖南大学 333 教育综合真题

## 一、名词解释

| 1."八条目" | 2."六经" | 3.唐代科举考试的主要方法 |
| 4.三舍法 | 5.蒙学的主要识字教材 | 6.颜元 |

## 二、简答题

1. 简述教师主导地位与学生主体地位的关系。
2. 简述认知同化学习理论。

## 三、论述题

1. 论述因材施教的教学原则及其基本要求。
2. 论述罗杰斯学习理论的观点及教育价值。★★★★★

# 2020 年湖南大学 333 教育综合真题

## 一、名词解释

1. 《大学》　　　　2. 太学　　　　3. "先生"大学　　　　4. 雅典教育中的"三艺"
5. 《颜氏家训》　　6. 苏格拉底法

## 二、简答题

1. 简述教学中掌握知识与发展智力的关系。
2. 简述维果茨基的最近发展区。

## 三、论述题

1. 结合实际谈谈因材施教。★★★★★
2. 结合自己报考的学科教育或教育管理专业，依据心理学的内在动机理论，谈谈如何激发学生的学习动机或老师的学习动机。★★★★★

# 2021 年湖南大学 333 教育综合真题

## 一、名词解释

1. 形式教育派　　　2. "七艺"　　　3. 稷下学宫　　　4. 罗森塔尔效应
5. 班级授课制　　　6. 因材施教

## 二、简答题

1. 简述学科课程、活动课程的特点及其关系。
2. 简述苏格拉底的产婆术。
3. 简述学习动机的类型。

## 三、论述题

1. 论述布鲁纳的认知结构教学理论及其对现代教育的影响。★★★★
2. 根据 2020 年颁布的《2020 年教育评价深化改革》教育实践中的教育评价的问题，并根据所报考的教育管理和学科教育，分析应该怎样在实践中运用科学的教育评价方法。★★★★

# 2022 年湖南大学 333 教育综合真题

## 一、名词解释

1. 实质教育派　　　2. 进步主义教育　　　3. 最近发展区　　　4. 因材施教
5. 元认知

**二、辨析题**

人的发展的不平衡性决定教师的教育活动必须抓住身心发展的关键期。

**三、简答题**

1. 简述学习策略的类型。
2. 简述夸美纽斯的学年制与班级授课制。

**四、论述题**

1. 试述学习动机与学习效果的关系。
2. 请结合教育教学策略，指出"双减"政策背景下面临的难题并提出相应的解决办法。★★★★★

# 宁夏大学

# 2010 年宁夏大学 333 教育综合真题

**一、名词解释**

1. 学校教育的特殊性　　2.《普通教育学》　　3. 课程计划　　4. 特朗普制
5. 社会学习论　　6. 人力资本论

**二、简答题**

1. 简述教师专业化的基本条件。
2. 简述终身教育的含义及其基本性质。
3. 简述奥苏伯尔的认知同化论的主要观点。
4. 简述《学记》中关于教育教学的原则。

**三、论述题**

1. 论述我国传统价值取向中的消极因素对今天教育的影响。★★★
2. 试分析比较晏阳初与梁漱溟乡村教育思想的异同及对新农村教育的启示。★★★★★
3. 试述激发和培养学生学习动机的主要措施。
4. 试评裴斯泰洛齐教育心理学化的提出背景、基本主张和历史意义。★★★★★

# 2011 年宁夏大学 333 教育综合真题

**一、名词解释**

1. 教育双轨制　　2. 道德体谅模式　　3. 课程标准　　4. 先行组织者
5. 平行教育原则　　6. 课外活动

**二、简答题**

1. 简述孔子的教育思想的主要表现。
2. 简述教育对文化的作用。
3. 简述斯金纳提出的程序学习的编程原理。
4. 简要介绍终身教育的主张。

### 三、论述题

1. 结合实际，谈谈如何实现我国的教育目的。★★★★
2. 论述科尔伯格的道德发展阶段论及其在学校道德教育上的主张。★★★★
3. 试述教师与学生的关系。
4. 分析陶行知的生活教育理论及其现实意义。★★★★★

# 2012年宁夏大学333教育综合真题

### 一、填空题

1. 中华人民共和国成立后颁布的第一个学制是（　　）。
2. 《普通教育学》被看作第一本科学化的教育学著作，它的作者是（　　）。
3. 现代学制中最早出现的一种学制类型是（　　）。
4. 教育起源于原始社会中儿童对成人行为的"无意识的模仿"，主张这一观点的是（　　）。
5. 世界上第一本教育专著是（　　）。
6. 我国第一个仿效美国学制制定的学制是（　　）。
7. 衡量一堂好课最重要的标准是（　　）。
8. 捷克著名教育家夸美纽斯的代表作是（　　）。
9. 提出"发生认识论"、创建"建构主义"理论的著名心理学家是（　　）。
10. 在教育和发展关系上提出最近发展区的心理学家是（　　）。
11. 美国著名心理学家加德纳倡导的智力理论是（　　）。
12. 最早用动物实验研究学习规律的心理学家是（　　）。
13. 提出经典性条件反射的著名心理学家是（　　）。
14. 皮亚杰认为儿童道德认知要经历前道德阶段、他律阶段和（　　）。
15. 赫尔巴特传统教育学派的主要观点可以归纳为课堂中心、教师中心和（　　），即传统的教学"三个中心"。
16. 英国著名教育家洛克的代表作是（　　）。
17. 《爱弥儿》是法国著名教育家（　　）的代表作。

### 二、名词解释

| 1.教育 | 2.学习 | 3.发现学习 | 4.学习动机 |
| 5.自我效能感 | 6.技能 | 7.品德 | 8.校本课程 |
| 9.教学 | | | |

### 三、简答题

1. 学生学习的基本特点有哪些？
2. 如何激发学生的学习动机？
3. 培养心智技能的方式有哪些？
4. 简述科尔伯格道德发展的阶段和水平。
5. 如何矫正学生的不良行为？
6. 如何建立良好的师生关系？

### 四、案例分析题

1. 材料：大学生李某常常光顾学校附近的小书店，渐渐地喜欢上了营业员王某。热恋三个月后，王某以李某无经济能力为由与李某分了手，李某觉得是奇耻大辱，一气之下跳楼自杀。

请结合案例谈谈我们应该如何应对挫折。★★★

2. 材料：一位年轻的特级教师在异地授课，授课教室的台阶上坐满了慕名而来听课的老师和学生。上课铃响了，从观众席上站起一个相貌平平、腋下夹着讲义的小个子老师，他快步走上讲台，平和友善地环顾一下四周的人群，宣布"上课"。当他要放下讲义时，发现桌子上有一层淡淡的粉笔灰。他迅速走下讲台，转身背对学生用嘴轻轻地向前方吹灰尘，之后开始上课。这一细节马上在教室了引起了雷鸣般的掌声。

试用所学教育学知识，揭示案例中所反映的教育学原理。★★★★

**五、论述题**

教育在个体发展过程中具有哪些功能影响？试分别对其进行详细分析。★★★★

# 2013年宁夏大学 333 教育综合真题

**一、填空题**

1. 美国教育家杜威主张的课程论是（　　）。
2. 我国"六三三四"学制是仿效（　　）学制制定的第一个现代学制。
3. 教学工作的中心环节是（　　）。
4. 传统教育学的代表人、德国著名教育家赫尔巴特的代表著作是（　　）。
5. 在教育和发展关系上提出最近发展区的心理学家是（　　）。
6. 多元智能理论是美国著名心理学家（　　）倡导的理论。
7. 迄今在世界上应用最广泛、最普遍的教学方法是（　　）。
8. 教师在设计教学过程之前需要先钻研教材和（　　）。
9. 中小学最基本的教学组织形式是（　　）。
10.《学记》上说："不陵节而施"，体现了教学的（　　）原则。

**二、名词解释**

1.《学记》　　　　　2. 智者派　　　　　3. 学习动机　　　　　4. 教科书

**三、简答题**

1. 简述蔡元培的主要教育思想。
2. 简述永恒主义教育流派的基本主张。
3. 简述信息社会教育的基本特征。
4. 试述衡量一堂好课的基本标准。
5. 简述当代教学观念变化的趋势。
6. 教育要适应人的身心发展的哪些规律和特点？

**四、论述题**

1. 试论科举制及其在中国教育史上的作用和影响。
2. 试分析影响智力发展的各种因素及其关系。
3. 试论述如何激发学生的学习动机。

# 2014年宁夏大学 333 教育综合真题

**一、选择题**

1.《普通教育学》被看作第一本科学化的教育学著作，它的作者是（　　）
A. 杜威　　　　　　B. 卢梭　　　　　　C. 赫尔巴特　　　　　　D. 洛克
2. 世界上第一本教育专著是（　　）
A.《学记》　　　　　B.《大教学论》　　　　　C.《论语》　　　　　D.《教育漫话》
3. 提出"发生认识论"和创建"建构主义"理论的著名心理学家是（　　）
A. 皮亚杰　　　　　B. 布鲁纳　　　　　C. 奥苏伯尔　　　　　D. 布卢姆
4. 在教育和发展关系上提出最近发展区的心理学家是（　　）
A. 皮亚杰　　　　　B. 布鲁纳　　　　　C. 奥苏伯尔　　　　　D. 维果茨基

5. 美国著名心理学家加德纳倡导的智力理论是（　　）

A. 一元智能理论　　　　B. 二元智能理论　　　　C. 三元智能理论　　　　D. 多元智能理论

6. 最早用动物实验研究学习规律的心理学家是（　　）

A. 桑代克　　　　B. 巴甫洛夫　　　　C. 华生　　　　D. 托尔曼

7. 法国著名教育家卢梭倡导的是（　　）

A. 现实主义教育　　　　B. 自然主义教育　　　　C. 要素主义教育　　　　D. 浪漫主义教育

## 二、名词解释

1. 先行组织者　　　2. 学习　　　3. 成就动机　　　4. 学习动机

5. 自我效能感　　　6. 技能　　　7. 品德　　　8. 程序教学

## 三、简答题

1. 简要介绍教育起源的几种学说。

2. 简述激发学生学习动机的基本举措。

3. 简述实用主义教育学的基本观点。

4. 简述科尔伯格道德发展的阶段和水平。

5. 简述矫正学生不良行为的基本方式。

6. 简述当代教学观念发展的新趋势。★★★★★

## 四、案例分析题

1. 材料：一次，一个低年级学生照老师的范画画好一个小孩子后，在旁边又加了一团黑色。老师问："这是什么乱七八糟的东西？"学生回答："这是孩子的影子。""谁叫你乱画的，你没有看见老师只画了一个孩子吗？"学生看看范画，再看看老师严肃的脸，呆呆地点了头并顺从地把孩子的影子擦掉了。

你是如何看待这一问题的，试用所学的教育学理论分析这一现象。★★★

2. 材料：一位年轻的特级教师在异地授课，授课教室的台阶上坐满了慕名而来听课的老师和学生。上课铃响了，从观众席上站起一个相貌平平、腋下夹着讲义的小个子老师，他快步走上讲台，平和友善地环顾了一下四周的人群，宣布"上课"。当他要放下讲义时，发现桌子上有一层淡淡的粉笔灰。他迅速走下讲台，转身背对学生用嘴轻轻地向前方吹灰尘，之后开始上课。这一细节马上在教室了引起了雷鸣般的掌声。

试用所学教育学知识，揭示案例中所反映的教育学原理。★★★★

## 五、论述题

1. 联系实际，试分析和论证如何组织和建立一个良好的班集体。★★★★

2. 试分析教育在个体发展过程中各种具体功能的影响作用。★★★★★

# 2015 年宁夏大学 333 教育综合真题

## 一、选择题

1. 提出泛智教育思想，主张"把一切事物教给一切人"的是著名教育家（　　）

A. 夸美纽斯　　　　B. 卢梭　　　　C. 赫尔巴特　　　　D. 洛克

2. 提出"发生认识论"和创建"建构主义"理论的著名心理学家是（　　）

A. 皮亚杰　　　　B. 布鲁纳　　　　C. 奥苏伯尔　　　　D. 布卢姆

3. 美国著名心理学家加德纳倡导的多元智力理论认为人的智能有（　　）

A. 八种　　　　B. 三种　　　　C. 五种　　　　D. 六种

4. 认为教育是一门很难的艺术，教育一定要成为一门学业的著名教育家是（　　）

A. 培根　　　　B. 裴斯泰洛齐　　　　C. 康德　　　　D. 黑格尔

5. 加涅最重要的贡献是提出了（　　）

A. 发现学习理论　　　　B. 符号学习理论　　　　C. 信息加工学习理论　　　　D. 认知学习理论

## 二、名词解释

1. 内隐学习　　　2. 知识　　　3. 教育制度　　　4. 校本课程　　　5. 教学设计

## 三、简答题

1. 简述教育在个体发展过程中的基本功能。
2. 简述知识经济时代如何培养学生的人文精神和创新精神。
3. 简述皮亚杰发展理论对教育的影响。
4. 简述工业社会时期教育的基本特征。★★★★★

## 四、案例分析题

1. 阅读下列材料，并要求回答问题：

材料：1968年，心理学家罗森塔尔从美国一所小学的一至六年级中各选三个班，对这十八个班的学生做了一番预测，并将预测的将来最有出息的学生、一般性的学生和无所作为的学生名单交给了校长。8个月后复试时奇迹发生了：名单上最有出息的学生进步很快，一般性的学生表现平常，无所作为的学生在倒退。

试用教育学、教育心理学理论分析其中的原因。★★★★

2. 阅读下列材料，并要求回答问题：

材料：夫教育目的不能仅在于个人。当日在造成个人为圣贤，而今教育之最要目的，在谋社会的进步。若不骂人、不偷、不怒、不谎、不得罪于人等事，先时多谓此道德很高，然而此为消极的，于今不能谓此为道德。盖彼者，不过无暇而已，于社会虽有若无。今因社会进步上着想，吾等当另定道德标准，谓"凡人能于社会公共事业，尽力愈大者，其道德愈高。否则，无道德可言。易言之，即凡于社会上有效劳之能力者，则有道德。否则，无道德"。

若斯数语，包含无限道理。愿诸生用为量人量己之尺，相染成风，使社会上渐渐均用此尺，度已亦用此尺。

选自张伯苓：《以社会之进步为教育之目的》

（1）从教育的社会功能角度，分析材料观点的合理性。★★★★

（2）根据相关理论分析材料中教育目的的价值取向。★★★★★

## 五、论述题

联系实际，试说明教师职业倦怠的成因及对策。★★★★

# 2016年宁夏大学333教育综合真题

## 一、名词解释

1. 教育　　　2. 美育　　　3. 学习动机　　　4. 学习策略　　　5. 课程

## 二、简答题

1. 简述农业社会教育的基本特征。★★★
2. 简述教育学的价值。
3. 一堂好课的基本标准是哪些？
4. 简述如何矫正学生的不良行为。

## 三、案例分析题

材料：电影《海盗的女儿》讲述了这样一个故事：一个老渔民因为交不起渔霸的租税，渔霸竟残忍地将老渔民家刚出生不久的小女儿抢去做人质，逼迫老渔民交租。老渔民不甘受辱，一怒之下，带领一班穷渔民放火烧了渔霸家，抢回了"自己的女儿"，谁知事有凑巧，渔霸家也有一个刚出生不久的女儿。老渔民慌乱中抢错了人，抢回了渔霸家的女儿，却把自己的女儿留在了渔霸家。老渔民带着"自己的女儿"逃到海上，父女俩从此开始了风雨漂泊的艰难生活。18年后，渔霸的女儿成了一个武艺高强的渔民起义领袖，老渔民的女儿却成了一个弱不禁风的娇小姐。

试用所学教育学原理分析其中的道理。★★★

## 四、论述题

1. 结合实际，论述良好师生关系建立的基本策略。★★★★
2. 结合实际，试分析如何培养学生的学习兴趣。★★★★★

# 2017 年宁夏大学 333 教育综合真题

## 一、名词解释

1. 内隐学习    2. 校本课程    3. 最近发展区    4. 学习    5. 教学

## 二、简答题

1. 简述教育在个体发展过程中的基本功能。★★★★★
2. 简述知识经济时代如何培养学生的人文和创新精神。★★★★★
3. 简述如何矫正学生的不良行为。
4. 阐述基于问题教学模式的基本学习环节。
5. 简述班杜拉自我效能感的基本功能。

## 三、案例分析题

1. 材料：日本的一堂小学美术课上，老师教孩子们怎样画苹果，老师发现有位学生画的是方苹果，于是耐心询问："苹果都是圆的，你为什么画成方的？"学生回答说："我在家里看见爸爸把苹果放在桌子上，不小心苹果滚在地上摔坏了，我想如果苹果是方的该多好啊！"老师鼓励说："你真会动脑筋，祝你早日培育出方苹果！"

而在哈尔滨某小学的一次少儿活动中，老师让学生大胆发挥自己的想象画出自己眼中的苹果，结果孩子们把苹果画成五颜六色的，连形状都是五花八门的。老师们正为孩子们丰富的想象力而高兴，家长们却愤怒了，这不是误人子弟吗？于是，把孩子们都领走了。

试分析日本教育中的合理性，中国教育中的合理性和不合理性。★★★★

2. 材料：最近，某日报社记者收到某一位家长的来信，"编辑同志，我是一名小学生的家长，每天早晨我去送孩子上学，都看到值周学生站在校门口，看到老师进入，便会举手敬礼，齐声问好，可老师们却视而不见，从未见回敬还礼的，可如果有学生见到老师有不问好的，则会被批评扣分。"此后，记者走访了几所小学，发现了同样的问题，一位家长感慨地说："说到底，学校的老师没有把自己和学生放到平等的位置，高高在上，才不理会学生的敬礼。"

请根据教师职业道德素养理论，结合案例谈谈教师如何把对学生的热爱落到实处。★★★

## 四、论述题

1. 试分析教育的日常概念与科学概念的区别及其内涵特征。★★★
2. 试评析当代教育学发展的状态。★★★★★

# 2018 年宁夏大学 333 教育综合真题

## 一、名词解释

1. 学习迁移    2. 教育制度    3. 教学设计    4. 校本课程
5. 教育

## 二、简答题

1. 简述皮亚杰教育理论对教学的启示。
2. 简述工业社会教育的特征。★★★★★
3. 简述一堂好课的基本标准。
4. 简述基于问题教学模式的基本学习环节。

### 三、案例分析题

1.阅读下列材料，并按要求回答问题。

材料：夫教育目的不能仅在于个人。当日在造成个人为圣贤，而今教育之最要目的，在谋社会的进步，若不骂人、不偷、不怒、不谎、不得罪于人等事，先时多谓此道德很高，然而此为消极的，于今不能谓此为道德。盖彼者，不过无暇而已，于社会虽有若无。今因社会进步上着想，吾等当另定道德标准，谓"凡人能于社会公共事业，尽力愈大者，其道德愈高。否则，无道德可言。易言之，即凡于社会上有效劳之能力者，则有道德。否则，无道德"。

若斯数语，包含无限道理。愿诸生用为量人量己之尺，相染成风，使社会上渐渐均用此尺，度己亦用此尺。

选自张伯苓：《以社会进步为教育之目的》

（1）从教育的社会功能角度，分析材料观点的合理性。★★★★

（2）根据相关理论分析材料中教育目的的价值取向。★★★★★

2.材料大意：某同学受到老师的拳脚教育，父母不但不理解该同学，反而责备他，导致该同学投河自尽。

运用所学教育学原理对材料中的现象给出原因及防范措施。★★★

### 四、论述题

1.阐述教育的个体谋生与享受功能的内涵及实现条件。★★★★

2.论述杜威生活教育理论与陶行知生活教育思想的联系及区别。★★★★★

# 2019年宁夏大学333教育综合真题

### 一、名词解释

1.刻板效应　　　2.教学　　　3.归因理论　　　4.知识

### 二、简答题

1.简述班级授课制的定义、特点和优缺点。

2.现代教育的主要特点有哪些？

3.在实施新课程时教师应该有哪些理念？

4.简述当代教学观念变化的趋势。★★★★★

### 三、案例分析题

1.材料大意：名单上的学生进步快。（问题缺失）

2.材料大意：教师针对学生作业字迹潦草实行"小红花"奖励措施。（问题缺失）

### 四、论述题

1.评析当代教育学的发展状况。★★★★★

2.班主任的作用是什么？如何组织和建立良好的班级群体？

# 2020年宁夏大学333教育综合真题

### 一、名词解释

1.教育目的　　　2.教育制度　　　3.知识　　　4.德育

5.学习压力

### 二、简答题

1.简述皮亚杰认知发展阶段理论的教育启示。

2.简述班杜拉的自我效能感理论。

3.简述知识经济时代如何培养学生的人文精神和创新精神。★★★★

4. 简述教育的日常概念和科学概念的联系和区别。★★

5. 简述信息化教育的基本特征。★★★

6. 举例并简述 20 世纪前期国内外的教育思潮。★★★

### 三、案例分析题

材料：张校长鼓励院校教师有压力才有动力，学校教师积极响应号召，王老师占用学生课余时间为学生上课，导致教师内部关系不协调，教师内部产生竞争恶性循环的问题。

（1）运用教师职业道德的相关理论作答。★★★★

（2）运用教育学原理，简述教师的竞争压力。★★★

### 四、论述题

材料 1：在某校校园里，站岗标兵总是向教师有礼貌地主动问好，但是教师却总是视而不见学生的礼貌问好，教师这样的行为引起社会的普遍热议。

材料 2：某学校为了提高办学效率，将学习成绩差的学生通过某医院"检查"列入弱智名单，其他院校纷纷效仿，而家长得知自己的孩子被列入弱智名单时心里在滴血，学生得知自己被列入弱智名单，也被大大打击了学习积极性，变得消极。请回答下列问题：

（1）如何将学生热情落到实处？★★★★

（2）教师如何调动学生学习的积极性？★★★★

## 2021 年宁夏大学 333 教育综合真题

### 一、名词解释

1. 教育　　　　　2. 学制　　　　　3. 先行组织者　　　　　4. 有教无类

### 二、简答题

1. 简述《学记》的内容。

2. 简述教师专业化发展。

3. 简述教育要素的构成及关系。

4. 简述行为主义的学习理论。

### 三、案例分析题

1. 互联网＋教育。（材料不全，题干缺失）★★★★

2. 校园欺凌。（材料不全，题干缺失）★★★★

### 四、论述题

1. 论述蒙台梭利的思想。

2. 如何理解教育的过程就是学生生活的过程？★★★★

## 2022 年宁夏大学 333 教育综合真题

### 一、名词解释

1. 内隐学习　　　　　2. 产婆术　　　　　3. 书院　　　　　4. 壬子癸丑学制

5. 多元智能理论

### 二、简答题

1. 简述教育的价值。

2. 简述朱子读书法。

3. 简述永恒主义教育。
4. 简述学习动机的作用。
5. 简述教育的文化创造功能。

### 三、论述题

1. 论述影响课程改革的因素以及社会经济市场对课程改革的影响。★★★
2. 比较赫尔巴特和杜威的思想异同。★★★★★

### 四、案例分析题

1. 论述支持培训机构的原因，不支持的原因，并提出解决方案。（材料缺失）★★★
2. 没有教不好的学生，只有教不好的老师，分析其原理。（材料缺失）★★★

# 河南大学

# 2010年河南大学333教育综合真题

## 教育学部分

### 一、名词解释

1. 学校教育制度　　　2. 教师个体专业性发展

### 二、简答题

1. 简述当代教育学的发展状况。
2. 简述学生发展的含义及其一般规律。
3. 班级组织的功能包括哪些内容？

### 三、论述题

1. 试述当代教育观的转变。★★★★
2. 教师教育行为研究的过程包括哪些环节？并举例说明。★★★

## 心理学部分

### 一、名词解释

1. 性格　　　2. 挫折　　　3. 前摄抑制　　　4. 能力

### 二、简答题

心理健康的标准有哪些？

### 三、论述题

1. 结合实际，谈谈教育工作者应该如何根据学生的气质特征采取有效的教育方法。★★★★
2. 材料：历史记载，1920年在印度发现的8岁狼孩卡玛拉（女性），其身体外形与人不同，特点是：四肢长得比一般人长，手长过膝，双脚的拇指也稍大，两腕肌肉发达，骨盆细而扁平，背颈发达而柔软，但腰和膝关节萎缩而毫无柔韧性。她有明显的动物习性：吞食生肉，四肢爬行，喜暗怕光，白天总是蜷缩在阴暗的角落里，夜间则在院内外四处游荡，凌晨1时到3时像狼似的嚎叫，给她衣服穿，她却粗野地把衣服撕掉。她目光炯炯，嗅觉敏锐，但不会说话，没有人的理性。
请用心理学的知识解释上述现象。★★★★

# 2011 年河南大学 333 教育综合真题

## 教育学部分

**一、名词解释**

1. 教育制度　　　　2. 国家课程

**二、简答题**

1. 简述信息社会教育的主要特征。
2. 简述我国教育目的的精神实质。
3. 简述教师的职业角色。

**三、论述题**

1. 试述程序性知识及其教学设计。
2. 为什么说教师的研究属于行为研究？

## 心理学部分

**一、名词解释**

1. 感觉　　　　2. 性格　　　　3. 能力　　　　4. 再造想象

**二、简答题**

1. 影响随意注意的因素主要有哪些？
2. 简述情绪和情感的功能。
3. 简述哪些心理因素影响问题解决。

**三、论述题**

根据创造性思维定义及其特点分析两位学生回答的优劣。（材料缺失）★★★★★

# 2012 年河南大学 333 教育综合真题

## 教育学部分

**一、名词解释**

1. 教学模式　　　　2. 教学功能

**二、简答题**

1. 简述德育的一般规律。
2. 简述班主任如何管理班级。
3. 简述教师专业化发展的途径。

**三、论述题**

论述新课改的趋势。★★★

## 心理学部分

**一、名词解释**

1. 行为矫正治疗　　　　2. 内隐记忆

**二、简答题**

1. 知觉有哪些特性？

2. 为什么说大脑是心理的主观能动性的器官?

3. 教师为什么要学心理学? ★★★

### 三、论述题

论述教师应具备什么样的心理素质。

# 2013年河南大学333教育综合真题

## 教育学部分

### 一、名词解释

1. 教育价值　　　　2. 学校管理

### 二、简答题

1. 教育的个体功能表现在哪些方面?

2. 简述教育目的的定向功能。

3. 影响课程实施的因素有哪些?

4. 什么是"有指导的自主学习"教学模式?

### 三、论述题

教师应树立怎样的学生观?

## 心理学部分

### 一、名词解释

1. 社会知觉　　　　2. 性格

### 二、简答题

1. 简述运用测验法和调查法的注意事项。

2. 注意分配依赖的条件有哪些?

3. 想象的功能有哪些?

4. 教师在教学工作中应担当哪些角色?

### 三、论述题

论述智力发展的特点、影响因素以及如何发展智力。

# 2014年河南大学333教育综合真题

## 教育学部分

### 一、名词解释

1. 教育目标　　　　2. 教育智慧

### 二、简答题

1. 简述教育价值观的构成。

2. 简述教师劳动的特点。

3. 简述课程研制的过程。

4. 简述备课的内容。

## 三、论述题

论述我国教育改革的发展方向。★★★★

### 心理学部分

## 一、名词解释

1.首因效应　　　　　2.学校心理辅导

## 二、简答题

1.简述实验室实验法。
2.影响问题解决能力的因素有哪些?
3.分析情绪、情感在学生学习中的作用。
4.简述智力和知识的关系。

## 三、论述题

论述教学过程中如何激发学生的学习动机。

# 2015 年河南大学 333 教育综合真题

### 教育学部分

## 一、名词解释

1.教育价值观　　　　　2.课程计划

## 二、简答题

1.简述我们教育目的的精神实质是什么。
2.简述德育过程的特点。
3.简述专家型教师的特点。
4.学生的角色定位有哪些?

## 三、论述题

关于"给学生一杯水,教师要有一桶水"这个说法,论述教学是否就是知识的传授过程,为什么? ★★★★

### 心理学部分

## 一、名词解释

1.晕轮效应　　　　　2.过度学习

## 二、简答题

1.在使用测验法和调查法时应该注意哪些情况?
2.简述智力和知识的关系。
3.教师应该如何处理课堂行为问题?
4.简述动机的概念及动机的功能。

## 三、论述题

根据生活实际,举例说明怎样进行有效的情绪调节,保持身心健康。★★★

# 2016年河南大学333教育综合真题

### 教育学部分

**一、名词解释**

1.学科课程   2.教师专业化

**二、简答题**

1.简述教育学对教育实践的价值。
2.《中华人民共和国教师法》规定教师的权利有哪些？
3.现代班级管理的"人本主义"理念的内涵是什么？
4.简述教学过程的特点。

**三、论述题**

什么是教育的个体功能？什么是教育的社会功能？

### 心理学部分

**一、名词解释**

1.实验室实验法   2.职业心理枯竭

**二、简答题**

1.简述影响识记的因素。
2.简述流体智力与晶体智力的关系。
3.如何营造良好的课堂心理气氛？
4.简述引起和保持有意注意的条件。

**三、论述题**

教师的情绪、情感如何促进和加强学生的心理健康？★★★★

# 2017年河南大学333教育综合真题

### 教育学部分

**一、名词解释**

1.教育的筛选功能   2.师德

**二、简答题**

1.教育价值观是怎样形成的？
2.简述教育目的的确立依据。
3.简述教师职业生涯规划的步骤。
4.简述班主任如何培养班集体。

**三、论述题**

论述教学过程是掌握知识和促进智力发展的统一。

### 心理学部分

**一、名词解释**

1.内隐记忆   2.行为矫正技术

## 二、简答题

1. 简述教师情感在教学过程中的功能。
2. 调查法和测试法在使用的过程中应该注意哪些问题?
3. 学校心理辅导课程的内容和形式是什么?
4. 什么是知觉的整体性? 它的影响因素有哪些?

## 三、论述题

针对学生的学习动力不足问题,试论教师如何培养学生的学习动机?

# 2018 年河南大学 333 教育综合真题

### 教育学部分

## 一、名词解释

1. 教育方针                2. 教师专业发展

## 二、简答题

1. 简述上层建筑说关于教育本质观的核心观点。★★★
2. 简述确定课程目标的步骤。
3. 简述教师职业生涯规划的步骤。★★
4. 教师如何在共同体中发展? ★★

## 三、论述题

如果你是一名教师,你将如何与学生建立健康的师生关系? ★★★★

### 心理学部分

## 一、名词解释

1. 观察法          2. 首因效应          3. 课堂心理气氛

## 二、简答题

1. 简述在使用测验法和调查法过程中需要注意的事项。
2. 思维的品质是什么?
3. 如何营造良好的课堂心理氛围?

## 三、论述题

结合自己的学习经验,谈谈如何根据记忆规律提高记忆效率,减少遗忘。★★★★

# 2019 年河南大学 333 教育综合真题

### 教育学部分

## 一、名词解释

1. 培养目标                2. 班集体

## 二、简答题

1. 简述教师劳动的特点。
2. 简述教学过程的特点。
3. 简述德育的理念。
4. 简述教师职业生涯规划的步骤。

## 三、论述题

论述教育对个人的促进功能。

### 心理学部分

## 一、名词解释

1. 课堂心理气氛　　　2. 自变量　　　3. 晶体智力

## 二、简答题

1. 简述学生的心理发展特征。
2. 简述记忆的品质。
3. 简述影响识记效果的因素。

## 三、论述题

学习无动力，如何激发学习动机?

# 2020年河南大学333教育综合真题

### 教育学部分

## 一、名词解释

1. 课程标准　　　　2. 教学艺术

## 二、简答题

1. 简述课程作为经验载体的三个基准范畴。
2. 简述当前我国教育改革的发展走向。
3. 简述教师的角色定位。
4. 简述德育实施过程中应注意什么。

## 三、论述题

结合实际分析如何用情感陶冶法对学生进行德育。★★★★

### 心理学部分

## 一、名词解释

1. 知觉的恒常性　　　2. 角色心理期待　　　3. 气质

## 二、简答题

1. 简述引起和保持有意注意的条件。
2. 简述智力与非智力因素的关系。
3. 简述性格的定义及特性。

## 三、论述题

论述情绪智力在学生整体心理素质中的作用。★★★★

# 2021年河南大学333教育综合真题

### 教育学部分

## 一、名词解释

1. 课程计划　　　　2. 师德

## 二、简答题

1. 简述如何处理教学过程中直接经验与间接经验的关系。
2. 简述教育目的精神实质。
3. 简述教师如何在共同体中发展。
4. 简述教育管理的特点。

## 三、论述题

论述教师的发展阶段。

### 心理学部分

## 一、名词解释

1. 性格　　　　2. 注意的转移　　　　3. 实验室实验法

## 二、简答题

1. 简述影响知觉选择的因素。
2. 简述教师情感在教学过程中的功能。★★★
3. 简述学校心理咨询与辅导的形式和内容。

## 三、论述题

举例说明课堂问题行为产生的原因？如何处理和应对课堂行为问题？★★★★

# 2022年河南大学 333 教育综合真题

## 一、名词解释

1. 师生关系　　　2. 教学　　　　3. 控制变量
4. 意志　　　　　5. 近因效应

## 二、简答题

1. 我国中小学德育的基本内容有哪些方面？
2. 教育学创立的主客观条件分别是什么？
3. 专家型教师的特征有哪些？
4. 简述当前中国教育价值取向确立的主要内容。
5. 简述影响遗忘的因素。
6. 简述需要的概念、特征和规律。
7. 简述流体智力和晶体智力的关系。
8. 简述教师职业的劳动特点。

## 三、论述题

1. 结合实例，说明班主任应如何组织和培养班集体。★★★★
2. 举例说明学生心理发展受哪些因素影响？教学过程中如何根据学生的心理发展规律进行教学？★★★★

湖北大学

## 2010年湖北大学333教育综合真题

**一、名词解释**

1. 教育目的　　　　2. 学校教育制度　　　3. 德育　　　　4. 学科课程
5. 耶克斯 – 多德森定律　　6. 程序性知识

**二、简答题**

1. 简述孔子的教育实践与教育思想。
2. 简述日本教育的发展。
3. 简述加里培林的智慧技能形成阶段理论的主要观点。
4. 举例说明影响问题解决的因素有哪些。

**三、论述题**

1. 联系我国实际，论述教育与社会发展的关系。★★★
2. 联系教学实际，分析教学过程中应当处理好的几种关系。★★★★
3. 我国近代教育体制的变革表现在哪些方面？
4. 阐述夸美纽斯的教育思想。

## 2011年湖北大学333教育综合真题

**一、名词解释**

1. 狭义的教育　　　2. 教育的相对独立性　　3. "六艺"教育
4. 有意义学习　　　5. 京师大学堂　　　　6. 学习动机

**二、简答题**

1. 简述皮亚杰的认知发展阶段理论。
2. 简述学习策略的意义。
3. 简述我国教育目的的基本精神。
4. 简述人文主义教育的基本特征。

**三、论述题**

1. 论述教学过程的本质特征。
2. 论述德育过程的基本规律。
3. 论述陶行知的生活教育理论。
4. 论述终身教育的理论。

## 2012年湖北大学333教育综合真题

**一、名词解释**

1. 最近发展区　　　2. 学校教育制度　　　3. 狭义的教育　　　4. 活动课程

5. 内部学习动机与外部学习动机　　　　　　　　6. 美育

**二、简答题**

1. 简述赫尔巴特的教育思想。
2. 简述孔子的教育思想。
3. 简述试误说的含义及启示。★★★
4. 简述促进知识迁移的主要条件。

**三、论述题**

1. 联系实际，分析教育的本质特征。★★★★
2. 联系实际，谈谈教师的素养与培养。★★★★
3. 联系实际，阐述蔡元培的教育思想与教育实践。★★★★★
4. 阐述斯宾塞的教育思想。

# 2013年湖北大学333教育综合真题

**一、名词解释**

1. 自我中心思维　　2. 正迁移与负迁移　　3. 壬子癸丑学制　　4. "六艺"
5. 教育目的　　6. 学校教育

**二、简答题**

1. 简述布鲁纳学习理论的主要观点。
2. 什么是内部学习动机和外部学习动机？二者对学习的影响分别是什么？二者的关系如何？
3. 简述教育与社会发展的关系。★★★
4. 简述日本教育的发展。

**三、论述题**

1. 阐述孔子的教育实践与教育思想。
2. 结合教学实际，分析教学过程中应当处理好的基本关系。★★★
3. 联系当前学校教育实际阐述德育的基本途径。★★★★
4. 阐述裴斯泰洛齐的教育思想。

# 2014年湖北大学333教育综合真题

**一、名词解释**

1. 教育内容　　2. 学制　　3. 形成性评价　　4. 先行组织者
5.《雷佩尔提教育方案》　　6. 科举考试制度

**二、简答题**

1. 简述在教学过程中如何处理好直接经验和间接经验的关系。
2. 简述教育相对独立性的表现。
3. 比较孟子和荀子教育思想的异同。
4. 简述皮亚杰认知发展理论的教学含义。

**三、论述题**

1. 结合实际工作，谈谈新时代教师应具备怎样的素养？如何培养这些素养？★★★★
2. 试述黄炎培的职业教育思想及其对当前中国教育改革的启示。★★★★★

3.试述终身教育思想及其引发的教育变革。

4.结合实际，谈谈如何激发学生的外部学习动机和内部学习动机。★★★★★

# 2015 年湖北大学 333 教育综合真题

## 一、名词解释

1. 科举制度　　　　2. 壬子癸丑学制　　　3. 课程　　　　　4. 中世纪大学

5. 自然实验法　　　6. 最近发展区　　　　7. 客观性测验　　8. 新教育运动

## 二、简答题

1. 简述孔子在教育史上的贡献。

2. 简述人文主义教育的主要特征。

3. 简述启蒙运动的主要观点及其对教育的影响。

4. 简述中国近代教会学校的发展和教会教育的性质与作用。

5. 简述教育的基本要素及其相互作用。

## 三、论述题

1. 试述"个人本位论"与"社会本位论"之争对于人的培养与成长有何重大意义。★★★★

2. 有的家长在孩子取得高分时便给予金钱或物质的奖励，在孩子考得差的时候就责骂处罚，甚至棍棒加身。请分析这种做法的利弊，并提出合理化的建议。★★★★

## 四、案例题

材料：某初中有位班主任，动不动就对学生一顿骂，甚至打上几巴掌，有一次把一个学生都打得流鼻血了。还有一次，有个学习成绩一般的学生因一些知识点不懂提出疑问，班主任就说了一些很刺激人的话，然后课也不上了，坐到讲台上就向学生大发脾气，说450分以上的同学留下来听课，其他同学不愿意上课、听不懂就滚到操场上玩去！让学生不上课，这位班主任有这个权力吗？这位班主任曾经找一个女生谈话，说："×××，你看你脸皮蛮厚的，我从初一讲到初三，你一点愧疚感都没有，说难听点就是死不要脸。"

（1）试分析上述案例中班主任的做法违背了哪些德育原则。★★★★★

（2）试谈教师应该具有怎样的学生观。★★★★

# 2016 年湖北大学 333 教育综合真题

## 一、名词解释

1. 狭义的教育　　　2. 教育的相对独立性　　3. "六艺"教育　　4. 京师大学堂

5. 有意义学习　　　6. 学习动机

## 二、简答题

1. 简述我国教育目的的基本精神。

2. 简述文艺复兴时期人文主义教育的特征。

3. 简述掌握学习策略的意义。

4. 简述皮亚杰的认知发展的四阶段。

## 三、论述题

1. 联系实际，论述教学过程的性质。★★★★★

2. 联系实际，论述德育过程的基本规律。★★★★

3. 述评陶行知的生活教育理论。

4. 论终身教育思想的主要观点。

# 2017 年湖北大学 333 教育综合真题

**一、名词解释**

1. 教育
2. 教育目的
3. 陶行知
4. 洋务学堂
5. 同伴关系
6. 皮亚杰

**二、简答题**

1. 简述教育心理学。
2. 简述苏格拉底法。
3. 简述教育学。
4. 简述攻击行为。

**三、论述题**

1. 论述常见的教育学研究方法。
2. 论述教育活动三要素。
3. 述评蔡元培的北大改革。
4. 论述杜威"学校即社会"的含义及意义。

# 2018 年湖北大学 333 教育综合真题

**一、名词解释**

1. 教育制度
2. 教育目的
3. 孔子
4. 有效教学
5. 蔡元培
6. 学习动机

**二、简答题**

1. 简述教育学的研究对象和任务。
2. 简述教育心理学。
3. 简述人本主义心理学。
4. 简述欧洲新教育运动。

**三、论述题**

1. 影响人发展的基本因素有哪些?
2. 什么是教育? 试述教育的质的规定性。
3. 试述杜威的"学校即社会"的含义及意义。
4. 评述陶行知的生活教育理论。

# 2019 年湖北大学 333 教育综合真题

**一、名词解释**

1. 教育
2. 教育制度
3. 全面发展
4. 道尔顿制
5. 卢梭
6. 科举制

**二、简答题**

1. 简述影响人身心发展的因素。
2. 简述陶行知的生活教育论。
3. 简述教育的基本要素。

4. 简述裴斯泰洛齐的教育心理学化。

### 三、论述题

1. 论述人的发展的规律性及评价。
2. 评价张之洞的"中学为体，西学为用"。
3. 论述教育目的的价值取向。
4. 论述杜威的教育本质论。

# 2020 年湖北大学 333 教育综合真题

### 一、名词解释

1. 课程            2. 学制            3. 人本主义教育            4. 教育
5. 苏格拉底法      6.《学记》

### 二、简答题

1. 简述科举制。
2. 简述终身教育思潮的主要观点。
3. 简述教育学。
4. 简述教师劳动的特点。

### 三、论述题

1. 论述影响人发展的因素。
2. 论述杜威的教育本质论，结合我国的教育问题，谈谈我国未来教育的发展趋势。★★★★★
3. 列举 4 种教学方法及其应用。
4. 论述蔡元培的"五育"并举思想，并谈谈你对它的理解。★★★★★

# 2021 年湖北大学 333 教育综合真题

### 一、名词解释

1. 教育            2. 教育制度        3. 教育目的        4. 苏格拉底法
5. 教学            6. 科举制

### 二、简答题

1. 简述蔡元培为北京大学确立的"思想自由，兼容并包"的办学指导思想。
2. 简述卢梭的自然主义教育思想。
3. 简述教育学的研究对象和研究任务。
4. 至少列举三个教育学的研究方法。

### 三、论述题

1. 中国近代教育家梁启超深受西方男女平等思想的影响，提出"欲强国必由女学"，试评述其女子教育思想。
2. 英国教育思想家洛克认为，教师对儿童进行体罚，进行奴隶式的管制，只能养成儿童的奴性，请结合其绅士教育的思想，评析这一观点。★★★★
3. 试分析影响人发展的基本因素。
4. 试分析构成教育活动的基本要素。

## 2022 年湖北大学 333 教育综合真题

### 一、名词解释
1. 狭义的教育目的　　2. 教育规律　　3. 狭义的教育　　4. 学校教育制度
5. 学习策略　　6. 学习迁移

### 二、简答题
1. 简述孟子的"性善论"及其对当今教育的意义。
2. 简述苏格拉底的产婆术及其优缺点。
3. 简述什么是教育心理学。
4. 简述学习动机的作用。

### 三、论述题
1. 论述影响人发展的基本因素。
2. 结合常见的教学方法，谈谈你对"教学有法，教无定法"的看法。★★★★
3. 论述陶行知的教育精神以及对当代教师的借鉴意义。★★★★★
4. 谈谈杜威的"从做中学"及其对当今课改的启示。★★★★★

# 扬州大学

## 2010 年扬州大学 333 教育综合真题

### 一、名词解释
1. 广义的教育　　2. 教学评价　　3. 学校管理　　4. 道尔顿制
5. 创造性　　6. 自我效能感

### 二、简答题
1. 简述教育的社会流动功能。
2. 简述严格要求与尊重学生相结合的德育原则。
3. 简述孟轲的教育思想。
4. 简述如何培养和提高学生的问题解决能力。

### 三、论述题
1. 联系实际，论述教学过程中教师主导作用与学生主体性的关系。★★★★
2. 陶行知生活教育理论体系的主要内容是什么？对今天的教育改革有何借鉴意义？★★★★★
3. 终身教育理论的主要观点有哪些？当今社会为什么要实行终身教育？
4. 影响学生学习动机的因素有哪些？联系实际谈谈如何激发学生的学习动机。★★★★★

## 2011 年扬州大学 333 教育综合真题

### 一、名词解释
1. 教育学　　2. 教学　　3. 教育目的　　4. 设计教学法

5. 学习　　　　　　　6. 心理发展

**二、简答题**

1. 简述生产力对教育的制约。
2. 简述教师职业道德的内容。
3. 简述董仲舒的道德教育思想。
4. 简述苏霍姆林斯基的教育思想。

**三、论述题**

1. 联系教学实际，论述教学中为什么要强调启发性以及教学中如何贯彻启发性原则。★★★★★
2. 述评"朱子读书法"，并谈谈对自己读书的启示。★★★★
3. 论述杜威关于教育的本质与目的的主要思想，谈谈其对我国教育改革的借鉴作用。★★★★★
4. 影响学生问题解决的因素有哪些？结合实际谈谈如何培养学生的问题解决能力。★★★★

# 2012 年扬州大学 333 教育综合真题

**一、名词解释**

1. 教育制度　　　2. 教学　　　　3. 德育方法　　　4. 白板说
5. 学习　　　　　6. 元认知

**二、简答题**

1. 简述人的发展的含义。
2. 简述因材施教的教学原则。
3. 简述"朱子读书法"的主要内容。
4. 简述影响品德形成的内部因素。

**三、论述题**

1. 联系教学实际，论述教学过程的性质。
2. 论述孔丘的主要教育思想及其意义。
3. 论述苏霍姆林斯基的个性全面和谐发展及其对我国教育改革的启示。
4. 论述创造性的心理结构和培养学生创造性的主要措施。

# 2013 年扬州大学 333 教育综合真题

**一、名词解释**

1. 教育制度　　　2. 骑士教育　　　3. 最近发展区　　　4. 自我效能感
5. 活动课程　　　6. 美德即知识

**二、简答题**

1. 简述奥苏伯尔的有意义接受学习理论。
2. 简述教学过程中直接经验和间接经验的关系。
3. 简述黄炎培职业教育思想的主要观点。
4. 简述教学中促进知识迁移的策略。

**三、论述题**

1. 结合教师素养的主要内容，谈谈提高教师专业素养的主要途径。
2. 结合人的发展的基本规律，谈谈相应的教育策略。★★★

3. 论述夸美纽斯的主要教育思想及其意义。

4. 论述陈鹤琴的"活教育"思想及其对我国当前教育改革的启示。★★★★

# 2014 年扬州大学 333 教育综合真题

**一、名词解释**

1. 课程标准　　2. 循序渐进原则　　3. 生计教育　　4. 实验教育学

5. 人格发展　　6. 品德不良

**二、简答题**

1. 简述教学评价的种类。

2. 简述学生学习的特点。

3. 简述结构主义教育的主要观点。

4. 简述个人本位论的主要观点。

**三、论述题**

1. 根据我国的教育目的的基本精神，谈谈目前中小学教育实践存在的主要问题以及应如何改革。★★★★

2. 联系实际，论述德育过程是教师引导下学生能动的道德活动过程。★★★★

3. 论述卢梭的自然教育理论及其启示。★★★★★

4. 联系实际，论述重视青少年心理健康的原因及实施措施。★★★★

# 2015 年扬州大学 333 教育综合真题

**一、名词解释**

1. 教学组织形式　　2. 课程方案　　3. 骑士教育　　4. 自我效能感

5. 有意义学习　　6. 学习动机

**二、简答题**

1. 简述文化知识对人的发展价值。

2. 简述教师劳动的主要特点。

3. 简述青少年心理健康教育的目标。

4. 简述韩愈论述教师问题的主要观点。

**三、论述题**

1. 教学过程中直接经验和间接经验的关系是什么？在具体学科教学中应怎样联系学生的生活实际？★★★★★

2. 终身教育理论的观点应包含哪些内容？按照终身教育理论，学校教育应该进行哪些方面的改革？★★★★

3. 论述书院教育的特点及其对当代教育的借鉴。★★★★

4. 创造性的认知品质包含哪些？培养学生创造性的措施有哪些？

# 2016 年扬州大学 333 教育综合真题

**一、名词解释**

1. 社会本位论　　2. "产婆术"　　3. 最近发展区　　4. 元认知

5. 班级授课制　　6. 结构主义教育

二、简答题

1. 简述奥苏伯尔的有意义接受学习理论。
2. 简述现代教育的特点。
3. 简述黄炎培职业教育思想的主要特点。
4. 简述影响问题解决的主要因素。

三、论述题

1. 教师专业素养包含哪些内容？结合教师素养的主要内容，谈谈提高教师专业素养的主要途径。
2. 联系实际，论述教学过程中应该处理的几种关系。
3. 论述夸美纽斯的主要教育思想及其意义。
4. 论述陶行知的"生活教育"思想及其对我国当前课程改革的启示。★★★★★

# 2017 年扬州大学 333 教育综合真题

一、名词解释

1. 启发式教学原则    2. 学校教育制度    3. 学校管理    4. 书院
5. 混合式学习    6. 自我强化    7. 狭义的教育

二、简答题

1. 简述人的发展规律。
2. 简述科举制度的历史影响。
3. 简述建构主义学习理论的要义及其教学指导原则。
4. 简述有意义学习的实质和条件。
5. 简述教师的基本权利。

三、论述题

1. 分析班主任素质的基本要求。
2. 论述教育对人发展的作用。
3. 论述蔡元培"五育"并举的教育方针及其对现代教育的启示。
4. 论述夸美纽斯的普及教育思想及其历史贡献。
5. 论述慕课对当前学校教育产生的影响。

# 2018 年扬州大学 333 教育综合真题

一、名词解释

1. 班级授课制    2. "六艺"    3. 心理过程    4. 教育目的
5. 学校管理体制    6. 迁移

二、简答题

1. 简述苏格拉底法。
2. 简述学生学习的特点。
3. 简述加德纳的多元智能理论。
4. 简述人发展的基本规律。

三、论述题

1. 论述陶行知的生活教育理论及其对当代教育的启示。★★★★★
2. 论述心智技能的培养方法。

3.分析现实生活中的教师角色冲突及其解决办法。★★★★
4.论述韩愈《师说》中所蕴含的教育思想及其对当代教育的启示。★★★★

# 2019 年扬州大学 333 教育综合真题

## 一、名词解释

1. 教育的社会流动功能　　2. 课程标准　　3. 德育过程　　4. 结构主义教学观
5. 有教无类　　6. 发现学习

## 二、简答题

1. 简述教育的政治功能。
2. 简述读书指导法的基本要求。
3. 简述罗杰斯的学生中心教学观。
4. 简述文艺复兴时期人文主义教育的特征。

## 三、论述题

1. 如何理解教育是一种有目的地培养人的社会活动？
2. 分析教学过程中直接经验与间接经验的关系。
3. 分析影响问题解决的主要因素及其对教育的启示。★★★★
4. 论述杜威的教育本质思想及其历史影响。

# 2020 年扬州大学 333 教育综合真题

## 一、名词解释

1. 教育内容　　2. 书院　　3. 课程　　4. 循序渐进原则
5. 教育管理体制校本化　　6. 认知学习观

## 二、简答题

1. 简述促进认知策略迁移的措施。
2. 简述教师师德的主要内容。
3. 简述人身心发展的规律及其教育启示。
4. 简述人文主义教育思潮。

## 三、论述题

1. 材料是关于杜威和赫尔巴特的师生观，结合现代教育学，谈谈对教学过程中学生地位作用的认识。★★★★★
2. 论述教师劳动的创造性及其培养措施。
3. 论述奥苏伯尔的有意义接受学习及其对当代的启示。★★★★★
4. 根据《爱弥儿》中的一段材料，述评卢梭的教育思想及其对我国教育的启示。（材料缺失）★★★★

# 2021 年扬州大学 333 教育综合真题

## 一、名词解释

1. 课程标准　　2. 教学　　3. 进步主义教育　　4. 生成性目标
5. "五育"并举　　6. 学校德育

**二、简答题**

1. 简述心理健康的标准。
2. 简述班集体的培养方法。
3. 简述苏霍姆林斯基的个体全面和谐发展说。
4. 简述人的发展的规律。

**三、论述题**

1. 论述陶行知的生活教育理论以及教育启示。★★★★★
2. 如何理解学生必须要以直接经验为基础学习间接经验，并谈谈其对教学的启示。★★★★
3. 论述班杜拉的观察学习理论及其教育启示。★★★
4. 为什么教育要放在优先发展战略地位？★★★★

# 2022 年扬州大学 333 教育综合真题

**一、名词解释**

1. 课程标准  2. 教育目的  3. 学校管理  4. 平民教育运动
5. 苏格拉底法  6. 编码与组织策略

**二、简答题**

1. 简述现代教育的特征。
2. 简述我国学校德育的主要原则。
3. 简述百日维新中的教育改革内容。
4. 简述学习动机的内部影响因素。

**三、论述题**

1. 论述高尚师德的内容及其养成方法。★★
2. 论述杜威的"教育无目的"思想，并谈谈对当代教育的启示。★★★★★
3. 评述科尔伯格的道德认知发展理论。★★★★
4. 论述课程的主要类型及其含义。

# 宁波大学

# 2010 年宁波大学 333 教育综合真题

**一、名词解释**

1. 学校教育  2. 教师个体的专业发展  3. 教育目的  4. 义务教育
5. 课程目标  6. 新教育运动

**二、简答题**

1. 简述教育的功能。
2. 简述孔子的教育思想及其历史影响。
3. 简述人文主义教育的特征和历史影响。
4. 简述科尔伯格的道德发展阶段理论。

### 三、论述题

1. 论述学习教育学的价值和意义。
2. 论述新文化运动影响下的教育思潮。
3. 解读赫尔巴特和杜威的教育思想及影响，并在此基础上，结合现实，对传统教育与现代教育进行对比分析。★★★★★
4. 举例说明影响学习迁移的条件，以及在教学中如何促进学生的学习迁移。★★★★

# 2011 年宁波大学 333 教育综合真题

### 一、名词解释

1. 苏格拉底法　　2. 骑士教育　　　　　　3. 要素教育论　　　4. 新教育运动
5. 教师个体的专业发展　　6. 学校教育

### 二、简答题

1. 简述 1922 年"新学制"的标准和特点。
2. 简述英国《1988 年教育改革法》的主要内容。
3. 简述教育目的的功能。
4. 简述学习与个体心理发展的关系。

### 三、论述题

1. 结合自己体会，论述学习教育学的价值和意义。★★★
2. 从社会和个体两个方面，阐述教育的功能。
3. 论述科举制度的全部发展过程及其对当代教育改革的启示。★★★★
4. 结合目前的教育教学实践和社会状况，谈谈如何激发学生的学习动机。★★★★★

# 2012 年宁波大学 333 教育综合真题

### 一、名词解释

1. 教育制度　　　2. 教材　　　　　　3. 有教无类　　　4. 设计教学法
5. 最近发展区　　6. 教学设计

### 二、简答题

1. 试析教育的社会功能。
2. 概述课程目标的基本特征。
3. 简述科举制对中国封建社会后期的影响。
4. 评析裴斯泰洛齐的教育心理学化思想。

### 三、论述题

1. 请结合实际谈谈教师进行教育研究的优势和素养。★★★★
2. 试论蔡元培在北京大学的教育改革实践及其影响。
3. 述评杜威的教育思想。
4. 请举例说明教师威信对教育成效的影响。★★★

## 2013年宁波大学333教育综合真题

**一、名词解释**

1. 课程标准　　2. 学校教育制度　　3. 智者　　4. 实验教育学
5. 学习动机　　6. 品德

**二、简答题**

1. 简述教育促进文化延续与发展的功能。
2. 试析书院的教学特点。
3. 简述学习策略与学习方法的联系与区别。
4. 简述影响学习迁移的因素。

**三、论述题**

1. 作为一名教师，请谈谈构建良好师生关系的基本策略。★★★★
2. 试论教师从事教育研究的意义。
3. 试论陶行知的生活教育理论。
4. 试论赫尔巴特的教学形式阶段理论。

## 2014年宁波大学333教育综合真题

**一、名词解释**

1. 教育和义务教育　　2. 学校教育制度　　3. 稷下学宫　　4. 废科举
5. 品德　　6. 图式

**二、简答题**

1. 简述教师专业发展的内涵及内容。
2. 简述福泽谕吉的教育思想。
3. 什么是意义学习？简述实现意义学习的条件。
4. 简述培养学生动机的有效策略。

**三、论述题**

1. 结合当前我国社会政治改革和发展的特点，谈谈政治对教育的影响以及教育应该担负的政治功能。★★★
2. 回答教学的含义，并结合实际，谈谈如何理解加重教师和学生、知识传授和能力培养、教和学、结果和过程之间的关系。★★★★
3. 论述陶行知的生活教育理论及其当代意义。
4. 如何理解赫尔巴特的教育性教学？

## 2015年宁波大学333教育综合真题

**一、名词解释**

1. 夸美纽斯　　2. 教育叙事　　3. 学生生活　　4.《教育漫话》
5. 陶行知　　6. 昆体良

**二、简答题**

1. 简述文化教育学的基本观点。
2. 简述新教育运动。
3. 列举两至三所近代教会大学，并分析其办学特点。

4.简述行为问题学生的类型及其产生原因。

### 三、论述题

1.结合今天我国基础教育的实际，论述你对素质教育的看法。★★★★
2.从现实角度论述科举制度的积极意义及局限性。★★★
3.试论道尔顿制的特点及局限性。
4.联系实际，阐述男生与女生的心理差异及教学建议。★★★

# 2016 年宁波大学 333 教育综合真题

### 一、名词解释

1.教育目的和制定教育目的的依据　　2.教育制度和义务教育制度
3.有教无类　　　　　　　　　　　　4.罢黜百家，独尊儒术
5.自我效能感　　　　　　　　　　　6.强化

### 二、简答题

1.简述教育的文化功能及其表现。
2.简述卢梭自然教育的基本含义。
3.简述教师的社会角色。
4.简述认知心理学学习理论的主要观点。

### 三、论述题

1.作为一名教师，你如何理解学习教育学的价值和意义？
2.学生发展的含义及一般规律是什么？请根据学生发展的一般规律，谈谈其中的教育意义。★★★
3.论述蔡元培主持北京大学改革的措施及其启示。
4.论述杜威关于思维与教学方法的主张及其当代价值。★★★★★

# 2017 年宁波大学 333 教育综合真题

### 一、名词解释

1.白板说　　2.《爱弥儿》　　3.教育　　4.教育目的
5.程序性知识　　6.最近发展区

### 二、简答题

1.简述韩愈的尊师重道的思想。
2.简述古代书院的萌芽及其原因。
3.简述蔡元培提出的"五育"之间的关系。
4.简述教育促进个体社会化和个性化功能的表现。
5.简述学生的道德认知和道德行为的关系。
6.简述学生对学业成败的归因如何影响其学习行为。

### 三、论述题

1.论述赫尔巴特的教学阶段论。
2.论述政治、经济、文化因素对课程变革的影响。
3.教师专业发展的内容有哪些？结合自己的经验或体会，谈谈当前教师专业发展中存在的一个或者几个问题。★★★★

# 2018年宁波大学333教育综合真题

**一、名词解释**

1. 非正式群体      2. 教师威信      3. 京师同文馆      4. 昆西教学法

5. 福禄培尔      6. 教育的生物起源说和心理起源说

**二、简答题**

1. 简述学生的心理差异的主要表现。

2. 简述青少年的身体发展、认知发展和人格发展的关系。

3. 简述朱熹有关读书方法的观点。

4. 简述科举制与学校教育的关系。

5. 教师职业的社会地位主要包含哪些方面？谈谈你对当前教师社会地位的看法。

6. 简述教育的个体发展功能，为什么说学校教育在人的发展中起主导作用？

7. 简述政治制度和经济发展水平对教育的制约作用。

**三、论述题**

1. 试论述杜威对于教育本质的主张及其启示。★★★★★

2. 师生关系有哪些基本类型，分别有哪些特点？你认为良好的师生关系应该具备什么特征？说出你的依据和理由。★★★★

# 2019年宁波大学333教育综合真题

**一、名词解释**

1. 班集体      2. 单轨学制      3. 最近发展区      4.《学记》

5. 结构主义教育      6.《普通教育学》

**二、简答题**

1. 简述教师职业的基本特征。

2. 简述程序性知识的教学策略。

3. 简述夸美纽斯的教育适应自然的原则。

4. 简述文艺复兴时期人文主义教育的基本特征。

5. 简述埃里克森的心理社会发展理论。

6. 简述发现学习的特点。

7. 简述加涅对学习的分类。

**三、论述题**

1. 论述陈鹤琴的"活教育"思想体系及其启示。★★★★

2. 试论学生评价理论与实践的变革及其对我国基础教育改革的影响。★★★★

# 2020年宁波大学333教育综合真题

**一、名词解释**

1. 主题班会      2. 档案袋评价法      3. 创造力      4. 学习策略

5. 设计教学法      6. 察举制

## 二、简答题

1. 简述班级授课制。
2. 简述苏霍姆林斯基的劳动教育。
3. 简述宋元时期蒙学教材的类型及其特点。
4. 简述裴斯泰洛齐的教育心理学化的含义及其影响。
5. 简述现代认知学习观。
6. 简述形式训练说
7. 简述心智技能的培养。

## 三、论述题

1. 分析比较文艺复兴时期的人文主义教育、新教教育和天主教教育之间的联系、区别和影响。★★★★
2. 论述我国教育目的的价值取向及其对我国基础教育改革的启示。★★★★

# 2021 年宁波大学 333 教育综合真题

## 一、名词解释

1. 非制度化教育　　　2. 教育目的的价值取向　　　3. 校本课程　　　4. 素丝说
5. 惩罚　　　6. 攻击性行为

## 二、简答题

1. 简述裴斯泰洛齐的要素教育论。
2. 简述成败归因理论。
3. 简述永恒主义教育。
4. 简述终身教育理论。
5. 简述程序性知识的产生机制。
6. 简述学生身心发展的特点。
7. 简述日本明治维新时期的教育改革措施。

## 三、论述题

1. 论述黄炎培的职业教育目的、方针、原则。
2. 基于对教师是一种专业化的职业这一认识，论述如何提高教师的专业能力。★★★

# 2022 年宁波大学 333 教育综合真题

## 一、名词解释

1. 制度化教育　　　2. 教育的个体发展功能　　　3. 形成性评价　　　4. 全人生指导
5. 自我概念　　　6. 学习动机

## 二、简答题

1. 简述学生发展的一般规律。
2. 简述《理想国》的积极因素和局限性。
3. 简述马卡连柯的集体教育思想。
4. 简述教学设计过程。
5. 简述问题解决过程。
6. 简述皮亚杰的认知发展理论。
7. 简述柏林大学与现代大学制度。

### 三、论述题

1. 论述王守仁"致良知"的教育思想和教育作用。
2. 论述教育专门化和教师专业化。

**青岛大学**

# 2010年青岛大学 333 教育综合真题

### 一、填空题

1. 现代学制的类型主要有双轨学制、_____、_____。
2. 布卢姆把教学目标分为_____、_____、_____三领域。
3. 编制课程的三大取向是：学科中心、_____、_____。
4. 教师备课的一般环节是钻研教材、_____、_____、拟定教学计划四个环节。
5. 从课程管理的角度，当前课程体系中主要有国家课程、_____、_____。
6. 班级管理主要包括_____、_____和班级生活指导等方面。
7. 21世纪国际教育委员会提交给联合国教科文组织的报告《教育——财富蕴藏其中》一书提出21世纪教育的四个支柱是学会认知、_____、_____、_____。
8. 人类教育在漫长的演进过程中大致经历_____、_____、_____和当代四个形态的教育阶段。

### 二、选择题

1. 在西方教育史上最早倡导使用问答法教学的思想家是（　　）
A. 苏格拉底　　　　　　B. 柏拉图　　　　　　C. 亚里士多德　　　　　　D. 昆体良
2. 从作用的对象看，教育功能可分为（　　）
A. 个体功能和社会功能　　　　　　B. 正向功能和负向功能
C. 显性功能和隐性功能　　　　　　D. 本体功能和派生功能
3. 对人的身心发展来说，学校教育是一种（　　）环境
A. 宏观的　　　　　　B. 间接的　　　　　　C. 一般的　　　　　　D. 特殊的
4. 讲授教学法的负面作用最可能是（　　）
A. 课堂失控　　　　　　B. 教学效率低
C. 不利于思想品德教育　　　　　　D. 不利于学生发挥主动性
5. 下列不是现代形态教育的特征的是（　　）
A. 教育的世俗化　　　　　　B. 教育的国家化
C. 学校教育与生产劳动相脱离　　　　　　D. 教育的法制化
6. 我国近代历史上最早颁布并实施的学制颁布于（　　）年
A. 1898　　　　　　B. 1904　　　　　　C. 1919　　　　　　D. 1922
7. 我国当前主要的教学组织形式是（　　）
A. 个别教学　　　　　　B. 班级授课制　　　　　　C. 现场教学　　　　　　D. 启发式教学
8. 由学校教师编制、实施和评价的课程是（　　）
A. 广域课程　　　　　　B. 国家课程　　　　　　C. 校本课程　　　　　　D. 学科课程
9. "外塑论"学生观的代表人物是（　　）
A. 卢梭　　　　　　B. 杜威　　　　　　C. 赫尔巴特　　　　　　D. 布鲁纳
10. 在教育目的的问题上，法国教育家卢梭的主张体现了教育目的（　　）
A. 社会效益论思想　　　　　　B. 教育无目的论思想
C. 社会本位论思想　　　　　　D. 个人本位论思想

11. 只考虑被评价对象应该达到的水平，而不受被评价对象在其特定整体中位置的影响，这种评价属于（  ）

A. 相对评价　　　　　　B. 个体内差异评价　　　　C. 绝对评价　　　　D. 总结性评价

12. 泛智教育思想的提出者是（  ）

A. 夸美纽斯　　　　　　B. 赫尔巴特　　　　　　　C. 布鲁纳　　　　　　D. 洛克

13. "拔苗助长"违背了教学的（  ）

A. 启发性原则　　　　　B. 因材施教原则　　　　　C. 循序渐进原则　　　D. 直观性原则

14. 布鲁纳认为无论我们选择何种学科都务必使学生理解该学科的基本结构，其课程理论被称为（  ）

A. 百科全书式课程理论　　　　　　　　　　B. 综合课程理论

C. 实用主义课程理论　　　　　　　　　　　D. 结构主义课程理论

15. 首次把教育学作为一门独立的科学提出来的学者是（  ）

A. 夸美纽斯　　　　　　B. 赫尔巴特　　　　　　　C. 卢梭　　　　　　　D. 培根

16. 行为目标描述的是（  ）

A. 学校的行为　　　　　B. 教师的行为　　　　　　C. 教师和学生的行为　D. 学生的行为

17. 被誉为世界上最早的教育专著是（  ）

A.《大学》　　　　　　B.《论语》　　　　　　　C.《学记》　　　　　D.《礼记》

18. 诊断性评价往往在教育活动的（  ）

A. 过程中进行　　　　　B. 开始前进行　　　　　　C. 结束后进行　　　　D. 各阶段中进行

19. 新课程提倡的三维教学目标是指（  ）

A. 知识、技能和方法　　　　　　　　　　　B. 情感、态度和价值观

C. 知识、技能和情感　　　　　　　　　　　D. 知识与技能、过程与方法、情感态度与价值观

20. 进步主义教育理论的代表人物是（  ）

A. 洛克　　　　　　　　B. 多尔　　　　　　　　　C. 杜威　　　　　　　D. 巴格莱

### 三、名词解释

1. 学生观　　　　　2. 教育民主化　　　　　3. 综合课程　　　　　4. 讨论法

5. 学校教育

### 四、简答题

1. 简述当代形态教育的主要特征。

2. 简述影响个体发展的因素。

3. 简述教育的文化功能。

4. 简述教学过程中直接经验与间接经验的关系。

5. 简述教师职业的特点。

6. 简述现行德育课程内容的主要特点。

### 五、论述题

1. 教学中应该注意哪些教学原则？试举例论述你感受最深的一个教学原则。★★★★

2. 试述班级授课制的特点、优点、局限及其变革方向。★★★★

3. 结合实际，谈谈你对素质教育的理解与认识。★★★★★

# 2011年青岛大学333教育综合真题

**一、判断改错题**（请首先判断每个说法是否正确，若正确，请写"正确"；若错误，请写"错误"并改正。）

1. 我国最早的一部教育著作是《论语》。（  ）

2. 20世纪初，美国教育家杜威认为学校教育应以传授书本知识为主。（  ）

3. 最早的正式学校是在原始社会出现的。（  ）

4. 广义的教育是指凡是有目的地增进人的知识技能，影响人的品德，增强人的体质的活动，不论是有组织的或是无组织的，系统的或是零碎的，都是教育。（  ）

5. 能动性是人的发展的重要特点。（  ）

6. 教育目的的制定应完全立足于社会需要。（  ）

7. 讲授法是一种注重知识灌输的教学方法。（  ）

8. 诊断性评价是在教学进程中对学生的知识掌握和能力发展的比较进行经常而及时的测评与反馈。（  ）

9. 发现学习是学生学习的主要形式。（  ）

10. 维果茨基认为，最近发展区是指儿童自身所能达到的心理发展水平。（  ）

11. 布鲁纳重视学科的知识结构，倡导发现法教学。（  ）

12. 新提倡的三维教学目标是知识、技能和情感。（  ）

13. 学校教育与生产劳动相脱离是现代形态教育的特征。（  ）

14. 教育有促进社会流动的功能。（  ）

15. 德育过程主要是一种道德认知过程。（  ）

## 二、简答题

1. 简述皮亚杰的认知发展阶段理论。

2. 简述教育的文化功能。

3. 简述教师的权利。

4. 简述传授知识与发展智能的关系。

5. 简述新一轮基础教育课程改革的主要目标。

## 三、案例分析题

1. 某学校按照上级教育管理部门要求，号召教师开发校本课程，但他们认为课程开发是教育专家的工作，普通教师只要上好课行了。请针对上述现象，从课程改革、教师角色等方面进行分析。★★★★★

2. 某中学的王老师第一次当班主任，一位资深班主任对他说，初中孩子最难管，三天不打，上房揭瓦，所以你一定要压制住他们，绝不能给他们好脸色。请判断这样的说法是否正确，并分析原因，假如你是这位班主任，你应该怎么做。★★★★

## 四、作文题　（不少于800字）

题目："学生差异之我见"。（提示：可以从教育学、教育心理学等相关理论出发，结合实际，谈谈如何理解学生差异以及如何对待学生差异。）★★★★★

# 2012年青岛大学333教育综合真题

## 一、选择题

1. 活动课程论的代表人物是（  ）

A. 卢梭　　　　　　　　B. 杜威　　　　　　　　C. 赫尔巴特　　　　　　D. 布鲁纳

2. 普通教育学的研究对象主要是（  ）

A. 幼儿教育　　　　　　B. 中小学教育　　　　　C. 高等教育　　　　　　D. 职业技术教育

3. 乌申斯基指出："一般说来，儿童是依靠形式、颜色、声音和感觉来进行思维的"。这就要求我们在教学中要重视运用的原则是（  ）

A. 循序渐进　　　　　　B. 因材施教　　　　　　C. 直观性　　　　　　　D. 巩固性

4. "矮子里找高个""水涨船高"是一种（  ）

A. 相对评价　　　　　　B. 绝对评价　　　　　　C. 定性评价　　　　　　D. 定量评价

5. "最近发展区"理论的提出者是（  ）

A. 皮亚杰　　　　　　　B. 罗杰斯　　　　　　　C. 布鲁纳　　　　　　　D. 维果茨基

6. 《理想国》的作者是（  ）

A. 亚里士多德　　　　　B. 苏格拉底　　　　　　C. 柏拉图　　　　　　　D. 昆体良

7.《大教学论》的作者是（　　）

A. 皮亚杰　　　　　　B. 卢梭　　　　　　C. 杜威　　　　　　D. 夸美纽斯

8. 教学过程的中心环节是（　　）

A. 感知教材　　　　　B. 理解教材　　　　C. 巩固知识　　　　D. 运用知识

9. 我国最早提出并实施的现代学制是（　　）

A. 癸卯学制　　　　　B. 壬寅学制　　　　C. 壬戌学制　　　　D. "六三三"学制

10. 教学是进行全面发展教育、实现培养目标的（　　）

A. 基本方法　　　　　B. 基本内容　　　　C. 基本制度　　　　D. 基本途径

11.《民主主义与教育》的作者是（　　）

A. 皮亚杰　　　　　　B. 赫尔巴特　　　　C. 杜威　　　　　　D. 夸美纽斯

12. "得天下之英才而教育之"的提出者是（　　）

A. 陶行知　　　　　　B. 孔子　　　　　　C. 孟子　　　　　　D. 朱熹

13. 我国教育目的制定的主要理论基础是（　　）

A. 马克思主义关于人的全面发展学说　　　B. 实用主义

C. 建构主义　　　　　　　　　　　　　　D. 教育心理学

14. 因材施教原则的精神实质是在教学中要（　　）

A. 针对学生的实际情况　　　　　　　　　B. 采用不同的教学方法

C. 根据不同的教材　　　　　　　　　　　D. 设置不同的专业、学科

15. 重视学科基本结构，提倡发现学习的是（　　）

A. 布鲁纳　　　　　　B. 布卢姆　　　　　C. 赞科夫　　　　　D. 杜威

## 二、名词解释

1. 元认知　　　2. 班级授课制　　　3. 课程标准　　　4. 学制　　　5. 形成性评价

## 三、简答题

1. 简述教育的政治功能。

2. 简述新一轮基础教育课程改革的具体目标。

3. 简述教为主导、学为主体的教学规律。

4. 简述建构主义学习理论的基本观点。

5. 简述教学过程作为一种特殊的认识过程的特殊性。

6. 简述我国现行学制的改革趋势。

## 四、论述题

1. 结合实际，谈谈在教学中怎样处理间接经验与直接经验的关系。★★★★

2. 概述教师的职业素养，结合当前教育现状，谈谈你的认识。★★★★★

## 五、作文题

不要让孩子输在起跑线上已经成为许多家长重视早期教育，甚至为孩子报各种课外辅导班、想方设法选择名校名师的重要依据，你对这种现象怎么看？

请以"不要让孩子输在起跑线上之我见"为题，写一篇不少于1000字的文章。★★★★★

# 2013 年青岛大学 333 教育综合真题

## 一、选择题

1. "孟母三迁"的故事反映了（　　）对人的重要影响

A. 教育　　　　　　　B. 环境　　　　　　C. 遗传　　　　　　D. 家庭教育

2. 编写教科书的直接依据和国家衡量各科教学的主要标准是（　　）

A. 课程　　　　　　　B. 课程标准　　　　C. 课程计划　　　　D. 课程目标

3. "活到老，学到老"是现代教育（　　）特点的要求

A. 大众性　　　　　　　　B. 公平性　　　　　　　　C. 终身性　　　　　　　　D. 未来性

4. 我国教育目的的理论基础是（　　）

A. 人的身心发展规律　　　　　　　　　　　　B. 人的自然发展学说

C. 马克思主义的本质观　　　　　　　　　　　D. 马克思主义关于人的全面发展学说

5. 新课程提出的三维目标是（　　）

A. 身体成长、心理健康、知识与能力

B. 认知、情感、技能

C. 知识与技能、过程与方法、情感态度与价值观

D. 智力、体力、思想品德

6. 布鲁纳认为，无论我们选择何种学科，都务必使学生理解该学科的基本结构，依此而建立的课程理论是（　　）

A. 百科全书式课程理论　　　　　　　　　　　B. 综合课程理论

C. 实用主义课程理论　　　　　　　　　　　　D. 结构主义课程理论

7. 1999 年 6 月中共中央、国务院颁发了《关于深化教育改革，全面推进素质教育的决定》，提出素质教育的重点是培养学生的创造精神和（　　）

A. 道德品质　　　　　　　B. 健壮体魄　　　　　　　C. 实践能力　　　　　　　D. 创造能力

8. 教师通过展示实物、直观教具、进行示范实验，指导学生获取知识的方法是（　　）

A. 练习法　　　　　　　　B. 演示法　　　　　　　　C. 实验法　　　　　　　　D. 发现法

9. 小明写了保证书，决心今后要遵守《中学生守则》，做到上课不再迟到。可是冬天天一冷，小明迟迟不肯钻出被窝，以致又迟到了。因此，对小明的教育应从提高其（　　）水平入手

A. 道德意志　　　　　　　B. 道德认识　　　　　　　C. 道德情感　　　　　　　D. 道德行为

10. 提出德育的社会学习模式的学者是（　　）

A. 科尔伯格　　　　　　　B. 彼得·麦克费尔　　　　C. 班杜拉　　　　　　　　D. 皮亚杰

11. 在教育心理学史上，1903 年出版了《教育心理学》一书的心理学家是（　　）。

A. 冯特　　　　　　　　　B. 詹姆斯　　　　　　　　C. 杜威　　　　　　　　　D. 桑代克

12. 奥苏伯尔提出了三个主要影响迁移与保持的认知结构的变量指标，下列指标中不属于其中的是（　　）

A. 可利用性　　　　　　　B. 可辨别性　　　　　　　C. 稳定性和清晰性　　　　D. 目的性和合理性

13. 遗忘曲线表明遗忘的进程是（　　）

A. 先快后慢　　　　　　　B. 先慢后快　　　　　　　C. 前后一样快　　　　　　D. 没有规律

14. 贾德所做的著名的水下击靶实验证明的是（　　）

A. 智力技能中规则的迁移　　　　　　　　　　B. 陈述性知识的迁移

C. 动作技能的迁移　　　　　　　　　　　　　D. 认知策略的迁移

15. 动作技能教学一般通过示范与指导相结合进行，而不宜采用发现教学法，较恰当的理由是（　　）

A. 学生一般不能发现新的动作技能　　　　　　B. 学生自己尝试的动作方法往往不够准确

C. 通过发现而出现的错误动作难以纠正　　　　D. 以上三项都是可能的解释

**二、判断题**　（请在题目前括号内填 "√" 或 "×"）

（　　）1. 当前的课程标准和过去的教学大纲内容是完全相同的。

（　　）2. 教育不仅可以提高人口质量，而且有利于控制人口增长。

（　　）3. 教育目的是教育方针的核心内容。

（　　）4. 伴随着时代发展，教育与生产劳动之间的关系是逐渐走向分离。

（　　）5. 活动课程论是赫尔巴特提出并倡导的。

（　　）6. 对儿童的良好行为要给予尽可能多的奖赏，因为奖赏有助于巩固个体的内在动机。

（　　）7. 一般把智商在 80 以下的儿童确定为智力低常儿童。

（　　）8. 通常来说，创造力高的人，智力也高于一般水平。

（　　）9. 心理发展是指个体从出生到死亡的过程中所发生的有次序的心理变化过程。

（　　）10. 谐音联想法属于学习策略中的精细加工策略。

## 三、简答题

1. 简述奥苏伯尔有意义学习的实质和条件。
2. 简述现代心理健康的标准。
3. 简述选择教学方法的标准和依据。
4. 简述教学过程中直接经验与间接经验的关系。
5. 简述当代教育的特征。

## 四、论述题

1. 论述教师应该具备怎样的素养。
2. 述评皮亚杰的认知发展阶段理论及其与教学的关系。

## 五、作文题

以"对于基础教育课程改革的认识与思考"为题写一篇作文，字数不少于 800 字。★★★★★

# 2014 年青岛大学 333 教育综合真题

## 一、选择题

1. 马克思说："搬运工和哲学家之间的原始差别要比家犬和猎犬之间的差别小得多，他们之间的鸿沟是分工造成的。"这一论断说明（　　）

A. 遗传素质最终决定人的发展　　　　　B. 遗传素质只是为人的发展提供可能性

C. 遗传素质具有差异性　　　　　　　　D. 遗传素质对人的发展不起作用

2. 对人的身心发展来说，学校教育是一种（　　）环境。

A. 宏观的　　　　　B. 间接的　　　　　C. 一般的　　　　　D. 特殊的

3. 因材施教原则的精神实质是教师在教学中要（　　）

A. 针对学生的实际情况　　　　　　　　B. 采用不同的教学方法

C. 根据不同的教材　　　　　　　　　　D. 设置不同的专业、学科

4. 活动课程论的代表人物是（　　）

A. 孔子　　　　　B. 杜威　　　　　C. 赫尔巴特　　　　　D. 布鲁纳

5. 校本课程是（　　）的课程。

A. 国家规定　　　　　B. 学校规定　　　　　C. 学校安排　　　　　D. 学校教师开发

6. 道德认识、道德情感、道德意志三者高度发展为（　　）

A. 道德信念　　　　　B. 道德理想　　　　　C. 道德情操　　　　　D. 道德行为

7. 教学过程的中心环节是（　　）

A. 感知教材　　　　　B. 理解教材　　　　　C. 巩固知识　　　　　D. 运用知识

8. 诊断性评价的目的是（　　）

A. 改进教学　　　　　B. 了解学生　　　　　C. 评定成绩　　　　　D. 分班分组

9. 整个教育制度的核心组成部分是（　　）

A. 国民教育制度　　　　　　　　　　　B. 义务教育制度

C. 学校教育制度　　　　　　　　　　　D. 成人文化教育机构

10. 属于《中华人民共和国教师法》明确规定的教师专业权利的是（　　）

A. 指导学生学习与发展的权利　　　　　B. 对学校进行管理与领导的权利

C. 选择教材教法开展教学工作的权利　　D. 检查与评价学生品行、学业、身体的权利

11. 某个厌恶刺激的退出会提高个体的行为反应，这种现象是（　　）

A. 正强化　　　　　B. 负强化　　　　　C. 塑造　　　　　D. 惩罚

12. "孟母三迁"终使孟子成才，能够有效解释该现象的心理学理论是（　　）

A. 认知学习理论　　　　　B. 社会学习理论　　　　　C. 人本主义理论　　　　　D. 建构主义理论

13.下面不属于创造性思维的主要特征的是（　　）

A. 流畅性　　　　　　B. 变通性　　　　　　C. 适应性　　　　　　D. 独特性

14.迁移的概括化原理理论认为实现迁移的原因是两种学习之间有共同的概括化的原理，这一理论的代表人物是（　　）

A. 桑代克　　　　　　B. 苛勒　　　　　　C. 奥苏倍尔　　　　　　D. 贾德

15.学习者有目的、有意识地通过对相关认知策略的含义、作用的感知、理解，并在特定的问题解决情境中进行具体的联系，进而掌握该策略并能迁移到其他情境之中，这种学习是（　　）

A. 发现学习　　　　　　B.迁移学习　　　　　　C.自上而下的学习　　　　　　D. 自下而上的学习

**二、简答题**

1.简述个体的能动性在人的发展中的作用。

2.简述古代教育的基本特征。

3.简述讲授法的含义及运用讲授法的基本要求。

4.简述自我效能感及其来源。

5.简述学习动机的需要层次理论。

**三、论述题**

1.联系实际，论述在教学过程中为什么要处理好智力活动与非智力活动的关系。★★★★

2.论述维果茨基文化历史发展理论的主要观点，并阐述教学与认知发展的关系。★★★

**四、案例分析题**

1.材料：

某位班主任老师在班会上，用不记名的方式评选出了3名"坏学生"，其中两位学生是因为最近违反了学校纪律，剩下的一位学生虽然只有9岁，居然被同学们选出了18条"罪状"。当天下午二年级组组长召集评选出来的"坏学生"开会，对这三个孩子进行批评和警告，要求他们写份检查，将自己干的坏事都写出来，让家长签字，星期一交到年级组长手中。

当学生家长质疑教师的教育方法会挫伤孩子的自尊心时，班主任是这样回答的：你的孩子是班上最坏的，这是同学们用不记名投票的方式选出来的。自尊心是自己树立的，不是别人给的。

自从这个9岁的孩子被评选为"坏学生"后，情绪一直非常低落，总是想方设法找借口逃学。

（1）请用相关的德育原则对该班主任的做法进行评价。★★★★★

（2）你认为针对学生出现的问题，教师应该怎样去做？★★★★★

2.材料：

张某是个十分聪明的学生，但就是太贪玩，学习不用功。每次考试他都有侥幸心理，希望能够靠运气过关。这次期末考试他考得不理想，他认为是运气太差了。

请用归因理论分析：

（1）他的这种归因是否正确？这种归因对他以后的学习会产生怎样的影响？★★★★★

（2）如不正确，那正确的归因是怎样的？★★★★★

（3）对教师来讲，正确掌握归因理论有何意义？★★★★★

# 2015年青岛大学333教育综合真题

**一、选择题**

1.1806年，被誉为教育学独立的标志的是德国赫尔巴特出版的（　　）

A.《教育学》　　　　　　B.《新教育大纲》　　　　　　C.《论演说家的教育》　　　　　　D.《普通教育学》

2.从学校教育的产生看，学校这种专门的教育组织和活动形式首先出现在（　　）

A. 原始社会　　　　　　B. 奴隶社会　　　　　　C. 封建社会　　　　　　D. 资本主义社会

3.涂尔干说："教育是成年一代对社会生活尚未成熟的年轻一代所实施的影响。其目的在于，使儿童的身体、智力和道德状况都得到激励与发展，以适应整个社会在总体上对儿童的要求，并适应儿童将来所处的特定环境的

要求。"这种论断正确地指出了（　　）

    A.教育具有社会性                       B.教育是社会复制的工具

    C.教育要促进人的个性化               D.儿童对成人施加的影响不是教育

4.某班教师为了激发和保持学生的学习动机，开展了一系列学习竞赛活动。结果如教师所料，学生的学习热情高涨，成绩明显提高。但没有想到的是，学生之间相互猜忌、隐瞒学习资料等现象日趋严重。上述事实表明，教育（　　）

    A.既有正向显性功能，又有正向隐性功能     B.既有负向显性功能，又有负向隐性功能

    C.既有正向隐性功能，又有负向隐性功能     D.既有正向显性功能，又有负向隐性功能

5.制度化教育的核心标志是（　　）

    A.文字的产生                        B.脑力和体力劳动分工

    C.阶级社会产生                       D.学校的出现

6.学生是人，是教育的对象，因而他们（　　）

    A.消极被动地接受教育                B.对外界的教育影响有选择性

    C.毫无顾忌地接受教育                D.被动地接受教育

7.从主导价值来看，体现国家意志的课程是（　　）

    A.国家课程        B.地方课程        C.校本课程        D.综合课程

8.教育过程中最重要的人际关系是（　　）

    A.同学关系        B.师生关系        C.学校与家庭        D.同事关系

9.教育上的"拔苗助长"违背了人的身心发展的（　　）规律

    A.互补性        B.阶段性        C.顺序性        D.个别差异性

10.教师的劳动对象——学生，经常处于变化之中，同时教师在教育教学过程中要面对并及时妥善处理许多突发事件，这说明教师劳动具有（　　）特点

    A.创造性        B.示范性        C.复杂性        D.专业性

11.程序性知识特有的表征方式是（　　）

    A.命题        B.命题网络        C.产生式        D.表象

12.思维具有可逆性是（　　）阶段的成就

    A.感知运动        B.前运算        C.具体运算        D.形式运算

13.最具有动机价值的归因模式是（　　）

    A.归因于能力      B.归因于努力     C.归因于任务性质     D.归因于运气

14.个人面对某种问题情境时，在规定的时间内产生的观念的数量，表示的是创造性的（　　）

    A.流畅性        B.变通性        C.独特性        D.综合性

15.时间管理策略属于学习策略中的（　　）

    A.认知策略        B.元认知策略       C.努力管理策略      D.资源管理策略

## 二、简答题

1.简述教育的基本要素及其相互关系。

2.简述教育目的的主要价值取向。

3.简述教学的启发性原则及其要求。

4.简述埃里克森提出的个体心理社会发展要经历哪几个阶段及每个阶段要解决的问题。

5.简述加德纳多元智能理论的观点。

## 三、论述题

1.论述教育与文化之间的关系。

2.论述建构主义学习理论的基本观点及其在学习和教学中的应用。★★★★

## 四、案例分析题

1.材料：

几个学生趴在池塘边的草地上，正观察着什么，并叽叽喳喳说个不停，一个教师看到他们满身是灰的样子，生气地走过去问："你们在干什么？"

"看小蝌蚪在玩游戏呢。"学生头也不抬头，随口而答。

"胡说，蝌蚪会玩什么游戏！"老师的声音提高了八度。严厉的斥责让学生顿时停止了观察，慌忙站了起来，一个个小脑袋耷拉下来，怯怯地看着老师，等候老师发落。只有一个倔强的小家伙不服气，小声嘟囔说："您又没来看，怎么知道蝌蚪不会玩游戏？"

（1）请你运用现代教育理论对该教师的行为进行评析。★★★★★

（2）如果你是教师，遇到这样的情况会怎样做？★★★★★

2. 材料：

在学校教育中，有的教师认为，如果学生得到了好的学习成绩，受到了老师和家长的赞扬，获得了奖励，学生就会有较强的学习动机；如果没有得到好分数或者赞扬，就会缺乏学习动机。对于那些不好好学习的学生，需要对他们进行批评教育。

（1）此种看法反映了哪一种动机理论？简述其理论观点。★★★★★

（2）请分析此动机理论应用于教学实践中的效果。★★★★★

（3）结合理论和实际，谈一谈如何有效激发和培养学生的学习动机。★★★★

# 2016年青岛大学 333 教育综合真题

**一、选择题**

1. 最早系统阐述科学教育思想，并明确构建教育学体系的是（　　）

A. 夸美纽斯　　　　　B. 赫尔巴特　　　　　C. 康德　　　　　D. 杜威

2. 裴斯泰洛齐说："为人在世，可贵者在于发展，在于发展个人天赋的内在力量，使其经过锻炼，使人能尽其才，能在社会上达到他应有的地位。这就是教育的最终目的。"这句话反映了（　　）

A. 社会本位的教育目的论　　　　　　　　B. 教育目的论

C. 个体本位的教育目的论　　　　　　　　D. 效能主义的教育目的论

3. 道德包括三种成分，道德认知、道德情感和道德行为，那么你认为责任感和义务感属于（　　）

A. 道德认知　　　　　B. 道德情感　　　　　C. 道德行为　　　　　D. 道德观念

4. 课程是人的各种自主性活动的总和，学习者通过与活动对象的相互作用而实现自身各方面的发展。这种观点认为（　　）

A. 课程即学科　　　　　B. 课程即经验　　　　　C. 课程即活动　　　　　D. 课程即文化的再生产

5. 发现式教学方法的最大缺点是（　　）

A. 会导致学生注意力分散　　　　　　　　B. 会导致学生机械学习

C. 不利于发展学生的智力　　　　　　　　D. 太耗费时间

6. 学与教的过程从宏观上说包括五个要素，下面选项中不属于其中的是（　　）

A. 学生与教师　　　B. 教育行政部门　　　C. 教学内容　　　D. 教学媒体和教学环境

7. 教师将自己的教学实践活动定期进行梳理，总结出自己的教学经验，同时不断听取学生、同事、专家的反馈，这种反思方法属于（　　）

A. 行动研究　　　　　B. 撰写日记　　　　　C. 观摩讨论　　　　　D. 案例分析

8. 当一个不爱学习的学生表现出良好的学习行为时，老师撤除对他的批评，老师的做法属于（　　）

A. 正强化　　　　　B. 负强化　　　　　C. 消退　　　　　D. 惩罚

9. "榜样的力量是无穷的"，这一观点与下面哪位心理学家的看法是异曲同工？（　　）

A. 布鲁纳　　　　　B. 班杜拉　　　　　C. 布卢姆　　　　　D. 斯金纳

10. 有的人判断客观事物时，容易受到外来因素的影响和干扰，这种认知方式属于（　　）

A. 场依存型　　　　　B. 场独立型　　　　　C. 冲动型　　　　　D. 外向型

11. "一千个人看小说，就有一千个哈姆雷特"，这实质上体现了下面哪个理论的观点？（　　）

A. 认知主义学习观理论　B. 行为主义学习观理论　C. 建构主义学习观理论　D. 人本主义学习观理论

12. 程序性知识特有的表征方式是（　　）

A. 命题　　　　　B. 图式　　　　　C. 产生式　　　　　D. 故事脚本

13. 贾德所作的著名的水下击靶实验证明的是（ ）
A. 智力技能中规则的迁移
B. 陈述性知识的迁移
C. 动作技能的迁移
D. 认知策略的迁移
14. 学生在解题过程中对题目浏览、测查、完成情况的监控及对速度的把握主要采用了（ ）
A. 认知策略
B. 元认知策略
C. 管理策略
D. 复述策略
15. 皮亚杰对道德认知的研究方法是（ ）
A. 道德两难故事
B. 守恒实验
C. 沙盘游戏
D. 对偶故事法

## 二、简答题

1. 简述教育演进中的几种形态及其特点。
2. 简述个体身心发展的一般规律。
3. 简述现代学制的主要类型及其特点。
4. 请列举加涅对学习的分类，并分别举例说明。
5. 简述新手型教师与专家型教师的差异。

## 三、论述题

1. 教师是一种职业、专业还是事业？为什么？★★★★
2. 在日常学习过程中，有的学生考试失败了，可能会将原因归于自己比较笨，以至于破罐子破摔。那么，不同的归因对学生的学习有什么不同的影响？老师应如何指导学生进行积极归因？★★★★★

## 四、案例分析题

材料：

有一次，苏格拉底问一个学生："人人都说要做一个有道德的人，但道德究竟是什么？"

学生说："忠诚老实，不欺骗别人，才是有道德的人。"

苏格拉底问："但为什么和敌人作战时，我军将领却千方百计地去欺骗敌人呢？"

"欺骗敌人是符合道德的，但欺骗自己人就不道德了。"学生说。

苏格拉底反驳道，"当我军被敌军包围时，为了鼓舞士气，将领就欺骗士兵说援军已经到了，大家奋力突围出去。结果突围果然成功了。这种欺骗也不道德吗？"

学生说："那是战争中出于无奈才这样做的，日常生活中这样做是不道德的。"

苏格拉底又追问起来："假如你的儿子生病了，又不肯吃药，作为父亲，你欺骗他说，这不是药，而是一种很好吃的东西，这也不道德吗？"

学生只好承认："这种欺骗也是符合道德的。"

苏格拉底并不满足，又问道："不骗人是道德的，骗人也可以说是道德的。那就是说，道德不能用骗不骗人来说明。究竟用什么来说明它呢？"

学生想了想，说："不知道道德就不能做到有道德，懂得道德才能做到有道德。"苏格拉底这才满足地笑起来。

请依据材料回答：

（1）在教学过程中，教师常用的教学原则有哪些？★★★★
（2）上述案例中，苏格拉底采用的是什么教学原则？贯彻这一教学原则的基本要求有哪些？★★★★

# 2017年青岛大学333教育综合真题

## 一、简答题

1. 简述教学过程中的几个必然联系。
2. 新一轮基础教育课程改革的具体目标有哪些？
3. 简述有关教育目的两个典型的价值取向。
4. 根据皮亚杰的观点，教学中如何发展儿童的认知能力？
5. 简述陈述性知识获得的机制。

6. 简述加德纳的多元智能理论。

**二、论述题**

1. 个体身心发展有哪些规律？针对这些规律你认为应该采取怎样的教育措施？ ★★★★★
2. 联系实际，谈谈学校教育中如何培养学生的创造性。 ★★★★★

**三、案例分析题**

材料：当人们谈到天才，马上就会想到爱因斯坦。1955 年诺贝尔奖获得者爱因斯坦在普林斯顿逝世，享年 76 岁。他的儿子授权病理学家托马斯·哈维保存了一些爱因斯坦的大脑切片用于科学研究。随后他将大脑切片分发给了至少 18 位来自全球各地的研究者。后来陆续有几位研究者发表相关研究，试图说明爱因斯坦大脑中某些部分的与众不同是如何转化为爱因斯坦惊人的思维能力的。

你认为天才来自何处，从爱因斯坦的大脑中能找到天才的因子吗？由此分析一个人的发展受哪些因素影响？这些影响因素在人的发展中各起怎样的作用？对上述的天才研究你作何评价？ ★★★

# 2018 年青岛大学 333 教育综合真题

**一、简答题**

1. 简述政治经济制度和教育的关系。
2. 简述素质教育。
3. 简述直接经验和间接经验。
4. 简述问题解决的过程和影响因素。
5. 简述维果茨基的最近发展区理论。
6. 简述自我效能感。
7. 简述班级授课制的优缺点。

**二、案例分析题**

材料大意：老师第一次称粉笔是 100 克，第二次称是 10 克，然后老师说这是误差。
你怎么看？你怎么做？结合材料分析教师应该有哪些素质？ ★★★★★

**三、论述题**

论述学习动机的培养与激发。

**四、作文题**

以"乡村振兴战略下的农村教育"为题写 1000 字以上作文。 ★★★★

# 2019 年青岛大学 333 教育综合真题

**一、名词解释**

1. 学制     2. 课程标准     3. 形成性评价     4. 学习策略
5. 观察学习

**二、简答题**

1. 简述增强学习动机的方法。
2. 简述教师的权利。
3. 简述演示法应注意什么。
4. 简述掌握知识与发展智力的关系。
5. 简述科尔伯格的道德发展阶段。

## 三、论述题

1. 怎样在教学中利用作业评价？★★★★
2. 论述德育原则。

## 四、案例分析题

1. 分析校园欺凌的原因。（材料缺失）★★★★
2. 论述道德培养的措施。（材料缺失）

## 五、作文题

以"寒门难出贵子之我见"为题写 1000 字以上的作文。★★★★

# 2020 年青岛大学 333 教育综合真题

## 一、名词解释

1. 道德情感　　　2. 诊断性评价　　　3. 图式　　　4. 探究性学习

## 二、简答题

1. 简述阿特金森成就动机理论。
2. 简述三元智力理论。
3. 简述因材施教的内涵和原则。
4. 简述教学过程是一种特殊的认识过程的含义。
5. 简述班主任如何培养班集体。
6. 简述接受学习和发现学习的区别。

## 三、材料分析题

1. 材料大意：一个小孩乱举手，又答不出问题，老师让他会的举左手，不会的举右手，最后小孩学习进步了。

根据所给材料，评价老师的行为和对成为好老师的启示。★★★★★

2. 结合新手教师和专家型教师相关内容，评价赵老师的不足，如果你是领导，谈谈你如何帮助赵老师。（材料缺失）★★★★★

## 四、作文题

以"教师惩戒权之我见"为题，写一篇作文。★★★★

# 2021 年青岛大学 333 教育综合真题

## 一、名词解释

1. 活动课程　　　2. 教材　　　3. 相对性评价　　　4. 最近发展区
5. 自我概念

## 二、简答题

1. 简述个人本位论和社会本位论。
2. 简述我国基础教育三级课程的内涵。
3. 简述品德的构成要素，以及通过这些要素，进行德育工作的方法是什么。
4. 简述如何用班杜拉的社会学习理论帮助学生树立有效榜样。
5. 简述技能的练习过程对教育教学的启示。

### 三、分析论述题

1. 材料大意：考、考、考，教师的法宝；分、分、分，学生的命根。一个差生努力学习后取得好成绩，老师怀疑他是抄的！

论述传统学生评价存在的问题。★★★★★

2. 材料大意：重点班分班。★★★★

（1）分析心理发展的特点和分班的影响。

（2）根据分班，谈一谈你对因材施教的理解。

### 四、作文题

劳动教育的现实价值和实施途径。（劳动教育的精神、问题、实施）（材料不全）★★★★★

# 聊城大学

## 2010年聊城大学333教育综合真题

### 一、填空题

1. 学校的中心工作是（　　）。

2. 1632年，捷克著名的教育家夸美纽斯出版了（　　），这是近代最早的一部系统论述教育问题的专著。

3. 除了个体的主观努力外，影响人的发展的因素主要有（　　）、（　　）和（　　）。

4. 根据评价在教育活动中发挥作用的不同，可以把教学评价分为（　　）、（　　）和（　　）。

5. 有关教育目的的理论，按其价值取向可分为（　　）和（　　）。

6. 教育事业发展的规模和速度主要由（　　）所决定，而教育的性质则主要由（　　）所决定。

7. 教育学是研究（　　）的一门科学。

8. 在近代教育史上，对于掌握知识和发展智力的问题，曾有过（　　）和（　　）的长期争论。

9. 按所依据的指导思想的不同，教学方法可分为（　　）和（　　）两种对立的体系。

10. 教材的编排方式有（　　）和（　　）两种。

### 二、选择题

1. 按照马克思主义的观点，培养全面发展的人的唯一方法是（　　）

A. 校内教育与校外教育相结合　　　　　　　　B. 城市与农村相结合

C. 知识分子与工人农民相结合　　　　　　　　D. 教育与生产劳动相结合

2. 世界上不同民族的教育往往表现出不同的传统和特点，这主要是因为（　　）

A 教育具有阶级性　　　　　　　　　　　　　B. 教育具有自身的继承关系

C. 教育不能脱离政治经济的制约　　　　　　　D. 教育具有永恒性

3. "活到老，学到老"体现了现代教育的（　　）特点

A. 大众性　　　　　　B. 公平性　　　　　　C. 终身性　　　　　　D. 未来性

4. 以教师的语言为主要媒介，系统、连贯地向学生传授知识、表达情感和价值观念的教学方法是（　　）

A. 演示法　　　　　　B. 讲授法　　　　　　C. 谈话法　　　　　　D. 陶冶法

5. 《中华人民共和国义务教育法》规定，国家实行（　　）年义务教育制度

A. 九　　　　　　　　B. 十　　　　　　　　C. 十一　　　　　　　D. 十二

6. 儿童身心发展有两个高速发展期：新生儿与青春期，这是身心发展（　　）规律的反映

A. 顺序性　　　　　　B. 不平衡性　　　　　C. 阶段性　　　　　　D. 个别差异性

7. "近朱者赤，近墨者黑"，这句话反映了（　　）因素对人的发展的影响

A. 教育　　　　　　　　B. 遗传　　　　　　　　C. 环境　　　　　　　　D. 社会活动

8. 经常被人称为"危机期"的年龄阶段是（　　）

A. 幼儿阶段　　　　　　B. 小学阶段　　　　　　C. 初中阶段　　　　　　D. 高中阶段

9. 教师自觉利用环境和自身的教育因素对学生进行熏陶和感染的德育方法是（　　）

A. 指导自我教育法　　　B. 榜样示范法　　　　　C. 实际锻炼法　　　　　D. 陶冶法

10. 结构主义课程理论的首倡者是（　　）

A. 赞科夫　　　　　　　B. 皮亚杰　　　　　　　C. 布鲁纳　　　　　　　D. 瓦·根舍因

11. 在教育过程中，教师对突发性事件做出迅速、恰当的处理被称为"教育机智"。这反映了教师劳动的
（　　）特点。

A. 复杂性　　　　　　　B. 师范性　　　　　　　C. 创造性　　　　　　　D. 主体性

12. 教学工作的中心环节是（　　）

A. 备课　　　　　　　　B. 上课　　　　　　　　C. 课外辅导　　　　　　D. 检查评定成绩

13. 作为培养学生知、情、意、行的过程，德育过程的进行顺序是（　　）

A. 以知为开端，知、情、意、行依次进行　　　　B. 以情为开端，情、知、意、行依次进行

C. 以意为开端，意、知、情、行依次进行　　　　D. 视具体情况，可有多种开端

14. 教师备课应做好三个方面的工作，分别是钻研教材、了解学生和（　　）

A. 编写教案　　　　　　B. 设计教法　　　　　　C. 设计板书　　　　　　D. 做好备课计划

15. 提倡以儿童为中心，将"做中学"作为主要教学方法的教育家是（　　）

A. 赫尔巴特　　　　　　B. 杜威　　　　　　　　C. 斯宾塞　　　　　　　D. 卢梭

16. 按照信息加工心理学的解释，技能也可以被看作一种知识。那么，技能应属于下列知识类型中的（　　）

A. 陈述性知识　　　　　B. 事实性知识　　　　　C. 程序性知识　　　　　D. 实践性知识

17. 作为一种教学方法，布鲁纳所倡导的"发现学习"是（　　）

A. 以直观感知为主的教学方法　　　　　　　　　B. 以实际训练为主的教学方法

C. 以探究活动为主的教学方法　　　　　　　　　D. 以情感陶冶为主的教学方法

18. 为了改变课程管理过于集中的状况，本次基础教育课程改革对课程实行（　　）

A. 国家、自治区、学校三级课程管理　　　　　　B. 省、县、乡三级课程管理

C. 国家、地方、学校三级课程管理　　　　　　　D. 省、市、县三级课程管理

19. 儿童的记忆是从机械记忆发展到意义记忆，思维是从形象思维发展到抽象思维，这体现了发展的（　　）

A. 阶段性　　　　　　　B. 顺序性　　　　　　　C. 稳定性　　　　　　　D. 差异性

20. 慎独作为一种德育方法，属于（　　）

A. 情感陶冶法　　　　　B. 道德修养法　　　　　C. 实际锻炼法　　　　　D. 榜样示范法

### 三、名词解释

1. 教育　　　　　　2. 课程计划　　　　　　3. 环境决定论　　　　　　4. 班级授课制

5. 教学组织形式

### 四、简答题

1. 简述经济发展水平对教育的制约作用。

2. 简述学校教育在个体发展中起主导作用的原因。

3. 简述中小学的主要教学任务。

4. 简述我国中小学德育的主要内容。

5. 简述运用讲授法的基本要求。

### 五、分析论述题

1. 材料：某高中将数学、物理、化学、外语四科分别分为 A、B、C 三个水平层次，由学生按自己的兴趣、教师的建议和学习成绩等，对上述四科分别选择不同水平的教学班进行学习。这就是近几年在教学实践上普遍探究的分层次教学。

试分析这种做法所体现的教学意义及对教学管理可能带来的挑战。★★★★★

2. 试述掌握知识与发展智力之间的关系。★★★★

# 2011 年聊城大学 333 教育综合真题

**一、名词解释**

1. 学校教育      2. 教学过程      3. 稷下学宫      4. 苏格拉底法

5. 有意义学习      6. 先行组织者

**二、简答题**

1. 简述现代教育的特点。

2. 简述蔡元培的"五育"并举教学思想。

3. 简述人文主义教育的基本特征。

4. 简述建构主义学习理论的基本观点。

**三、分析论述题**

1. 试析教育与社会发展的关系。★★★★★

2. 试析掌握知识与发展智力的关系。★★★★

3. 试析陶行知的"生活教育"理论。★★★★★

4. 试析杜威的教育本质理论。★★★★★

# 2012 年聊城大学 333 教育综合真题

**一、名词解释**

1. 德育目的      2. 德育过程      3. "五育"并举      4. 新学校运动

5. 学习策略      6. 程序性知识

**二、简答题**

1. 简述世界各国课程改革发展的趋势。

2. 简述严复的"三育论"。

3. 简述裴斯泰洛齐的"教育心理学化"思想。

4. 简述革命根据地的教育经验。

**三、分析论述题**

1. 试析影响人的发展的基本因素。★★★★★

2. 试析班级授课制及其优缺点。★★★★★

3. 试析赫尔巴特的教学形式阶段理论。★★★★★

# 2013 年聊城大学 333 教育综合真题

**一、名词解释**

1. 学校教育制度      2. 教学评价      3. "六艺"      4. 道尔顿制

5. 自我评价      6. 学习动机

**二、简答题**

1. 简述德育的功能。

2. 简述孟子的"性善论"及其教育作用。

3. 简述陶行知"生活教育"论的基本思想。

4. 简述赫尔巴特的教学形式阶段理论。

### 三、分析论述题

1. 试述教师的主导作用与学生主动性的关系。★★★★
2. 试述教育怎样适应年轻一代身心发展的规律。★★★★
3. 试述卢梭自然主义的教育理论及其意义。★★★★★
4. 试述布鲁纳的发现学习法及其对当代教学改革的启示。★★★★

# 2014 年聊城大学 333 教育综合真题

### 一、名词解释

1. 教育目的（狭义）　　2. 教育制度　　　　3. 稷下学宫　　　　4. 癸卯学制
5. 教育心理学　　　　6. 最近发展区

### 二、简答题

1. 简述在课程发展问题上争论的几个主要问题。
2. 简述 1922 年"新学制"的特点。
3. 简述隋唐时期学校教育制度的特点。
4. 简述要素主义教育思想的基本观点。

### 三、分析论述题

1. 试述我国新时期发生的有关教学过程性质的争论有哪些不同的观点？这场争鸣有何意义？你认为应当怎样认识教学过程的性质才是科学的？★★★★★
2. 试论"个人本位论"与"社会本位论"之争对于人的培养与成长有何重大意义。★★★★★
3. 试从教育的作用、教育任务、教育内容和"苏格拉底法"几方面论述苏格拉底的教育思想。★★
4. 试述皮亚杰的认知发展理论的主要观点及其对当代教学改革的启示。★★★★★

# 2015 年聊城大学 333 教育综合真题

### 一、名词解释

1. 教育制度　　　　　2. 教学　　　　　　3. 最近发展区　　　　4. 学习动机
5. 元认知　　　　　　6. 发现学习

### 二、简答题

1. 简述永恒主义教育思潮的原则。
2. 简述严复的"三育论"。
3. 简述在课程发展问题上争论的几个主要问题。
4. 简述维果茨基的教育与认知发展的关系。

### 三、分析论述题

1. 为什么说教师职业是一种需要人文精神的专业性职业？其专业性表现在哪里？其人文精神又表现在哪里？★★★★★
2. 试述卢梭的自然主义教育理论及其意义。★★★★★
3. 试述学校管理过程的基本环节及其相互关系。★★★★
4. 试述陶行知的生活教育理论的基本内容及其现实启示。★★★★★

# 2016年聊城大学333教育综合真题

## 一、名词解释

1. 学科课程标准　　2. 活动课程　　3. 校本课程开发　　4. 教学方法

5. 教学目标　　6. 教学组织形式

## 二、简答题

1. 简述课程内容组织的原则。
2. 简述课程目标的取向。
3. 简述优化教学的含义及其基本策略。
4. 简述教学模式的发展趋势。
5. 简述课堂管理的基本模式。

## 三、分析论述题

1. 论述班级授课制的利弊及其改进策略。★★
2. 论述教学评价改革的趋势。★★

## 四、材料分析题

看材料，回答问题。

材料：小学低年级语文《雨点》教学片断。

师：（屏幕上出现一幅图，伴随轻微的下雨声）小朋友，昨天我们又结识了一个新伙伴，它叫"雨点"，今天，我们就和小雨点来一次有趣的旅行吧！

师：（听课文录音，屏幕上同步展示下面画面）请同学们闭上眼睛，想一想刚才我们和小雨点去了哪些地方？

生：池塘、小溪、江河、海洋……

师：请同学们打开课本，看看图，读读课文，边读边与同桌说说你和小雨点最喜欢去哪些地方？为什么？

学生与同桌边读边讨论。

师：你和小雨点最喜欢去哪些地方？

生：池塘——睡觉；小溪——散步；海洋——跳跃。

师：这样有趣的旅行，想再感受一次吗？让我们跟着小雨点动起来！（欣赏歌曲《小雨沙沙》，配乐朗读课文）

师：小朋友，小雨点可爱旅行了，想想看，它还可以去哪些地方？

学生自由说。

师：小雨点来到这些地方时它又是什么样的？

学生小组交流讨论，教师适时指导学生把句子说正确。

问题：结合材料分析该教师运用了哪些教学方法？请说明怎么用好这些教学方法。★★★★★

# 2017年聊城大学333教育综合真题

## 一、名词解释

1. 教学设计　　2. 复式教学　　3. 教学模式　　4. 校本课程

5. 课堂教学管理

## 二、简答题

1. 简述优化教学的基本策略。
2. 简述加涅的教学目标分类。
3. 简述课程目标的形式取向。
4. 简述教学手段选择的原则。

5. 简述当前我国中小学教学评价改革呈现的发展趋势。

**三、分析论述题**

1. 试述影响课程发展的基本因素。★★★★

2. 如何选择和运用教学模式? ★★★★★

**四、综合提高题**

材料大意：分班上课，是每位教师或学生再熟悉不过的事了，多年以来，人们对班级授课制的评价一直是褒贬不一的。

你对班级授课制有哪些认识? ★★★★★

# 2018 年聊城大学 333 教育综合真题

**一、名词解释**

1. 课程标准　　　2. 德育（狭义）　　　3. 启发性教学原则　　　4. "性善论"

5. "五育"并举的教育方针　　6. 自我效能感

**二、简答题**

1. 简述教育的构成要素及其相互关系。

2. 简述孔子的主要教学思想。

3. 简述赫尔巴特的教学阶段理论。

4. 简述建构主义学习理论的主要观点。

**三、分析论述题**

1. 结合你的基础教育经历，谈谈现实基础教育中存在的问题，并分析论述针对问题如何进行改革。★★★★★

2. 结合实际，分析论述在教育过程中如何处理直接经验与间接经验之间的关系。★★★★

3. 结合实际，分析论述如何在课堂教学中有效激发学生的内部动机。★★★★★

4. 论述杜威教育思想的主要内容及对当前我国基础教育改革的启示。★★★★★

# 2019 年聊城大学 333 教育综合真题

**一、名词解释**

1. 教育目的　　　2. 教学原则　　　3. 义务教育　　　4. 分科课程

5. "四书五经"　　6. 最近发展区

**二、简答题**

1. 简述原始教育的特点。

2. 简述德育目的的考察因素。

3. 简述学制改革的趋势。

4. 简述皮亚杰的认知发展。

**三、分析论述题**

1. 论述环境对人的影响。★★★★

2. 论述斯巴达教育与雅典教育的不同。★★★★★

3. 论述孟子与荀子的教育思想的异同。★★★★★

4. 论述班杜拉的社会学习理论及教学启示。★★★★

# 2020 年聊城大学 333 教育综合真题

## 一、名词解释

1. 隐性课程    2. 班级授课制    3. 骑士教育    4. 小先生制
5. 皮格马利翁效应

## 二、简答题

1. 简述人的身心发展的一般规律。
2. 简述人文主义的特征。
3. 简述孔子关于教学的方法及启示。
4. 简述行为不良的矫正。

## 三、分析论述题

1. 材料：一个文言文对话。（材料不全）
论述孔子"庶、富、教"的启示。★★★★★
2. 论述陈鹤琴的"活教育"思想及启示。★★★★★
3. 论述杜威关于"什么是教育"的观点及启示。★★★★★
4. 论述科尔伯格的道德理论和启示。★★★★

# 2021 年聊城大学 333 教育综合真题

## 一、名词解释

1. 教育制度    2. 分科课程    3. 苏格拉底法    4. 实验教育学
5.《学记》    6. 观察学习

## 二、简答题

1. 简述生产力对教育的影响和制约。
2. 简述朱子读书法的主要内容。
3. 简述要素主义教育思想。
4. 简述加涅根据学习结果不同对学习进行的分类。

## 三、分析论述题

1. 举例论述中小学常见的德育原则。★★★★
2. 论述陶行知的乡村教育理论及当代启示。★★★★★
3. 论述裴斯泰洛齐的教育心理学化及当代启示。★★★★★
4. 试述如何培养学生的学习动机。★★★★

# 2022 年聊城大学 333 教育综合真题

## 一、名词解释

1. 美育    2. 研究性学习    3. 相对性评价    4. 恩物
5. 精细加工策略    6. 永恒主义

## 二、简答题

1. 简述世界各国课程改革的趋势。
2. 简述晏阳初开展乡村教育的经验。

3.简述新时代教师应具备的素养。

**三、分析论述题**

1.论述传授／接受教学与问题／探究教学的优点与局限。★★★★
2.论述苏霍姆林斯基全面和谐发展的思想及其影响。★★★★★
3.结合自身经历和认识谈谈性别差异，如何针对学生的性别差异进行教育？★★★★
4.论述陈鹤琴的"活教育"思想及当代价值启示。★★★★★

# 鲁东大学

## 2011 年鲁东大学 333 教育综合真题

**一、名词解释**

1.课程设计　　　　2.学校教育制度　　　3.班级授课制　　　4."大丈夫"
5.《国防教育法》　6.学习迁移

**二、简答题**

1.简要分析教学过程的性质。
2.简述教育的政治功能。
3.简述"五育"并举的教育方针。
4.简述实验教育学的主要观点。

**三、论述题**

1.论述对新课程改革目标的理解。★★★★★
2.论述科举制的影响。
3.论述杜威教育思想的影响。★★★★★
4.论述建构主义学习理论及其对教学的启示。★★★★★

## 2012 年鲁东大学 333 教育综合真题

**一、名词解释**

1.教育目的　　　　2.课程标准　　　　3.教学　　　　4.德育
5.学习策略　　　　6.自我效能感

**二、简答题**

1.简述陶行知的"教学做合一"。
2.简述文艺复兴时期的人文主义教育特点。
3.简述在学校如何激发和维持学生的内在动机。
4.简述如何运用记忆规律促进知识的保持。

**三、论述题**

1.新一轮课程改革的具体目标有哪些？结合实际，谈谈现在与目标之间的距离。★★★★★
2.结合当前教育管理现状，谈谈学校管理趋势。★★★★★

3. 论述孔子的教学方法及其启示。★★★★★
4. 论述杜威对教育本质的认识及启示。★★★★★

# 2013 年鲁东大学 333 教育综合真题

**一、名词解释**

1. 教育制度　　　　2. 教学的发展性原则　　　3. 课程　　　　4. 德育方法
5. 苏湖教法　　　　6. 生活教育

**二、简答题**

1. 简述布鲁纳的认知发现理论。
2. 简述卢梭的自然教育思想。
3. 简述班主任工作的内容和方法。
4. 简述教育和文化的关系。

**三、论述题**

1. 结合当前实际，谈谈对提高教师素养的认识。★★★★★
2. 论述墨家教育思想的当代启示。★★★★
3. 论述马卡连柯的教育思想。
4. 论述心理健康教育的途径。

# 2014 年鲁东大学 333 教育综合真题

**一、名词解释**

1. 教学　　　　2. 德育原则　　　　3. 学在官府　　　　4. 学习策略

**二、简答题**

1. 简述世界各国课程改革的发展趋势。
2. 简述德育过程的规律。
3. 简述王守仁的儿童教育思想。
4. 简述杜威的教育本质观。

**三、论述题**

1. 论述建构主义理论对当今课程改革的启示。★★★★★
2. 论述赫尔巴特的教育思想。

# 2015 年鲁东大学 333 教育综合真题

**一、名词解释**

1. 道尔顿制　　　　2. 恩物　　　　3. 学制　　　　4. 苏格拉底法
5. 学习动机　　　　6. 观察学习

**二、简答题**

1. 简述教育的经济功能。
2. 简述马卡连柯集体教育的主要理论。

3. 简述 1958 年《国防教育法》的主要内容。
4. 简述启发性原则的含义及基本要求。

## 三、论述题

1. 论述人的发展规律及教育的意义。★★★★
2. 论述洋务运动中的教育革新。★★★
3. 如何激发和维持学习动机? ★★★
4. 论述基础教育课程改革的目标。★★★★★

# 2016 年鲁东大学 333 教育综合真题

## 一、名词解释

1. 分组教学制　　2. 因材施教　　3. 要素主义　　4. 自我效能感
5. 苏格拉底法　　6. 元认知

## 二、简答题

1. 简述夸美纽斯对教育作用的理解。
2. 简述罗杰斯的学生中心教学观。
3. 简述昆体良的教学理论思想。
4. 简述循序渐进原则的含义及要求。

## 三、论述题

1. 论述教学评价应该遵循的原则以及中小学教学评价的发展方向。★★★★★
2. 论述科举制的影响。★★★
3. 结合问题解决相关理论，谈谈如何培养学生的创新思维。★★★★★
4. 结合人的发展规律，谈谈当前教育的不足之处。★★★★★

# 2017 年鲁东大学 333 教育综合真题

## 一、名词解释

1. 教学计划　　2. 泛智论　　3. 形成性评价　　4. 卢梭的自然教育
5. 学习策略　　6. 需要层次理论

## 二、简答题

1. 简述教师劳动的特点。
2. 简述洛克的绅士教育。
3. 简述孟子的"大丈夫"。
4. 简述苏格拉底法。

## 三、论述题

1. 论述个人本位论和社会本位论。
2. 论述学习迁移的方法及培养。
3. 论述书院的特点及影响。
4. 论述学生主体和教师主导的关系。

# 2018 年鲁东大学 333 教育综合真题

**一、名词解释**

1.《大学》　　　　2. "四大教育"　　　　3. 学制　　　　4. 桑代克的联结说

5.《理想国》　　　6. 泰勒原理

**二、简答题**

1. 简述德育过程的基本规律。

2. 简述多元智能理论。

3. 简述我国教育目的的基本精神。

4. 简述遗传在人的发展中的作用。

**三、论述题**

1. 论述孔子的教师观及现代价值。★★★★★

2. 论述元认知策略及其教学。

3. 论述永恒主义的观点及其现代价值。★★★★

4. 结合当前深化教育改革，论述掌握知识和发展智力之间的关系。★★★★★

# 2019 年鲁东大学 333 教育综合真题

**一、名词解释**

1. 教育　　　　2. 先行组织者　　　　3. 形成性评价　　　　4. 产婆术

5. 教育公平

**二、简答题**

1. 简述教师享有的专业权利。

2. 简述教育的文化功能。

3. 简述杜威的教育本质论。

4. 简述孔子的教学方法思想。

5. 简述建构主义学习理论的基本观点。

**三、论述题**

1. 结合实际，阐述如何培养学生问题解决的能力。★★★★

2. 论述蔡元培的教育实践与思想。

3. 论述赫尔巴特的道德教育理论。

4. 我国学生发展核心素养包括哪些内容？并结合当时的教育现状论述培养学生核心素养的思路和举措。★★★★

# 2020 年鲁东大学 333 教育综合真题

**一、名词解释**

1. 教育　　　　2. 课程标准　　　　3.《理想国》　　　　4. 教学策略

5. 书院

**二、简答题**

1. 简述人文主义教育的特点。

2. 简述《师说》中的教师观。
3. 简述皮亚杰的认知发展阶段理论。
4. 简述教学过程的性质。
5. 简述影响人发展的因素。

### 三、论述题

1. 论述建构主义学习理论及其对教育改革的启示。★★★★★
2. 论述德育过程是知、情、意、行的过程。
3. 论述培养班集体的方法。
4. 论述杜威"教育即生活"和陶行知"生活即教育"的比较以及启示。★★★★★

## 2021 年鲁东大学 333 教育综合真题

### 一、名词解释

1. 小先生制        2.《中庸》        3. 课程目标        4. 设计教学法
5. 美育          6. 元认知策略

### 二、简答题

1. 简述教育与文化的关系。
2. 简述教学评价的原则。
3. 简述明代明治维新当中的教育思想。
4. 简述孔子的教育思想及其历史影响。

### 三、论述题

1. 论述布鲁纳认知发现说的内容。
2. 论述赫尔巴特课程论的内容及启示。★★★★★
3. 结合白鹿洞书院，论述我国书院的特点及意义。★★★★★
4. 论述在人工智能背景下教师角色的转换。★★★★★

## 2022 年鲁东大学 333 教育综合真题

### 一、名词解释

1. 综合课程        2. 教育性教学        3. 稷下学宫        4. 终结性评价
5. 技能          6. 教学

### 二、简答题

1. 简述教师活动复杂性的原因。
2. 简述颜之推的家庭教育观。
3. 简述孔子的教师观。
4. 简述教师与学生良好关系的特征。

### 三、论述题

1. 论述要素主义的观点以及现实意义。★★★★
2. 如何理解"学高为师"和"身正为范"，结合实际并举例说明。★★★
3. 结合实际说明影响问题解决的因素。★★★
4. 结合实际并举例说明教育与文化的关系。★★★

新疆师范大学

## 2010 年新疆师范大学 333 教育综合真题

**一、名词解释**

1.《理想国》　　2. 终身教育　　3.《论语》　　4. 蔡元培
5. 美育　　　　6. 因材施教

**二、简答题**

1. 简要介绍几种主要的动机理论。
2. 简要回答全面发展教育的组成部分及其各自的地位和作用。
3. 简要回答影响人身心发展的因素及其各自的地位和作用。

**三、论述题**

1. 什么是创造性？如何对学生的创造性进行培养？
2. 试分析陶行知的生活教育思想及其当代价值。★★★★★
3. 述评 20 世纪 60 年代美国的课程改革。★★★★★

## 2012 年新疆师范大学 333 教育综合真题

**一、名词解释**

1. 课程标准　　2. 义务教育　　3. 学而优则仕　　4. 苏格拉底法
5. 生活教育　　6.《学制令》　　7. 流体智力　　　8. 先行组织者

**二、简答题**

1. 简述归因理论。
2. 简述中小学研究性学习的目标。

**三、论述题**

1. 论述孔子的德育论及其当代价值。★★★★★
2. 评述终身教育思潮。
3. 论述皮亚杰的认知发展理论。
4. 论述全面发展教育各部分之间的关系。

## 2013 年新疆师范大学 333 教育综合真题

**一、名词解释**

1. 教育目的　　2. 教学　　3. 教育制度　　4. 学校管理
5. 最近发展区　　6. 精细加工策略

**二、简答题**

1. 简要回答《大学》中"三纲领八条目"的内容及其含义。
2. 简述人文主义教育的主要特征。

3. 简述问题解决的进程。

4. 简要分析罗杰斯的学习理论。

**三、论述题**

1. 有人认为"近墨者黑",有人认为"近墨者未必黑",请联系相关理论和实践,谈谈你对这个问题的看法。★★★★★

2. 中国当前的教育不公平主要表现在哪几个方面?请你选择其中一个方面分析其产生的原因,并尝试提出解决的对策。★★★★★

3. 试述陶行知"生活教育"理论的主要内容。

4. 试述杜威的教育本质论。

# 2014 年新疆师范大学 333 教育综合真题

**一、名词解释**

1. 儿童中心论    2. 学制    3. 赠地法案    4. 教育适应自然原则

5. 最近发展区    6. 普雷马克原理

**二、简答题**

1. 简述教育目的与培养目标的关系。

2. 简述社会主义新型师生关系。

3. 简述《学记》中的教学原则。

4. 简述教学的基本任务。

**三、论述题**

1. 论述教育公平与教育效率。★★★★★

2. 论述蔡元培的教育方针。

3. 论述战后美国教育改革的历程。★★★★★

4. 论述影响问题解决的因素以及如何培养问题解决能力。

# 2015 年新疆师范大学 333 教育综合真题

**一、名词解释**

1. 教育学    2. 发现学习    3. 自然主义教育    4. 策略性知识

5. 课程标准    6. 苏格拉底法

**二、简答题**

1. 简述朱子读书法。

2. 简述奥苏伯尔有意义学习的实质和条件。

3. 简述影响学习迁移的因素。

4. 简述教育的质的规定性。

**三、论述题**

1. 论述 20 世纪以后现代社会教育的总特征。★★★★★

2. 结合新一轮课改的背景和内容,谈谈自己的观点。★★★★★

3. 述评杜威的教育目的,并谈谈自己的观点。★★★★★

4. 从人性论出发,对比孟子和荀子的教育主张。★★★★★

## 2016 年新疆师范大学 333 教育综合真题

**一、名词解释**

1. 教育的本体功能　　2. 苏格拉底法　　　3. 学习迁移　　　　4. 有教无类
5. 学习风格　　　　　6. 教师专业自我

**二、简答题**

1. 如何认识"全面发展"与"个性发展"的关系?
2. 简述奥苏伯尔的有意义学习的实质与条件。
3. 简述德育过程的基本规律。
4. 简述当代建构主义的学习观。

**三、论述题**

1. 评析下述案例中的教育内容、教育方法和师生关系。
2. 从掌握知识与发展智力的关系的角度,试述在教学中如何处理二者的关系。
3. 试述《学记》中关于教育教学原则的主张。
4. 阐述美国进步主义教育运动的主要观点。

## 2017 年新疆师范大学 333 教育综合真题

**一、名词解释**

1. "三纲领八条目"　　2. 学生的失范行为　　3. 心智技能　　　4. 个人本位论
5. 有意义学习　　　　 6. 学习动机

**二、简答题**

1. 简述教师的职业形象。
2. 简述进步主义对教育的影响。
3. 简述维果茨基的理论对建构主义的影响。
4. 为促进错误观念的转变,教师应该注意哪些方面?

**三、论述题**

1. 怎样使学习型学校转变为有丰富人性的学校? ★★★★★
2. 材料大意:小学数学老师的班里,教学与学生成绩不对等,学生反映作业太多,教师进行课程研究。
运用学习策略进行阐述。★★★★★
3. 论述学生在学习活动中的地位。
4. 论述陶行知的教育理论。

## 2018 年新疆师范大学 333 教育综合真题

**一、名词解释**

1. 课程　　2. 教育制度　　3. 苏格拉底法　　4. 升斋等第法　　5. 自我效能　　6. 错误概念

**二、简答题**

1. 简述程序性知识的教学策略。
2. 简述陶行知的"生活即教育"理论。
3. 简述教育的个体功能有效发挥的条件。

4.简述杜威的"五步教学法"。

### 三、论述题

1.论述教育回归生活。★★★
2.案例中教育的突出问题,根据教育的定义,教师应怎么做?(材料缺失)
3.论述教师专业发展的价值取向和教师专业发展的途径。
4.论述教育行动研究的过程。

# 2019 年新疆师范大学 333 教育综合真题

### 一、名词解释

1.全面发展教育　　2.教师专业自我　　3.教学相长　　4.智者　　5.陈述性知识　　6.角色同一性

### 二、简答题

1.简述教育的相对独立性。
2.简述学生在教育过程中的地位。
3.简述支架式教学的基本思路,并举例说明如何为学习活动搭建支架。
4.简述社会学习理论的关于道德行为研究的三个经典实验。

### 三、材料分析题

材料:"现代化教育试图用规训的技术、规训的道德、规训的知识为人们装备上最具生产力的功能,教给人们获得各种利益的手段,但这些手段是无法燃起生命和精神之火的,只能像石头一样,砌成身体之间的墙。这墙无法为身体和精神开出一条可能性之路,仅仅是禁锢命、阻隔爱。规训的教育虽然教给人们获取各种利益的手段,但却把生命捆绑在铁笼里,把灵魂囚禁在洞穴里,它剪断了生命和精神自由飞翔的翅膀,无法为生活指引可能性的超越之路……"

结合卢梭的自然教育思想,分析上面一段话所揭示的教育问题。★★★★★

### 四、论述题

1.试总结出文艺复兴时期人文主义教育的基本特点及其产生的原因。
2.怎样理解掌握知识与发展智力相统一规律,教学过程中如何实现两者的统一?★★★★★
3.试从信息加工的角度谈学习策略与元认知之间的关系。★★★

# 2020 年新疆师范大学 333 教育综合真题

### 一、名词解释

1.教育功能　　2.教学　　3.教师　　4.教育评价　　5.迁移　　6."六艺"教育

### 二、简答题

1.简述归因理论。
2.简述影响观察学习的因素。
3.简述新文化运动后的教育观念。
4.简述杜威的教学本质理论。

### 三、论述题

1.论述教学设计的基本程序及基本要素。
2.论述学生的本质特征以及在教学中的作用。★★★★★
3.论述良好师生关系的特征及怎么样建立良好的师生关系。
4.论述孔子的教育思想以及其对现实的启示。★★★★★

## 2021年新疆师范大学333教育综合真题

**一、名词解释**

1. 京师同文馆　　2. 学制　　3. 负迁移　　4. 自我意识　　5. 监生历事制度　　6. 核心课程

**二、简答题**

1. 简述影响学生学习动机的因素。
2. 简述皮亚杰的认知发展阶段论。
3. 简述教师的个体专业发展的主要内容。

**三、论述题**

1. 论述新型师生关系及其策略。
2. 举例说明21世纪教育发展的趋势。★★★★
3. 论述唐朝科举制度的作用和影响。
4. 论述卢梭自然教育的观点以及评价。★★★★★

## 2022年新疆师范大学333教育综合真题

**一、名词解释**

1. 教师专业发展　　2. 义务教育　　3. 有教无类　　4. 苏格拉底法
5. 先行组织者　　6. 学习动力

**二、简答题**

1. 简述《学记》中的教学原则。
2. 简述陶行知的生活教育理论。
3. 简述经典性条件作用与操作性条件作用的区别。
4. 简述加涅的信息加工模型中的学习阶段。

**三、论述题**

1. 论述21世纪现代教育的发展趋势。★★★★★
2. 结合实际，论述教学设计的基本内容。★★★★
3. 论述卢梭的自然教育理论并简要评价。★★★★★
4. 培养德、智、体、美、劳全面发展的社会主义建设者和接班人已被写入教育法，劳动教育被纳入教育方针，结合实际，论述全面发展教育。★★★★★

# 河北师范大学

## 2010年河北师范大学333教育综合真题

**一、辨析题**

1. 培养目标是根据教育目的制定的。
2. 教师个体专业化的过程就是获得教师资格证的过程。

3. 人是教育的产物。

4. 从几种气质类型的特点来看，多血质和黏液质是比较好的气质类型。

5. 定势是使人按照某种固定方式解决问题，对解决问题具有阻碍作用。

## 二、简答题

1. 简述课程结构优化的基本要求。

2. 简述全人发展的课程价值观的特点。

3. 简述一般心理问题、严重心理问题和神经症性心理问题的区别。

4. 举例说明动机冲突的几种形式。

5. 简述什么是系列位置效应及其形成原因。

## 三、论述题

1. 试述教育在个体发展中负向功能的表现、成因和解决对策。

2. 试述教师应具备的教育理念。★★

3. 什么是自我意识？如何培养学生的自我意识？

4. 材料：甲、乙两位老师在教学中分别采取了不同的教学组织策略。甲老师经常要求学生课前预习，让学生事先了解要讲的内容，上课时首先向学生明确学习的目的、任务和意义，并要求学生付出一定的意志、努力，集中注意力。乙老师注重教学内容的精心组织，采用灵活多样的教学方式，充分利用学生的兴趣，使教学过程变得轻松、有吸引力。

试分析两位老师在组织教学时使用的有关的注意规律，说明两种教学组织策略的优劣，你认为如何根据注意的种类及特点，有效地组织教学？★★★★★

# 2011 年河北师范大学 333 教育综合真题

## 一、名词解释

1. 实用主义教育学　　2. 过度教育　　3. 显性课程　　4. 道德感

5. 社会助长　　6. 动机

## 二、简答题

1. 简述课程结构优化的基本要求。

2. 简述基础教育课程改革要求教师应树立的教学设计理念。

3. 简述如何利用注意规律组织教学。

4. 简述如何培养学生的想象力。

5. 简述对全体学生实施心理健康教育的途径。

6. 简述自卑心理的成因及克服方法。

## 三、论述题

1. 试述如何促进教师专业发展。

2. 结合实际，谈谈家庭教育和学校教育对学生性格形成的影响。★

3. 分析下列材料所揭示的问题及原因，并论述如何通过课堂教学组织形式的改变，促进教学过程当中的教育机会均等。★★★★★

每个教师都意识到，应该努力为班内的所有学生提供均等的学习机会，然而群体教学中的实际情况与这种理想相差甚远。对"师生在课堂里相互作用"所进行的观察表明，教师（无意识地）针对某些学生，而忽略了其他学生。教师给予了某些学生更多的积极强化与鼓励，鼓励他们积极参与课堂讨论以及回答问题。一般来说，教师对班内 1/3 或 1/4 的优秀生最为关注，并给予他们最多的鼓励，而班内半数较差的学生所得到的关注与帮助较少。师生关系之间的这些差异，使得一些学生得到了（其他学生所得不到的）更多的机会与鼓励。

## 2012年河北师范大学333教育综合真题

### 一、名词解释

1. 学习化社会　　2. 个人本位论　　3. 显性课程　　4. 头脑风暴法
5. 社会认知　　6. 去个性化

### 二、简答题

1. 简述实用主义教育学的主要观点。
2. 简述学生的基本权利。
3. 简述创造性学生的共同心理特征。
4. 简述情绪、情感的含义及其功能。
5. 简述如何培养学生的学习动机。
6. 简述认知矫正程序在考试焦虑中应用的步骤。

### 三、论述和材料分析题

1. 如何正确认识教育者的主导作用？★
2. 分析材料并回答问题。

材料一：舒尔茨的研究。

舒尔茨计算出美国1929年积累的教育资本总额为800亿美元，1957年则增至5350亿美元；1929年劳动力平均教育资本是3659美元，1957年增至7869美元，这表明了劳动力教育水平凝结在每个劳动者身上的教育资本增加了。通过计算1957年比1929年增加的教育投资总额，舒尔茨推算出教育水平提高对国民经济增长的贡献是33%。

材料二：丹尼森的研究。

丹尼森的研究发现，1929年至1957年，美国国民收入的年增长率为293%，其中因教育的作用而增加的收入的年增长率为0.67%，在全部国民收入的增长率中占23%。同时，因知识进展而增加的国民收入的年增长率为0.59%，在全部国民收入的增长率中占20%，其中知识进展的五分之三，也是教育的作用，故教育对国民收入的增长率的贡献为35%。

（1）两个材料说明的主要观点是什么？★★★★★
（2）结合有关知识分析说明上述观点。★★★★★

3. 结合记忆规律，谈谈教师如何帮助学生改善和提高记忆力？★★

## 2013年河北师范大学333教育综合真题

### 一、简答题

1. 简述自我效能感的含义及其影响因素。
2. 简述情绪、情感的功能。
3. 简要说明一般心理问题的特点。
4. 简述现代教育的特点。
5. 简述教育的文化功能。
6. 简述教学设计理念的更新。

### 二、论述题

1. 结合实例分析人际沟通的构成要素及有效进行人际沟通的条件。
2. 培养良好的班集体在班主任工作中有何作用？如何培养良好的班集体？

### 三、案例分析题

1. 材料：

小艳，女，14岁，初三学生，在学校是篮球队主力，喜欢打扮，学习较差。同桌莉萍，品学兼优。莉萍每次考第一时，小艳就在背后议论莉萍知道题，要不就是碰巧考得好。小艳经常将莉萍的笔记本藏起来，不让莉萍好好上课。莉萍为班级做好事，小艳觉得心里不舒服，就在背后议论莉萍爱出风头。班上有的同学穿得比小艳漂亮，她就会不高兴，在背后说人坏话。久而久之，她的朋友越来越少，同学都不愿和她在一起。小艳也因为别人比自己强而恼得失眠，异常痛苦。

（1）针对小艳的情况进行分析。★★★★★

（2）运用相关知识，提出帮助小艳的对策。★★★★★

2. 材料：

北京十一学校校长李希贵出版过两本书《学生第二》和《学生第一》。他认为，管理工作中的"学生第二""教师第一"是为了更好地实现校园里"学生第一"。

（1）怎样理解校园里的"学生第一"？

（2）怎样理解管理工作中的"学生第二""教师第一"？★★★★★

（3）你对"教师第一"和"学生第二"的关系是怎样理解的？对李希贵校长的观点如何评价？★★★★★

# 2014 年河北师范大学 333 教育综合真题

## 一、简答题

1. 简述学校教育及其特点。

2. 说明基础教育课程改革的具体目标。

3. 简述组织班级开展活动的原则。

4. 根据情绪和情感的强度、持续时间，将情绪、情感进行分类，并阐述分析。

5. 分析嫉妒的心理特点并说明如何矫正。

6. 比较分析算法和启发法。

## 二、论述题

1. 论述教师素质。

2. 论述家庭教育和学校教育对学生性格形成的影响及如何优化性格。

## 三、材料分析题

1. 材料大意：七年级数学第二章正负数的序言。

根据材料，设计教学目标。★★★★★

2. 材料大意：讲一次期末考试，甲同学说我这次努力了，考好了。乙同学说我这次复习的都考了，我考好了。丙同学说我太笨了，学不会。丁同学说这次题太难了，我实在学不会。

根据韦纳归因理论分析上述同学的归因，并分析这几个同学未来发展的趋势。★★★★★

# 2015 年河北师范大学 333 教育综合真题

## 一、简答题

1. 简述教育的本质。

2. 简述基础教育课程改革的基本理念。

3. 简述什么是头脑风暴法及头脑风暴法的实施原则。

4. 简要说明教学如何促进迁移。

## 二、论述题

1. 试述班级管理工作的内容。

2. 请结合几种动机理论，谈谈在教育教学中如何培养和激发学生的学习动机。

## 三、材料分析题

1. 材料：弃北大读技师，自定别样人生。

2008 年高考，周浩考了 660 多分，是青海省理科前五名。周浩从小就喜欢拆分机械，想报考北京航空航天大学，因为该校有很多实用性的课程，比较符合自己的口味。但父母就觉得这样高的分数不报考清华北大简直是浪费，班主任老师也希望他能报考更好的学校。他最终还是听师长的意见，报考了北大生命科学专业。大一的时候，生命科学专业的课程理论性很强，毕业生大多考研，这不符合自己的理想。他去旁听工科院系的课程，也只能听理论课，实践课只有本院的学生才能上。转院的要求也比较高，需要两院公共课达到一定学分。看来转院也不可能。大二休学一年后，周浩还是不能适应北大的课程，开始考虑转校。通过网络，他了解到德国技术工人大多是高学历的知识技能复合型人才，因此他希望读一个高学历的技术院校。说服在深圳工作的父母之后，2011 年，周浩来到北京工业技师学院，受到学校的欢迎，并直接进入技师班，小班授课，并给他配了最好的班主任。这种小班式面对面地和老师交流，让他找到了很强的归属感。凭借北大的理论基础和北京工业技师学院的技术学习。周浩慢慢地往自己喜欢的知识技能复合型人才的道路发展，成为学校优秀的学生之一。（《中国青年报》2014 年 11 月 17 日）

阅读上面的材料并回答问题。

（1）周浩转校的原因是什么？转校对他来说是一种最佳选择吗？★★★★★

（2）周浩转校事件对学校教育有何启示？★★★★★

2. 材料 1：初中二年级学生王某，在读小学时，由于调皮摔断了腿，自那时起便破罐子破摔。上课经常睡觉，从不交作业，还经常将头发搞得奇形怪状，吸烟、酗酒、打架、偷盗。老师曾多次教育，但效果不太好。

材料 2：高二学生杨某，为人讲义气，爱打架。他有一个退学的铁哥们跟他人有过节，让他帮忙去教训下，他二话没说就答应了，并且杨某又叫上了几个人。结果是双方都打得鼻青脸肿。

请根据所学的心理学知识，分析王某和杨某的行为并提出相应的教育对策。★★★★★

# 2016 年河北师范大学 333 教育综合真题

## 一、简答题

1. 简述现代教育的特点。
2. 简述教师的知识结构。
3. 简述影响学习迁移的因素。
4. 简述影响问题解决的因素。

## 二、论述题

1. 论述教学在学校教育中的地位和作用。
2. 分析态度与品德形成和改变的一般条件。★★

## 三、材料分析题

1. 材料大意：黄冈中学走下高考神坛。★★★★★

（1）分析黄冈中学走下神坛的原因。

（2）你如何看待黄冈中学走下神坛的现象？

2. 材料大意：甲同学表现为兴奋，易激动，以奔放不羁为特征；乙同学表现为抑制、胆小、脆弱、消极、防御等。

分析甲、乙两人的气质类型，并提出相应的教育对策。★★★

# 2017 年河北师范大学 333 教育综合真题

## 一、简答题

1. 简述中华人民共和国教育目的的精神。
2. 简述校本课程的概念及其意义。
3. 简述班杜拉观察学习方法的应用价值。

4.简述如何培养想象力。

## 二、论述题

1.试述提高记忆与复习效率的方法。

2.试述综合课程。

## 三、材料分析题

1.材料大意：关于我国近年农村留守儿童的现象。

（1）从教育与个人，教育与社会关系出发，分析留守儿童接受教育的重要性。★★★★★

（2）联系家庭教育、社会教育、学校教育，论述留守儿童教育问题的成因。★★★★★

（3）从特殊儿童保护的角度论述如何保护留守儿童。★★★★★

2.材料大意：张某学习不好，认为文科的东西死记硬背就行了，认为物理学不会，是自己能力的问题。

（1）分析张某的心理成因。★★★★★

（2）如何激发张某的学习兴趣和动机？★★★★★

# 2018 年河北师范大学 333 教育综合真题

## 一、简答题

1.简述师生关系。

2.简述隐性课程的特点。

3.简述如何培养学生的观察力。

4.简述培养态度与品德的主要方法。

5.从个人、学校、社会角度说明学生观的内涵。

6.简述学生良好性格的培养。

## 二、论述题

1.材料大意：贵州某地利用科技进行教育扶贫。

从教育与社会关系的角度，说明教育扶贫。★★★★

2.张某成绩很好，后来却一落千丈，请分析她的心理问题、形成原因、解决方法。（材料不全）★★★★★

# 2019 年河北师范大学 333 教育综合真题

## 一、简答题

1.简述教师的素质。

2.简述教育目的。

3.简述习得性无助及其心理特征、矫正方法。

4.简述中学生创造力的发展特点及培养方法。

## 二、论述题

1.论述教育与社会的关系。

2.论述中学生自我意识的特点及应注意的问题。

## 三、材料分析题

1.机器人课程是否应该进学校，为什么？如果可以说明一下应注意的问题，如果不可以说明一下原因。★★★★★

2.材料大意：儿童发展阶段经历了服从、公正到平等。

（1）上述两个阶段经历了皮亚杰认知发展阶段论中的哪些阶段，请分别说明特点。★★★

（2）从上述发展阶段来看皮亚杰发展理论经历了什么趋势？★★★

# 2020 年河北师范大学 333 教育综合真题

**一、简答题**

1. 简述课程结构优化的基本要求。
2. 简述教学设计理念。
3. 简述培养学生思维能力的策略。
4. 简述认知学派主张的学习过程及其影响因素。

**二、论述题**

1. 论述实用主义教育学的基本观念。
2. 论述认知技能的形成阶段及其影响因素。

**三、材料分析题**

1. 材料大意：日本的经济发展经历了三大历史变革，以及日本经济的发展和教育间的联系。
（1）简述材料的观点。★★★
（2）论述教育的经济功能。★★★
2. 材料大意：国家表彰大会关于张富清的英雄事迹和《榜样》节目的播出引发的公众反应。
（1）论述班杜拉社会学习理论的应用价值。★★★★
（2）中小学教育如何使得榜样教育更有效？★★★★

# 2021 年河北师范大学 333 教育综合真题

**一、简答题**

1. 简述现代教育发展趋势。
2. 简述课程的作用。
3. 简述如何培养学生的想象力。
4. 简述促进迁移的教学策略。

**二、论述题**

1. 论述马克思主义教育学的基本观点。
2. 联系实际，论述学生良好意志品质的培养。

**三、材料分析题**

1. 阅读下面的材料，回答问题。

以下是某教师设计的小学教学三年级上册的《秒的认识》一课的教学导入。

老师问：关于时间，我们学到了哪些知识？怎样来看时间？时间对人类非常重要，人们发明了各种各样的计时工具，（出示红绿灯电子计时牌）这是什么？你们知道上面的数字变化一次是多长时间吗？今天这节课我们就来学习"秒的认识"。

问题：
（1）课堂教学过程中导入的意义是什么？★★★
（2）论述新课程改革提倡的教学过程的设计理念，并依据设计理念述评该导入设计。★★★
2. 阅读下面的材料，回答问题。

张某是某中学初二学生。最近他对学习不感兴趣，逃避学习，一提学习就烦躁不安，上课不认真听讲，下课也不完成作业，对老师和家长有抵触情绪，还出现了逃学现象。

问题：
（1）张某的表现属于哪种心理问题？★★★★
（2）导致这种心理问题的原因是什么？★★★★
（3）联系实际说明教师和家长应如何帮助学生避免这种心理问题的产生。★★★★

# 2022 年河北师范大学 333 教育综合真题

**一、名词解释**

1. 教学评价　　　　2. 学校教育管理体制　　　3.《大学》　　　　4. 小先生制
5. 观察学习　　　　6. 自我效能感

**二、简答题**

1. 简述教育对政治的影响。
2. 简述活动课程的优势和不足。
3. 简述德育的原则。
4. 简述进步主义的局限性。

**三、论述题**

1. 论述王守仁的儿童教育思想。
2. 论述赫尔巴特的教育心理学化思想。
3.（材料缺失）
（1）材料所体现的评价标准。★★
（2）结合建构主义、学习的实质和影响因素，说一下教学模式。★★
4.（材料缺失）
（1）家庭、社会、学校对人的发展有什么作用。★★★
（2）结合家庭、学校、社会协同共育，学校应该采取什么措施。★★★

# 宝鸡文理学院

# 2021 年宝鸡文理学院 333 教育综合真题

**一、名词解释**

1. 学制　　　　　　2. 课程标准　　　　　　3.《大学》　　　　4. 唐朝四门学
5. 城市学校　　　　6. 新教育运动

**二、简答题**

1. 简述教学与教育、智育的关系。
2. 简述学科课程的特点。
3. 简述绝对性评价和相对性评价。
4. 简述一个完整的教育心理学研究范式。

**三、论述题**

1. 论述教师的主导作用和学生主体性的关系。

2. 论述孔子树立教师典范的教育思想。

3. 论述卢梭的自然主义教育思想。

4. 论述维果茨基的认知发展和教育的关系。

# 2022年宝鸡文理学院333教育综合真题

## 一、名词解释

1. 狭义的教育目的　　2. 课的结构　　3. 导生制　　4. 永恒主义教育思潮

5. 学习　　6. 品德发展

## 二、简答题

1. 简述启发性原则的基本要求。

2. 简述唐朝科举制对学校教育的影响。

3. 简述斯巴达教育与雅典教育的不同。

4. 简述进步主义教育运动的主要特征。

## 三、论述题

1. 什么是教育的相对独立性与社会制约性？如何协调两者之间的关系？★★

2. 论述习近平总书记关于教育论述中"四有"好老师的标准。★★★★★

3. 论述陶行知的"教学做合一"教育思想。★★

4. 根据皮亚杰的认知理论，谈谈如何促进学生的认识发展。★★★

# 渤海大学

# 2021年渤海大学333教育综合真题

## 一、名词解释

1. 教育的劳动起源　　2. 小先生制　　3. 白板说　　4. 支架式教学

5. 课堂氛围

## 二、简答题

1. 简述体育目标。

2. 简述师生关系的特点。

3. 简述晏阳初的"四大教育"。

4. 简述赞科夫的教育思想。

## 三、论述题

1. 论述问题解决能力的培养。

2. 论述蔡元培的"五育"并举。

## 2022 年渤海大学 333 教育综合真题

**一、名词解释**

1. 班级授课制　　2. 教育叙事研究　　3. 苏湖教法　　4.《费里教育法》(《费里法案》)
5. 认知风格　　6. 学习

**二、简答题**

1. 简述教育目的的社会基础。
2. 简述学科课程与经验课程的优缺点。
3. 简述中国共产党领导的革命根据地教育的基本经验。
4. 简述如何培养和激发学生的成就动机。

**三、论述题**

1. 结合实际谈谈教育研究设计有哪些方面的内容。★★★
2. 论述赫尔巴特的道德教育理论。
3. 论述陶行知的生活教育理论，并分析其历史价值和现实意义。★★★★★

# 大理大学

## 2021 年大理大学 333 教育综合真题

**一、名词解释**

1. 课程标准　　2. 教科书　　3. 有教无类　　4. 产婆术
5. 生成性学习　　6. 刻板印象

**二、简答题**

1. 简述我国的德育方法。
2. 简述教学的基本环节。
3. 简述班级授课制的特点。
4. 简述学习与脑的塑造。

**三、论述题**

1. 论述教师教学的改进建议。★★★★
2. 论述教师的主导作用与学生主体性的关系。★
3. 论述教育与政治经济制度的关系。★★
4. 论述杜威的教育即经验及生长。★★★★★

## 2022 年大理大学 333 教育综合真题

**一、名词解释**

1. 内隐学习　　2. 终身教育　　3. 普雷马克原理　　4. "六艺"
5. 教育性教学　　6. 自我卷入的学习者

## 二、简答题

1. 简述夸美纽斯泛智教育思想的基本观点。
2. 简述陶行知的"生活即教育"的基本观点。
3. 简述卢梭提出的三种不同教育类型的基本观点及其评价。
4. 简述存在主义教育的主要观点。

## 三、论述题

1. 论述培养人的教育活动之"实践"品性。★★★
2. 论述教学过程是一种特殊的认识过程。★
3. 论述德育过程是培养学生知、情、意、行整体和谐发展的过程。★★★

## 四、材料题

材料一：城乡教育差距大，农村孩子进城读书，某区却让进城的农村孩子回乡就读，在义务教育全免费后，该政府投入无差别教育，追求城乡教育的均衡发展，摒弃教育部不公之瘟疫。

材料二：2021 年 7 月，政府出台"双减"政策，有人认为"双减"可以让学生把握在校学习时间，提高学习效率，有人则认为学习时间变少了，学生学到的内容就变少了，对于"双减"，社会上存在的各种声音……

从教育与社会发展的关系来看，对上述现象进行分析。★★★★★

# 佛山科学技术学院

# 2021 年佛山科学技术学院 333 教育综合真题

## 一、名词解释

1. 学校管理　　　　2. 教学评价　　　　3. 德育　　　　4. 教学
5.《学记》　　　　6.《巴尔福法案》

## 二、简答题

1. 简述教学原则。
2. 简述维果茨基的教学与认知发展。
3. 简述科举制度的影响。
4. 简述美国 20 世纪 30 年代的要素主义教育。

## 三、论述题

1. 用教育功能论述关爱留守儿童的重要性。★★★
2. 论述卢梭的教育理论。
3. 论述梁漱溟的教育理论。

# 2022 年佛山科学技术学院 333 教育综合真题

## 一、名词解释

1. 教育内容　　　　2. 德育中的长善救失原则　　　　3. 课程标准　　　　4.《四书章句集注》
5. 骑士教育　　　　6. 苏霍姆林斯基

## 二、简答题

1. 简述教育在我国社会主义建设中的地位和作用。
2. 简述我国新一轮基础教育改革的具体目标。
3. 简述认知结构理论中关于迁移的主要观点。
4. 简述蔡元培的教育思想。

## 三、论述题

1. 结合道德形成的过程和影响因素，论述培养道德的方法。
2. 2020 年 7 月 15 日，教育部颁布《大中小学劳动教育指导纲要（试行）》文件，试结合相关内容论述实施劳动教育的途径、关键环节和评价。★★★★★
3. 试述黄炎培的职业道德教育思想。★★★★
4. 结合实际，谈谈道尔顿制的利弊。★★★

# 合肥师范学院

# 2021 年合肥师范学院 333 教育综合真题

## 一、名词解释

1. 教学　　　2. 学校教育制度　　　3. 人的发展　　　4. 学校德育
5.《颜氏家训》　　6. 朱子读书法

## 二、简答题

1. 简述教学过程的性质。
2. 简述创造力与智力的关系。
3. 简述教师劳动的特点。
4. 简述裴斯泰洛齐的教育思想。

## 三、论述题

1. 论述教育的经济功能。
2. 论述蔡元培的教育实践及影响（改革北京大学）。★★★★★
3. 论述杜威的教育思想及其历史影响。★★★★★
4. 论述皮亚杰的认知发展理论的主要观点及启示。★★★★★

# 2022 年合肥师范学院 333 教育综合真题

## 一、名词解释

1. "六艺"　　　2. 骑士教育　　　3. 苏区教育　　　4. 心理发展
5. 社会性学习理论　　6. 陶行知

## 二、简答题

1. 简述教育的社会制约性。
2. 简述夸美纽斯的主要思想。

3. 简述马克思关于人的全面发展的思想内涵。
4. 简述韦纳的成败归因理论。
5. 简述如何培养学生问题解决的能力。

### 三、论述题

1. 论述维果茨基的教学与发展观及其教育启示。★★★
2. 论述蔡元培的教育思想对中国教育发展的主要贡献。★★★★★

### 四、材料分析题

1.（1）劳动教育的意义是什么？劳动教育如何与德育、智育、体育、美育融合？★★★★★
（2）学校如何开展劳动教育活动？★★★★★
2. 结合相关材料，谈谈教师如何利用"惩戒"这把尺子。★★★★

# 湖南科技大学

# 2021年湖南科技大学333教育综合真题

### 一、名词解释

1. 朱子读书法
2. 课程标准
3. 内隐学习
4. 最近发展区
5. 校长负责制
6. 小先生制

### 二、简答题

1. 简述教师教育素养的构成。
2. 简述夸美纽斯的"教育适应自然原则"。
3. 简述学生不良品德的成因。
4. 简述接受学习与探索学习的异同。

### 三、论述题

1. 论述教书与育人的关系，并结合实际，谈谈教学中如何处理这个关系。★★★
2. 论述中世纪大学产生的原因、办学特色、历史地位。
3. 论述美国进步教育运动的观点及现实意义。★★★
4. 论述教育的相对独立性，并在此基础上分析教育先行观点。★★★★★

# 2022年湖南科技大学333教育综合真题

### 一、名词解释

1. 流体智力
2. 教育目的
3. 活动课程
4. 张之洞的中体西用
5. "六经"
6. 学习策略

### 二、简答题

1. 简述教学过程应该处理好的几种关系。
2. 简述影响人发展的基本因素。
3. 简述夸美纽斯的班级授课制及其意义。

4. 简述泰勒课程原理的四个基本问题。

**三、论述题**

1. 结合实际，论述《学记》的教育教学原则及现实意义。★★★★★
2. 在实践中如何处理好教育价值取向和遵循教育规律的关系？★★★
3. 论述因材施教的教育心理学依据。★★★
4. 论述"返回基础"教育的优缺点及对现代教育改革的启示。★★★★

# 湖州师范学院

## 2021 年湖州师范学院 333 教育综合真题

**一、名词解释**

1. 活动课程　　2. 八条目　　3. 恩物　　4. 美育　　5. 社会性发展　　6. 加德纳的多元智力理论

**二、简答题**

1. 简述教育与政治制度的关系。
2. 简述成功智力理论。
3. 简述教育的相对独立性。
4. 简述熙宁兴学。

**三、论述题**

1. 学习动机理论有哪些？如何激发学习动机？
2. 论述进步主义教育运动。
3. 论述德育过程的特点。
4. 论述晏阳初的乡村教育实验。

## 2022 年湖州师范学院 333 教育综合真题

**一、名词解释**

1. 学校管理　　　　2. 德育　　　　3. 骑士教育　　　　4. 程序性知识

**二、简答题**

1. 简述汉武帝的三大文教政策。
2. 简述班主任的素养。

**三、论述题**

1. 论述苏格拉底的教育思想。
2. 论述教育的社会流动功能。
3. 论述教育心理学的发展过程、未来研究趋势。★★★
4. 论述陈鹤琴的"活教育"。

淮北师范大学

## 2021 年淮北师范大学 333 教育综合真题

**一、名词解释**

1.终身教育　　2.诊断性评价　　3.最近发展区　　4."六三三"学制　　5.学习策略

**二、简答题**

1.简述科尔伯格的三水平六阶段。

2.简述素质教育的内涵。

3.简述建构主义学习观。

4.简述韩愈的《师说》中体现的教育思想。

**三、论述题**

1.论述教学原则及其要求。

2.论述要素主义教育。

3.论述皮亚杰的认知发展理论及其对教育教学的启示。★★★★★

4.论述如何做个"四有"好老师。★★★★★

## 2022 年淮北师范大学 333 教育综合真题

**一、名词解释**

1.课程　　2.学校教育制度　　3.产婆术　　4.有教无类　　5.心理素质

**二、简答题**

1.简述赫尔巴特的传统教育阶段。

2.简述学科课程和活动课程各自的优点和缺点。

3.简述洋务教育的特点。

4.简述生产力对教育的制约。

5.简述人本主义教育的观点。

**三、论述题**

1.论述学生认知差异的表现及教育对策。

2.论述儒家教育思想的特点及对当今教育的影响。

3.论述实施道德教育的方法和途径。

4.题目缺失。

5.题目缺失。

**四、材料分析题**

材料摘自今年的"双减"政策，关于教师留作业和批改作业。（材料缺失）★★★★★

（1）"双减"政策下，教师应如何布置作业呢？

（2）结合材料，谈谈教师批改作业的基本要求。

# 吉林师范大学

## 2021 年吉林师范大学 333 教育综合真题

**一、名词解释**

1. 社会流动功能　　2. 课程标准　　3. 负强化　　4. 顺应
5. 学在官府　　6. 有教无类　　7. 昆西教学法　　8. 平行教育原则

**二、简答题**

1. 简述现代教育发展中人的地位和价值发生的变化。
2. 简述综合实践活动的本质和内容。
3. 简述奥苏伯尔的学习理论。
4. 简述我国新一轮基础教育课程改革对教师提出的新要求。

**三、论述题**

1. 材料：小强上课时能认真听讲，并完成作业。课后爱看小说、摄影、踢足球，对功课关注不多，期末考试前几天才抓紧时间复习，所以考试成绩并不高，他十分苦恼。

请用艾宾浩斯的遗忘规律分析小强考试成绩不理想的原因，并用遗忘规律给出学习过程中的有效复习对策。★★★★★
2. 为什么终身教育会成为现代教育制度的发展方向，怎样才能朝着终身教育的方向发展？★★★
3. 述评世界上第一本教育学专著中的主要教育思想。★★★★★
4. 述评杜威的教育本质观。★★★★★

## 2022 年吉林师范大学 333 教育综合真题

**一、名词解释**

1. 活动课程　　2. 形成性评价　　3. 泛智教育　　4.《颜氏家训》
5. 二级强化　　6. 支架式教学

**二、简答题**

1. 简述课程中理解的观察学习。
2. 简述归因对学生学习动力的影响。

**三、论述题**

1. 论述我国普通中小学的性质和任务。
2. 论述教育的一致性和连贯性。
3. 论述陶行知的生活教育和陈鹤琴的教育思想的内容及差别。★★★★★
4. 论述裴斯泰洛齐的教育心理学化思想。

集美大学

# 2021年集美大学 333 教育综合真题

## 一、名词解释
1. 教育内容　　2. 教育的社会变迁功能　　3. 鸿都门学　　4. 私塾
5.《理想国》　　6. 蒙田

## 二、简答题
1. 简述罗杰斯的学习观。
2. 简述文化知识蕴含的有利于人的发展的价值。
3. 简述杜威的五步学习法。
4. 简述结构主义教育的基本观点。

## 三、论述题
1. 联系实际谈谈如何矫正学生的不良品德行为。
2. 结合实际论述班主任工作的内容和方法。
3. 结合实际论述教师职业的角色及角色冲突和解决，以及在社会变迁中教师角色发展的趋势。★★★★
4. 针对语录"不愤不启，不悱不发，举一隅不以三隅反"，结合实际，论述相关教育家的有关教育教学思想。★★★★★

# 2022年集美大学 333 教育综合真题

## 一、名词解释
1. 教学　　2. 学校教育体制　　3. 宋代三次兴学　　4. 全人生指导
5. 他律道德阶段　　6. 组合学习

## 二、简答题
1. 简述现代教育的特点。
2. 简述显性知识和隐性知识的关系。
3. 简述加德纳的多元智力理论。
4. 简述斯宾塞的科学教育思想。

## 三、分析题
1. 论述现在国兴教育面临的问题及其怎样办好让人民满意的教育。★★★
2. 论述中体西用思想。
3. 论述柏林大学的主要内容及其对欧美高等教育的影响。★★★
4. 论述学校管理人性化的原因及怎么做。★★★

## 海南师范大学

## 2021年海南师范大学333教育综合真题

**一、名词解释**

1. 非智力因素　　　　2. 发散思维　　　　3. 百家争鸣　　　　4. 最近发展区
5. 道尔顿制　　　　6. 隐性课程

**二、简答题**

1. 简述结构主义。
2. 简述隋唐的科举制度的影响和作用。
3. 简述卢梭的自然主义。
4. 简述中世纪大学的特征。

**三、论述题**

1. 论述孔子的教育思想。
2. 论述杜威的教育思想。
3. 论述师生关系。
4. 论述影响人身心发展的因素。

## 2022年海南师范大学333教育综合真题

**一、名词解释**

1. 学制　　　　2. 个人本位论　　　　3. "三纲领八条目"　　　　4. 朱子读书法
5. 泛智论　　　　6.《国防教育法》

**二、简答题**

1. 简述《学记》中的教学原则。
2. 简述蔡元培"五育"并举的教育思想。
3. 简述罗杰斯自由学习的促进方法。
4. 简述综合实践活动的本质特征。

**三、论述题**

1. 论述教学过程中应处理好的几种关系。
2. 举例论述德育过程的基本规律。
3. 论述科尔伯格的道德发展阶段理论及教育启示。★★★★
4. 论述存在主义教育理论的主要观点及影响。★★★

石河子大学

## 2021年石河子大学333教育综合真题

**一、名词解释**

1. 教育　　　　2. 学制　　　　3. 生活教育理论　　　　4. 元认知
5. "三纲领八条目"

**二、简答题**

1. 简述如何上好一堂课。
2. 简述德育的途径。
3. 简述洛克的绅士教育理论。
4. 简述我国教育目的的精神实质。

**三、论述题**

1. 论述教师的专业素养。
2. 分析隋唐时期科举制的产生以及对学校教育的影响。★★★
3. 论述雅典教育和斯巴达教育的异同以及对当代的启示。★★★★
4. 根据学习迁移的原理和规律说说应如何促进学习。

## 2022年石河子大学333教育综合真题

**一、名词解释**

1. 教育心理学　　　2. "七艺"　　　3. 教学原则　　　4. 狭义的教育
5. 设科射策　　　　6. 创造性思维

**二、简答题**

1. 简述稷下学宫。
2. 简述学校的职能。
3. 简述教育对人的发展的作用。
4. 简述教育目的的基本要求。

**三、论述题**

1. 论述最近发展区。
2. 论述教学方法。
3. 论述欧美教育思潮。
4. 论述王守仁的教育思想。

# 中国海洋大学

## 2021 年中国海洋大学 333 教育综合真题

### 一、名词解释

1. 教学评价　　　2. 教师专业发展阶段　　3. 稷下学宫　　4.《颜氏家训》
5. 社会规范学习　6. 精细加工策略

### 二、简答题

1. 简述教育的三要素。
2. 简述设计教学法。
3. 简述朱子读书法。
4. 简述学习动机的条件。

### 三、分析论述题

1. 2020 年 10 月中共中央、国务院印发的《深化新时代教育评价改革总体方案》中的重点任务之一：改革学生评价，促进德、智、体、美、劳全面发展。

从德、智、体、美、劳的相互关系出发，论述如何实现教育全面发展。★★★

2. 2020 年 1 月 22 日，教育部发出通知要求教育系统做好新型冠状病毒感染的肺炎疫情防控工作。根据教育部要求，各级教育主管部门、学校、教育服务机构和企业为广大学生提供在线学习资源和支持服务，以在线教育方式保障"停课不停学"。

从班级授课制的特点出发，论述在线教学对班级授课制的影响以及"互联网＋教育"下教学组织形式的改革趋势。★★★★

3. 论述苏格拉底法与孔子关于启发式教学的思想异同。★★★★★
4. 论述课程目标设计过程中需要完成哪些工作。★★★

## 2022 年中国海洋大学 333 教育综合真题

### 一、名词解释

1. 活动课程　　　2. 元认知　　　　3. 要素主义教育　　4. 学生发展中的非智力因素
5. 严复的"三育论"　6. 蔡元培的教育独立观

### 二、简答题

1. 简述陈述性知识迁移的措施。
2. 简述泰勒原理的主要内容。
3. 简述《颜氏家训》中关于儿童发展的教育原则。
4. 简述家庭环境影响学生品德发展的主客观因素。

### 三、论述题

1. 结合当前学生心理问题，论述改善青少年心理健康的措施。
2. 我们教学评价改革趋向多元化，以基础教育的某一单元或一节课为例，对教学评价进行设计，至少包含三种评价类型。★★
3. 结合 21 世纪基础教育改革，分析评价杜威和赫尔巴特的教育阶段观点。★★★★★

**延安大学**

# 2021 年延安大学 333 教育综合真题

**一、名词解释**

1. 课程目标　　　2. 教育评价　　　3. 教育平等　　　4. 品德
5. 学习策略

**二、简答题**

1. 简述教师专业发展的内涵。
2. 简述学生综合素质评价的基本原则。
3. 简述孔子的德育原则。
4. 简述教学反思的多种方式。
5. 简述创造性思维的特征。

**三、论述题**

1. 论述中国共产党在革命根据地实施教育的基本经验。
2. 论述苏霍姆林斯基的"五育"。
3. 论述教育行动研究的过程及策略。

# 2022 年延安大学 333 教育综合真题

**一、名词解释**

1. 教育　　　2. 学习　　　3. 教育评价　　　4. 行动研究
5. 自我调节学习　　6. 教师专业发展

**二、简答题**

1. 简述当代教育的发展趋势。
2. 简述学生的一般发展规律。
3. 简述建构主义理论。
4. 简述多元智力理论。

**三、论述题**

1. 论述教育是如何提高人地位的。★★★
2. 论述苏格拉底教育思想的启发。★★★★★
3. 论述孔子教育思想的启发。★★★★★
4. 什么是迁移学习？教师怎样引导学生正向迁移学习？

# 西安外国语大学

## 2021 年西安外国语大学 333 教育综合真题

**一、名词解释**

1. 基本研究学习　　2. 定向研究学习　　3. 非指导性教学　　4. 课程
5. 自然教育　　　　6. 反求诸己

**二、简答题**

1. 简述社会变迁中教师角色的转变。
2. 简述进步主义教育。
3. 简述赫尔巴特的课程教学论。
4. 简述影响品德形成的因素。

**三、分析题**

材料大意是关于孔子启发式教学法和苏格拉底法的，谈谈其思考和启发。（材料缺失）★★★★★

## 2022 年西安外国语大学 333 教育综合真题

**一、名词解释**

1. 教学评价　　2.《大教学论》　　3. 持志养气　　4. 陈述性知识
5. 先行组织者

**二、简答题**

1. 简述王安石的教育思想。
2. 简述支架式教学理论。
3. 简述建构主义学习观。
4. 简述综合实践活动的内容。

**三、论述题**

1. 谈谈对美育的任务和内容的理解。★★★
2. 论述理性主义教育思想、自然主义教育思想、国家主义教育思想的对比分析。★★★★★
3. 结合实际，谈谈对"为迁移而教"的理解。★★★
4. 论述文化对教育的影响和制约。★★
5. 论述德育和教育，谈谈对教育的认识和思考。★★★★★

# 青海师范大学

## 2021年青海师范大学 333 教育综合真题

**一、名词解释**

1. 比较研究法　　2. 单因素方差分析　　3.《理想国》　　4. 导生制
5. 刻板印象　　6. 稷下学宫

**二、简答题**

1. 简述人文主义的特征。
2. 简述定性与定量的区别。
3. 简述颜之推的家庭教育。
4. 简述韦纳的归因理论。
5. 简述当代教育的发展趋势。

**三、案例分析题**

1. 分析案例中老师的做法体现了哪些德育原则？（案例缺失）★★★
2. "有的人没有学过教育学，有几十年的教学经验，也可以教学。""孔子没有学过教育学，也能教学。"你认同这些说法吗？体现了哪些教育学原理？★★★★★

**四、论述题**

1. 论述学习策略。
2. 论述王夫之的道德观及修养方法。

## 2022年青海师范大学 333 教育综合真题

**一、名词解释**

1. 隐性课程　　2. 终身教育　　3. 多元智力理论　　4. 信度
5. 实证研究

**二、简答题**

1. 简述学校常用的德育原则。
2. 简述卢梭的教育思想。
3. 简述访谈调查的注意事项。
4. 简述问题解决能力的培养方法。
5. 简述陶行知的生活教育理论。

**三、材料分析题**

材料大意：莫老师喜欢鼓励学生发言，不指责学生，课堂气氛越来越活跃。
试分析影响课堂氛围的因素。★★★★

**四、论述题**

1. 论述罗杰斯的"以学生为中心"。★★★
2. 论述梁漱溟的乡村教育思想。
3. 试论教育目的。★★★★★

闽南师范大学

## 2021 年闽南师范大学 333 教育综合真题

**一、名词解释**

1. 人的发展　　2. 心理发展　　3. 元认知　　4. 学在官府
5. 双轨制

**二、简答题**

1. 简述我国教育目的的基本精神。
2. 简述提高教师素养的主要途径。
3. 简述共同要素论。

**三、论述题**

1. 论述福禄培尔的思想。
2. 结合实例论述促进知识迁移的措施。
3. 论述科举制产生的原因和影响。
4. 论述学校教育的特点并举例说明教师应该如何运用奖惩。★★★

## 2022 年闽南师范大学 333 教育综合真题

**一、名词解释**

1. 学在官府　　2. 癸卯学制　　3. 学校教育制度　　4. 德育
5. 复述策略　　6. 创造性

**二、简答题**

1. 简述教学过程中直接经验与间接经验的关系。
2. 简述教育目的的结构层次。
3. 简述欧美教育中的终身教育思潮。
4. 简述活动课程的含义与优缺点。

**三、论述题**

1. 论述教学中的理论联系实际原则的内涵，并结合实例分析如何贯彻此原则。★★★
2. 论述蒙台梭利的教育思想。
3. 论述晏阳初的乡村教育思想。
4. 论述动作技能的内涵及其形成过程。

温州大学

# 2021年温州大学333教育综合真题

**一、名词解释**

1. 内化　　　　2. 活动课程　　　　3. 启发性教学　　　　4. 无条件反射

**二、简答题**

1. 简述教育与政治制度的关系。
2. 简述第一信号系统与第二信号系统。
3. 简述陶行知的生活教育。

**三、论述题**

1. 论述卢梭的自然主义教育。
2. 论述人的身心发展规律。
3. 结合学生学习的内部和外部动机，谈谈你对特长班的看法。★★★
4. 有人说"只有不会教的老师，没有学不好的学生"，请谈谈你的看法。★★★

# 2022年温州大学333教育综合真题

**一、名词解释**

1. 实验教育学　　　2. 课程标准　　　3. 发现学习　　　4. 形成性评价
5. 定量分析　　　　6. 先行组织者

**二、简答题**

1. 简述蔡元培的"五育"并举。
2. 简述好的研究课题的要求。
3. 简述教育比较研究方法的种类。
4. 简述我国现阶段的教育目的。

**三、论述题**

1. 论述陶行知的生活教育和陈鹤琴的"活教育"及二者的共同特点。★★★★★
2. 结合实际，谈谈德育过程中如何培养学生的自我教育能力。★★★
3. 结合人的身心发展规律理论，谈谈"双减"政策的科学性。（材料缺失）★★★★
4. 材料缺失。
（1）论述韦纳归因理论的内容。★★★★★
（2）论述甲、乙、丙三位同学的归因特点，带来的情绪体验和对学习动机的影响。★★★★★
（3）作为老师应如何引导学生正确归因。★★★★★

# 西华师范大学

## 2021 年西华师范大学 333 教育综合真题

**一、名词解释**

1. 班级授课制　　　2. 美育　　　3. 产婆术　　　4. 疏导原则

5. 有教无类

**二、辨析题**

1. 遗传在人发展中起决定作用。

2. 课程编制应以分科课程为主，活动课程为辅。

**三、简答题**

1. 简述教育与社会、政治、经济的关系。

2. 简述怎样培养良好的班集体。

**四、论述题**

1. 教育应怎样适应学生的个体发展规律和特点？★★★

2. 孔子提出了哪些教师应具有的精神？结合习近平提出的"四有"好老师的标准谈谈你的看法。★★★★★

## 2022 年西华师范大学 333 教育综合真题

**一、名词解释**

1. 人的发展　　　2. 学制　　　3. 终身教育　　　4. 自我效能感

5. 苏格拉底教学法　　　6. 最近发展区

**二、简答题**

1. 简述王守仁的儿童教育观。

2. 简述赫尔巴特的教育性教学原则的思想。

3. 简述创造性思维的特点。

4. 简述教育的文化功能。

**三、论述题**

1. 在实际教学中如何培养问题解决能力？★

2. 论述陶行知的生活教育理论对现在教育改革的启示。★★★★★

3. 结合当今教育的实际情况，论述新一轮基础性课程改革的目标。★★★★★

4. 论述学校教育的特殊性以及对个体的作用。★★

**深圳大学**

# 2021 年深圳大学 333 教育综合真题

**一、名词解释**

1.《学记》  2. 苏格拉底问答法  3. 学校教育制度  4. 活动课程

5. 新教育运动  6. 实科中学

**二、简答题**

1. 简述教师工作的特点。

2. 简述班级授课制的优缺点。

3. 简述孔子的教育方法。

4. 简述创造性的心理结构。

**三、分析题**

1. 论述我国中小学德育的不足以及建议。★★★★

2. 论述劳动教育。★★★★★

3. 论述多元智力理论及其启示。★★

4. 论述卢梭的自然主义教育。

# 2022 年深圳大学 333 教育综合真题

**论述题**

1. 2020 年 10 月，中共中央办公厅、国务院办公厅印发《关于全面加强和改进新时代学校体育工作的意见》，结合学校实际谈谈体育的时代价值和实现路径。★★★★★

2. 论述人的发展规律及教育要求。★★★

3. 试述陶行知的生活教育，结合实际谈谈其价值和意义。★★★★★

4. 列举两种或两种以上中小学生常见的心理健康问题，并说出作为教师应如何开展心理健康教育。★★★★★

5. 依据教师的多重身份，说说为从事教师这一职业，在研究生期间需要做哪些准备？★★★★★

**天水师范学院**

# 2021 年天水师范学院 333 教育综合真题

**一、名词解释**

1. 教育  2. 教育制度  3.《学记》  4. 三舍法

5. 学习动机  6. 发现学习

**二、简答题**

1. 简述社会本位论和个人本位论。
2. 简述学校德育的内容。
3. 简述班主任的工作内容与方法。
4. 简述《郎之万－瓦隆教育改革方案》。

**三、论述题**

1. 论述教师劳动的特点和教师素养。
2. 论述孔子的论教师。
3. 论述洛克的教育思想。
4. 论述道德行为的形成与培养途径。

# 天津外国语大学

# 2021 年天津外国语大学 333 教育综合真题

**一、名词解释**

| 1. 永恒主义 | 2. 课程设计 | 3. 朱子读书法 | 4. "活教育" |
|---|---|---|---|
| 5. 多元智能理论 | 6. 白板说 | | |

**二、简答题**

1. 简述教学过程中应处理好的几种关系。
2. 简述裴斯泰洛齐的主要教育思想。
3. 简述维果茨基的教学理论及其对现代教学的启示。
4. 简述如何运用认知理论在中小学进行教学。

**三、论述题**

1. 结合实际说明教师专业发展的实现途径。
2. 论述陶行知生活教育的思想。
3. 结合实际，举例说明认知策略在教学中的应用。★★
4. 论述改变学生评价对德、智、体、美、劳全面发展的意义，并说出如何改变学生评价。★★★★★

# 苏州科技大学

# 2021 年苏州科技大学 333 教育综合真题

**一、名词解释**

| 1. 狭义的教育 | 2. 教育目的 | 3. 课程标准 | 4. 教学模式 |
|---|---|---|---|

5. 学制

## 二、简答题

1. 用知识论观点解释知识与技能的关系。
2. 简述教育的个体功能。
3. 简述永恒主义教育。
4. 简述二十世纪初我国的科学教育运动。

## 三、论述题

1. 论述陈鹤琴的"活教育"课程论。
2. 论述赫尔巴特的教育性教学原则。
3. 论述教育影响中的一致性与连贯性。

## 四、综合运用题

论述品德不良的影响因素。

# 三峡大学

# 2021年三峡大学333教育综合真题

## 一、简答题

1. 简述杜威的教育思想。
2. 简述教育对人发展的作用。
3. 简述孔子的教育思想。
4. 简述皮亚杰的认知发展阶段论。

## 二、论述题

1. 线上教学如何激发学生的学习积极性和主动性？★★★★
2. 人身心发展的规律有哪些？作为一个教师该如何对照规律进行教育工作？★★★
3. 有人认为学校应该坚持"一切为了学生"，有人认为学校应该坚持"教师为本"，说说你对这两种观点的看法。★★★★★

# 山西大学

# 2021年山西大学333教育综合真题

## 一、名词解释

| | | | |
|---|---|---|---|
| 1. 教育要素 | 2. 课程 | 3. 学生的失范行为 | 4. 京师同文馆 |
| 5. 亚里士多德 | 6. 白板说 | 7. 负强化 | |

## 二、简答题

1. 简述态度的特点。
2. 简述赫尔巴特的教学形式阶段论。
3. 简述马克思主义教育学。
4. 简述中国共产党领导下的革命根据地教育的基本经验。

## 三、论述题

1. 论述创造性的培养。
2. 论述教师教育研究的优势和意义。
3. 列举 21 世纪教育的发展趋势。★★★★★
4. 论述孔子的教师观。
5. 论述英国的《1988 年教育改革法》及启示。★★★

# 阜阳师范大学

## 2021 年阜阳师范大学 333 教育综合真题

### 一、名词解释

1. 学校教育制度　　2. 明人伦　　3. 庚款兴学　　4. 校本课程
5. 学习　　6. 诊断性评价

### 二、简答题

1. 简述夸美纽斯的三种教育和三种灵魂。
2. 简述中小学常用的教学方法并说明选择的依据。
3. 简述学生发展的一般规律及其对教育工作的启示。
4. 简述知识和创造性思维的关系。

### 三、论述题

1. 论述杜威的教育本质。
2. 论述陶行知的生活教育理论及其理论价值。★★★★★
3. 论述造成品行不良的原因及其矫正措施。
4. 论述确立学校教育制度的依据。

# 南京信息工程大学

## 2021 年南京信息工程大学 333 教育综合真题

### 一、名词解释

1. 终身学习　　2. 京师大学堂　　3.《莫雷尔法案》　　4. 教师专业发展
5. 最近发展区

**二、简答题**

1. 简述陶行知的生活教育。
2. 简述皮亚杰的认知发展阶段。
3. 简述人文主义教育的特点。
4. 简述教育组织形式及其类型。

**三、论述题**

1. 论述探究学习并举例说明。★★★★
2. 论述马克思关于人的全面发展学说及对我国劳动教育的启示。★★★★★
3. 评析学科课程和活动课程的联系和区别，并谈谈你对中小学课程改革的理解。★★★★★
4. 论述科尔伯格道德发展阶段理论和对儿童教育的启示。★★★★

# 广东技术师范大学

# 2021 年广东技术师范大学 333 教育综合真题

**一、名词解释**

| | | | |
|---|---|---|---|
| 1. 教育学 | 2. 社会本位论 | 3. 正强化 | 4. 发现学习 |
| 5. 活动课程 | 6. 教育制度 | | |

**二、简答题**

1. 简述教育现代化的内容和特征。
2. 简述影响人身心发展的因素有哪些。
3. 简述学习动机有什么作用。
4. 简述建构主义的教育观。

**三、论述题**

1. 论述教育的个体功能和社会功能。
2. 论述班主任的工作内容。

# 西南民族大学

# 2022 年西南民族大学 333 教育综合真题

**一、名词解释**

| | | | |
|---|---|---|---|
| 1. 教育者 | 2. 教学组织形式 | 3. 教育独立性 | 4. 表征学习 |
| 5. 程序性知识 | 6. 教学评价 | | |

**二、简答题**

1. 简述人的发展特点。

2.简述教育的经济功能。

3.简述杜威的反省思维活动的五个阶段。

4.简述影响问题解决的主观因素。

5.简述蔡元培的教育思想。

### 三、论述题

1.论述学科课程论和活动课程论的特点及缺点。

2.论述遗忘的影响因素。

# 长江大学

# 2022 年长江大学 333 教育综合真题

### 一、名词解释

1.《学记》　　　　2.进步教育运动　　　　3.正强化与负强化　　　　4.试误说与顿悟说

5.癸卯学制　　　　6.同化与顺应

### 二、简答题

1.简述自我效能感及影响因素。★★

2.简述成败归因理论与教育指导。

3.简述教育的经济功能。

4.简述启发式教学原则对教学改革的影响。★★★

### 三、论述题

1.论述陶行知的生活教育体系。

2.论述夸美纽斯的泛智教育思想。

3.论述德育过程是自我能力提高的过程。

4.论述全面发展与个性培养的关系。★★

# 浙江大学

# 2022 年浙江大学 333 教育综合真题

### 一、名词解释

1.学而优则仕　　　　2.中体西用　　　　3.观察法　　　　4.个案研究

5.活动课程　　　　6.实验教学学

### 二、简答题

1.简述赫尔巴特的教育性教学原则。

2.简述马克思、恩格斯的教育观点。

3. 简述终身教育思潮的主要观点。

4. 简述我国教育目的的基本精神。

5. 简述教育对个体发展的独特价值。

6. 简述教师劳动的主要特点。

## 三、论述题

1. 论述 1922 年"新学制"的特点和评价。★★★

2. 制定义务教育阶段学生作业负担的研究计划，包括研究问题、研究对象、抽样、研究思路、研究方法、研究可行性论证。★★★★★

3. 论述永恒主义的观点及对当代教育改革的启示。★★★

# 浙江海洋大学

# 2022 年浙江海洋大学 333 教育综合真题

## 一、名词解释

1. 个人本位论    2. 综合实践活动    3. 监生历事    4.《费里法案》

5. 贝尔 – 兰卡斯特制    6. 昆西教学法

## 二、简答题

1. 简述新课程倡导的三种学习方式。

2. 简述斯宾塞的课程设置观。

3. 简述宋代书院的教学管理特点。

4. 简述问题解决能力的培养措施。

## 三、论述题

1. 材料大意为改写课本。班级管理启示和学生观。★★★★★

2. 论述学生行为不良的产生原因和矫正方法。

3. 论述陈鹤琴的"活教育"及其现代价值意义。★★★★★

4. 结合实际，论述教学过程中应处理好的几对关系。

# 齐齐哈尔大学

# 2022 年齐齐哈尔大学 333 教育综合真题

## 一、名词解释

1. 学制    2. 教科书    3. "六艺"    4. 南洋公学

5. 导生制    6. 四段教学法

**二、简答题**

1. 简述启发性教学原则和基本要求。
2. 简述蔡元培的教育思想。
3. 简述卢梭的自然教育。
4. 简述问题解决能力的培养。

**三、论述题**

1. 论述掌握知识与发展智力的关系。
2. 论述影响个体发展的因素和作用。
3. 论述杜威的教育思想。
4. 论述影响人格发展的因素。

# 沈阳大学

## 2022 年沈阳大学 333 教育综合真题

**一、名词解释**

1. 课程标准　　2. 教学　　3. 教学评价　　4. 德育
5. 榜样认同　　6. 接受学习

**二、简答题**

1. 简述教育的政治功能。
2. 简述韩愈的《师说》。
3. 简述现代学制的改革趋势。
4. 简述结构主义的教育思潮。

**三、论述题**

1. 论述个体活动在人发展中的作用。
2. 论述陶行知的生活教育理论体系。
3. 论述裴斯泰洛齐有关教育与生产劳动的教育思想。
4. 论述学生学习的特点。

# 信阳师范学院

## 2022 年信阳师范学院 333 教育综合真题

**一、名词解释**

1. 学制　　2. 班级授课制　　3. 九品中正制　　4. 有教无类
5. 精细加工策略　　6. 苏格拉底法

## 二、简答题

1. 简述德育的基本原则。
2. 简述教学过程的基本阶段。
3. 简述昆体良有关教师的观点。
4. 简述孟子的教育思想。

## 三、论述题

1. 论述夸美纽斯关于教育原则的主要内容及其现实意义。★★★★★
2. 论述黄炎培的"大职业教育"思想及其现实意义。★★★★★
3. 论述科尔伯格道德判断发展的三水平六阶段理论，评价当前的品德教育，以及品德的培养。★★★★
4. 论述马克思关于人的全面发展学说的主要内容及其教育学意义。★★★★★

# 洛阳师范学院

# 2022 年洛阳师范学院 333 教育综合真题

## 一、名词解释

1. 量化研究　　　　2. 社会的变迁功能　　　3. 教学　　　　4. 广义的个体发展

## 二、简答题

1. 简述教育的劳动起源说。
2. 简述孔子的德育原则。
3. 简述杜威的五步探究教学法。
4. 简述皮亚杰认知发展的四阶段。
5. 简述唐代科举制对学校教育的影响。

## 三、论述题

1. 论述教育学的产生与发展。
2. 论述世界各国的课程改革趋势。

## 四、材料题

1. 结合相关教育理论，谈谈如何协同学校、家庭和社会的教育，保障学生的健康成长？（材料缺失）★★★★★
2. 应用教育学的理论，从义务教育、中等职业教育、高等教育的角度分析，怎样办好使人民满意的教育？（材料缺失）★★★★

# 济南大学

## 2022 年济南大学 333 教育综合真题

**一、名词解释**

1. 义务教育　　　2. 班级组织　　　3. 学校教育　　　4. 三舍生
5.《国防教育法》　6. 观察学习

**二、简答题**

1. 简述教育的基本要素。
2. 简述活动课程和学科课程的区别与联系。
3. 简述孔子的教育方法和原则。
4. 简述建构主义学习观及其教育意义。

**三、论述题**

1. 这一段话表达的教育的目的观是什么，联系"双减"政策，谈谈如何理性对待教育目的。（材料不全，大致内容是"给教师的 100 条建议"）★★★★
2. 论述实用主义理论。
3. 论述蔡元培的"五育"并举。
4. 论述韦纳归因理论如何培养和激发学习动机。

# 河南科技学院

## 2022 年河南科技学院 333 教育综合真题

**一、名词解释**

1. 课程标准　　　2. 学校教育制度　　　3. 道德发展阶段论　　　4. 人本主义教育
5. 苏格拉底法　　6. 公学

**二、简答题**

1. 简述培养教师的途径。
2. 简述隋唐时期的教育特点。
3. 简述赫尔巴特的教学形式阶段论及其教育启示。
4. 简述学习动机的影响因素。

**三、论述题**

1. 教学的本质是什么？结合具体的学科谈谈在教学过程中应该遵循哪些教学原则？
2. 班主任应该具备哪些素养？谈谈如何构建班集体。
3. 论述蔡元培对教育改革的思想和实践，并说明对中国近现代教育改革有哪些启示？★★★★★
4. 论述布鲁纳的认知教学理论，并谈谈对教育的启示。★★★